Dennis

Der Roman
der Goethezeit
(1774–1829)

J.B. Metzlersche Verlagsbuchhandlung
Stuttgart

CIP-Titelaufnahme der Deutschen Bibliothek

Mahoney, Dennis F.:
Der Roman der Goethezeit (1774–1829) /
Dennis F. Mahoney.
– Stuttgart: Metzler, 1988
(Sammlung Metzler; Bd. 241)
ISBN 3-476-10241-6
NE: GT

ISBN 3 476 10241 6
ISSN 0558 3667

SM 241

© 1988 J. B. Metzlersche Verlagsbuchhandlung und Carl Ernst Poeschel Verlag GmbH
in Stuttgart. Einbandgestaltung: Kurt Heger
Satz und Druck: Gulde-Druck GmbH, Tübingen
Printed in Germany

Inhalt

Vorwort

Innerhalb der letzten zwanzig Jahre hat die Forschung über die Romane zwischen 1774, dem Erscheinen von Goethes »Werther«, und 1829, der Veröffentlichung der endgültigen Fassung von »Wilhelm Meisters Wanderjahren«, sowohl qualitativ als auch quantitativ wesentlich zugenommen. Ziel des vorliegenden Bandes ist, die Ergebnisse zu einzelnen Autoren und Romanen zu synthetisieren und dadurch auf allgemeine Entwicklungen aufmerksam zu machen, die bei Spezialuntersuchungen notwendigerweise nicht erfaßt werden können. Es soll veranschaulicht werden, wie die Bestrebungen Goethes und der Romantiker dem Roman in Deutschland zu einem neuen Ansehen, ja zu seiner ersten Blüte verhalfen, ihn aber gleichzeitig um seine Popularität als unterhaltsame Massenlektüre brachten.

Goethes vier Romane – »Werther«, »Wilhelm Meisters Lehrjahre«, »Die Wahlverwandtschaften« und »Wilhelm Meisters Wanderjahre« – stehen jeweils am Anfang eines Hauptabschnitts dieser Untersuchung. Das soll nicht heißen, daß alle anderen Romane in Abhängigkeitsverhältnissen zu Goethes Werken stünden oder daß ihre Qualität anhand des jeweiligen Romans von Goethe zu messen sei. Wohl aber soll dabei gezeigt werden, daß Goethes Romane einschneidende Veränderungen im literarischen Leben Deutschlands auslösten und im Hinblick auf den Roman den Begriff ›Goethezeit‹ mehr als rechtfertigen. Die Kapitel zur Einleitung und zum ›Bildungsroman‹ dienen dazu, die Romane der Goethezeit in einen allgemeinen sozialhistorischen und literaturgeschichtlichen Rahmen zu stellen und sie von zeitlich übereinstimmenden Entwicklungen in Romanen der Aufklärung und ›Trivialliteratur‹ abzugrenzen. Die Angaben zur Forschung verzeichnen die wichtigsten Arbeiten älterer und neuerer Zeit, wobei nach Möglichkeit bis 1987 erschienene Sekundärliteratur berücksichtigt wurde.

Danken möchte ich neben Kollegen an der Universität Vermont, die Interesse gezeigt und mich während einer ausgedehnten Arbeitszeit ermuntert haben, auch der Fernleihe der Universitätsbibliothek, die meine Forschungen entscheidend erleichtert hat, sowie der

Universität Vermont selbst, die mich durch ein Forschungsjahr und zwei Sommerstipendien unterstützte. Mein Dank gilt ferner Janet Sobieski und Jake Barickman für die technische Verfertigung des Manuskripts, und Uwe Schweikert, Bruce Duncan, Hans Vaget, Wolfgang Paulsen, Wolfgang Wittkowski und Wulf Köpke für die kritische Lektüre einzelner Teile. Vor allem danke ich Angelika Mahoney und Wolfgang Mieder; ihnen, meinen beiden ersten Lesern, ist dieses Buch gewidmet.

Burlington, Vermont   Dennis F. Mahoney
Juli, 1987

Abkürzungsverzeichnis

Zitierte Ausgaben:

Goethes Romane werden nach der »Hamburger Ausgabe« (= HA), seine Briefe und anderen Werke nach der »Gedenkausgabe« (= GA) zitiert.

Bei anderen Autoren wurde nach Möglichkeit aus historisch-kritischen oder modernen, auf dem Büchermarkt leicht erhältlichen Leseausgaben zitiert, wobei im letzteren Fall in der Regel Reclams Universalbibliothek (= UB) bevorzugt wurde.

Zur Erklärung der Abkürzungen für öfter zitierte Ausgaben, siehe unten:

Athenäum	Athenäum. Eine Zeitschrift. Hg. v. A. W. u. Fr. Schlegel (1798–1800). Mit einem Nachwort v. E. Behler zur Neuausgabe. Stuttgart 1960.
Europa	Europa. Eine Zeitschrift. Hg. v. Fr. Schlegel (1803–1805). Mit einem Nachwort v. E. Behler zur Neuausgabe. Stuttgart 1963.
GA	*J. W. Goethe*, Gedenkausgabe der Werke, Briefe und Gespräche. 26 Bde. Zürich 1948–1964.
GS	*I. Kant*, Gesammelte Schriften. Hg. v. der königlich preußischen Akademie der Wissenschaften. 23 Bde. Berlin 1900–1955.
HA	*J. W. Goethe*, Werke. Hg. v. E. Trunz u. a. 14 Bde. Hamburg 1949–1960.
JPW	*J. P. F. Richter*, Werke. Hg. v. N. Miller u. a. 6 Bde. München 1959–1963.
Jub.	*Fr. W. J. Schelling*, Werke. Hg. v. M. Schröter. 6 Bde. u. 6 Erg. Bde. München 1958–1962 (»Münchner Jubiläumsdruck«).
KFSA	Kritische-Friedrich-Schlegel-Ausgabe. Hg. v. E. Behler u. a. 24 Bde. (bis 1987). München, Paderborn & Wien 1958 ff.
NA	*Fr. Schiller*, Werke. Nationalausgabe. Hg. v. J. Petersen u. a. 43 Bde. Weimar 1943 ff.
NS	*Novalis*, Schriften; die Werke Friedrich von Hardenbergs. 2., nach den Handschriften ergänzte, erweiterte und verbesserte Auflage. Hg. v. P. Kluckhohn & R. Samuel u. a. 4 Bde. Stuttgart 1960–1975.

SS	*H. Heine*, Sämtliche Schriften. Hg v. K. Briegleb. 6 Bde. München 1968–1976.
Suphan	*J. G. Herder*, Sämmtliche Werke. Hg. v. B. Suphan u. a. 33 Bde. Berlin 1877–1913.
SW	*G. W. Fr. Hegel*, Sämtliche Werke. Jubiläumsausgabe. Neu hg. v. H. Glockner. 26 Bde. Stuttgart 1927–1940.

Auflösung von Zeitschriftensigeln

I. Einleitung

1. Sozialgeschichtlicher Hintergrund zum Aufstieg des Romans im Deutschland des 18. Jahrhunderts

Seitdem die Reichsfürsten am Ende des Dreißigjährigen Krieges ihre Souveränität dem Kaiser gegenüber durchgesetzt hatten, war das Deutsche Reich ein loser Bund mittlerer und kleiner Staaten; zu Beginn der Französischen Revolution 1789 gab es in Deutschland über 300 souveräne Kleinstaaten. Während das englische Bürgertum, im Bündnis mit dem antihöfischen Adel, bereits im 17. Jahrhundert den König zur Milderung seines Herrschaftsanspruchs zwang, und im Frankreich des 18. Jahrhunderts die Diskrepanz zwischen der wachsenden wirtschaftlichen Macht des Bürgertums und dessen Ausschaltung aus der Politik zur Revolution führte, blieb das deutsche Bürgertum weitgehend auf die Gunst des Adels angewiesen.

Die fürstliche Wirtschaftspolitik des Merkantilismus verhalf dem deutschen Bürgertum zur Wiedergutmachung seiner Verluste im Dreißigjährigen Krieg; und der aufgeklärte Absolutismus des 18. Jahrhunderts in Ländern wie Preußen und Österreich führte zu Verbesserungen im Gerichtswesen und in der Zivilverwaltung, was gleichzeitig Aufstiegsmöglichkeiten für die bürgerliche Intelligenz – Beamte, Geistliche, Lehrer – bot. Doch die Lenkung des Staates blieb dem hohen Adel vorbehalten: in den Bereich der Staatsräson durften sich die Untertanen, als Privatpersonen, nicht einmischen. Andererseits ermöglichte das Abtrennen der Staatsräson von kirchlichen und moralischen Leitsätzen die Bildung einer Privatsphäre der Moral, die das westeuropäische Bürgertum für sich in Anspruch nahm und die zur indirekten Gewalt im absolutistischen Staat wurde (Koselleck).

Infolge der territorialen Aufsplitterung Deutschlands im 18. Jahrhundert und der partiellen Aufrechterhaltung mittelalterlicher, ständestaatlicher Traditionen ist es problematisch, von ›dem‹ Bürgertum zu sprechen. Manfred Riedel unterscheidet z.B. für die Zeit zwischen 1680 und 1750 vier verschiedene Bedeutungswerte für

1

das Wort *Bürger*: »1) den Stadtbewohner, 2) das Mitglied des bürgerlichen Standes im Unterschied zum Geistlichen- und Adelstand (oder auch zum Bauernstand), 3) den Staatsuntertanen und 4) den Menschen in seiner spezifischen Qualität als ›Bürger‹« (S. 681). Man kann aber sagen, daß die Entwicklung eines spezifisch bürgerlichen Bewußtseins durch die wachsende Dominanz des deutschen Adels, im Zuge des Absolutismus, gefördert wurde. Die tugendhafte Natur des Bürgers, im Unterschied zur ›lasterhaften‹ Lebensweise des Adels, wurde zum wichtigsten ideologischen Merkmal, dessen Schauplatz die patriarchalische Kleinfamilie bildete.

Während die Handwerker, Ladeninhaber und andere Angehörige des Kleinbürgertums die alte ökonomische Form des »ganzen Hauses« fortsetzten (Weber-Kellermann, S. 73 ff.), wo Arbeiten und Wohnen unter demselben Dach stattfanden, entwickelte sich im ökonomisch bzw. bildungsmäßig gehobenen Bürgertum eine Trennung zwischen der rationalen Arbeit des Vaters außerhalb des Hauses und einem Familiengefühl, wo ›Zärtlichkeit‹ und Intimität unter den Mitgliedern der Kleinfamilie gepflegt wurden. Habermas versteht diese Intimsphäre der Kleinfamilie als »Ort einer psychologischen Emanzipation« des Bürgertums (S. 63), als Brutstätte eines Selbstgefühls, wodurch ›Bürger‹ und ›Subjekt‹ ihre Bedeutungen von ›Untertan‹ verloren und zum Inbegriff des autonomen Individuums wurden, das in Partnerschaft mit anderen, gleichwertigen Menschen treten könnte.

Ausdruck dieses neuen bürgerlichen Selbstgefühls und des Bedürfnisses, es anderen mitzuteilen, waren der Freundeskult und die Briefkultur als seine schriftlich fixierte Form (Balet/Gerhard, S. 180–187), die sich in Deutschland während der zweiten Hälfte des 18. Jahrhunderts verbreiteten und die zusammen mit der Rezeption von Richardsons Briefromanen den Massenerfolg von Goethes »Werther« (1774) vorbereiteten. Richardsons »Pamela, Or Virtue Rewarded« (1740/41), thematisiert nicht nur die Tugend des englischen Bürgertums, dargestellt am Beispiel des Dienstmädchens, das infolge seiner Standhaftigkeit den Gelüsten des adligen Hausherrn Mr. B. widersteht, um schließlich seine Frau zu werden; darüberhinaus verlegte er Konflikt und Versöhnung zwischen Adel und Bürgertum in den Familienbereich – jene Sphäre also, wo die neue Gattung im übrigen auch gelesen und rezipiert wurde (Hohendahl, S. 30, 37).

Indem jedoch die deutsche bürgerliche Intelligenz die Literatur ihrer westeuropäischen Nachbarn rezipierte und in dieser Schule ihr eigenes Selbstbewußtsein bildete, vergrößerte sich gleichzeitig die Kluft zwischen hochgeschraubten Ansprüchen und politischer und ökonomischer Zurückgebliebenheit – eine Kluft, deren fatale Folgen am Beispiel von »Werther« dargestellt wurden (s. dazu v. Graevenitz, S. 77*–80*).

Als 1715/20 die große Welle fürstlicher Bautätigkeit, als Repräsentation ihrer gefestigten Macht (Graevenitz, S. 55*), in Deutschland anfing, begann auch diejenige Form der Literatur zu erscheinen, die in England Ausdruck des gesteigerten Selbstbewußtseins im Bürgertum war: die Moralischen Wochenschriften. Die Wochenschriften von Addison und Steele – der »Tatler« (1709–11), der »Spectator« (1711/12; 1714) und der »Guardian« (1713) – stellten in schriftlich fixierter Form die Diskussionen des in den Kaffeehäusern versammelten Publikums dar, durch das das gehobene Bürgertum im Zusammenschluß mit dem städtischen Adel die Kunst öffentlichen Räsonments gelernt hatte. Gleichzeitig dienten sie dazu, dieses Publikum zu einer ideellen Einheit zusammenzubringen (Habermas, S. 59). Aufschlußreich ist, daß über ein Drittel der Wochenschriften, die zwischen 1713 und 1761 in Deutschland herausgegeben wurden, in zwei Bürgerstädten erschienen: in der freien Handelsstadt Hamburg und in dem vom Kaufmannsstand deutlich geprägten Leipzig (Bruford, S. 265 f.).

Im Gegensatz zu den deutschen gelehrten Zeitschriften, die schon im 17. Jahrhundert entstanden, waren die Wochenschriften an keinen exklusiven Fachkreis gerichtet. Im Unterschied zu Andachtsliteratur gingen die rund 110 deutschen Wochenschriften (Martens, S. 162) deren Blütezeit sich bis in die fünfziger Jahre des 18. Jahrhunderts erstreckte, nicht vom Standpunkt der Religion, sondern von der Tugend und der Vernunft aus; sie interessierten sich für weltliche Themen, für die Beziehung des Menschen zu seinen Mitmenschen. Dementsprechend suchten die Verfasser dieser Wochenschriften ein enges und vertrauliches Verhältnis zu ihren Lesern, lenkten deren Aufmerksamkeit auf ihre unmittelbare Umgebung und benutzten im Dienst der Tugend literarische Mittel wie Dialoge, Satiren und fingierte Briefe, die das Lesepublikum auf rein schöngeistige Literatur vorbereiteten. Polemisierten die deutschen Wochenschriften der zwanziger Jahre des 18. Jahrhunderts noch gegen die ›galanten‹ Romane – eine Quelle des Zeitvertreibs für die bürgerlichen Hofbeamten – als unsittliche, unwahrscheinliche und geschmacklose Geschichten, die Schulen des Müßiggangs und der Eitelkeit seien, so setzten sich die späteren Wochenschriften für die ›moralischen‹ Romane ein – gerade diejenigen Werke, die nach 1760 die Rolle der Wochenschriften als Vermittler von Moral und Erbauung übernehmen sollten (Martens, S. 518f.).

Schon in den dreißiger Jahren des 18. Jahrhunderts hatten die gelehrten Zeitschriften angefangen, Romane zu rezensieren, wenn auch nur zögernd und mit Hinweis auf den moralischen Nutzen, den diese Werke bringen könnten; ihre etwaige ästhetische Qualität wurde nicht ernsthaft in Betracht gezogen (Spiegel, S. 64). Seit den vierziger Jahren gehörten Romanrezensionen zum festen Bestandteil der gelehrten Zeitungen – ein weiteres Zeichen, daß der Roman in gebildeten bürgerlichen Kreisen allmählich akzeptiert wurde. Und wenn dieses Aufwerten zunächst geschah, weil man annahm, daß der Roman seine Leser zur Nachahmung dargestellter moralischer Handlungen bringen könnte, so galten nach 1750 immer mehr die Empfindungen, die im Leser geweckt wurden, als entscheidend. Der Romanleser sollte gerührt werden; und was am Anfang als die Voraussetzung moralischen Handelns gedeutet wurde, verselbständigte sich im Laufe der zweiten Hälfte des 18. Jahrhunderts und wurde immer mehr zum Selbstzweck.

Literatur:

F. Meinecke, Die Idee der Staatsräson in der neueren Geschichte. München & Berlin 1924.

F. Brüggemann, Der Kampf um die bürgerliche Welt- und Lebensanschauung in der deutschen Literatur des 18. Jahrhunderts. In: DVjs. 3 (1925), S. 94–127.

F. Borkenau, Der Übergang vom feudalen zum bürgerlichen Weltbild. Paris 1934. Nachdruck: Darmstadt 1971.

W. H. Bruford, Germany in the Eighteenth Century. The Social Background of the Literary Revolution. Cambridge 1935, [7]1968. Hier zitiert nach der Neuausgabe der deutschen Übersetzung von 1936 (Weimar): Die gesellschaftlichen Grundlagen der Goethezeit. Frankfurt/M 1979.

L. Balet & E. Gerhard, Die Verbürgerlichung der deutschen Kunst, Literatur und Musik im 18. Jahrhundert. Straßburg 1936. Neu hg. und eingel. v. G. Mattenklott. Frankfurt/M 1973.

H. Brunschwig, La crise de l'état prussien à la fin du 18. siècle et la genèse de la mentalité romantique. Paris 1947. Dt: Gesellschaft und Romantik in Preußen im 18. Jahrhundert. Frankfurt/M 1975.

E. Trunz, Seelische Kultur. Eine Betrachtung über Freundschaft, Liebe und Familiengefühl im Schrifttum der Goethezeit. In: DVjs. 24 (1950), S. 214–242.

A. Hauser, Sozialgeschichte der Kunst und Literatur. 2 Bde. München 1953 und öfter.

R. *Koselleck*, Kritik und Krise. Eine Studie zur Pathogenese der bürgerlichen Welt. Freiburg i. B. 1959; Frankfurt/M 1973.

J. *Habermas*, Strukturwandel der Öffentlichkeit. Untersuchungen zu einer Kategorie der bürgerlichen Gesellschaft. Darmstadt & Neuwied 1962, [10]1979.

M. *Spiegel*, Der Roman und sein Publikum im frühen 18. Jahrhundert, 1700–1767. Bonn 1967.

W. *Martens*, Die Botschaft der Tugend. Die Aufklärung im Spiegel der deutschen Moralischen Wochenschriften. Stuttgart 1968.

H. *Möller*, Die kleinbürgerliche Familie im 18. Jahrhundert. Berlin 1969.

G. *Birtsch*, Zur sozialen und politischen Rolle des deutschen, vornehmlich preußischen Adels am Ende des 18. Jahrhunderts. In: Der Adel vor der Revolution. Hg. v. R. Vierhaus. Göttingen 1971, S. 77–95.

M. *Riedel*, Bürger, Staatsbürger, Bürgertum. In: Geschichtliche Grundbegriffe. Hg. v. O. Brunner, W. Conze & R. Koselleck. Bd. I. Stuttgart 1972, S. 672–725.

J. v. *Kruedner*, Die Rolle des Hofes im Absolutismus. Stuttgart 1973.

I. *Weber-Kellerman*, Die deutsche Familie. Versuch einer Sozialgeschichte. Frankfurt/M 1974.

G. *Sauder*, Empfindsamkeit. Bd. I: Voraussetzungen und Elemente. Stuttgart 1974. Bd. III: Quellen und Dokumente. Stuttgart 1980.

G. v. *Graevenitz*, Innerlichkeit und Öffentlichkeit. Aspekte deutscher ›bürgerlicher‹ Literatur im frühen 18. Jahrhundert. In: DVjs. 49, Sonderband (1975), S. 1*–82*.

P. *Hohendahl*, Der europäische Roman der Empfindsamkeit. Wiesbaden 1977.

R. *Vierhaus*, Deutschland im Zeitalter des Absolutismus 1648–1763. Göttingen 1978.

V. *Zmegač* (Hg.), Geschichte der deutschen Literatur vom 18. Jahrhundert bis zur Gegenwart. Bd. I/1: 1700–1848. Königstein/Ts. 1979.

P. *Hohendahl* & P. M. *Lützeler* (Hg.), Legitimationskrisen des deutschen Adels 1200–1900. Stuttgart 1979.

R. *Grimminger* (Hg.), Deutsche Aufklärung bis zur Französischen Revolution 1680–1789. (= Hanser Sozialgeschichte der deutschen Literatur. Bd. III.) München 1980.

R.-R. *Wuthenow* (Hg.), Zwischen Absolutismus und Aufklärung: Rationalismus, Empfindsamkeit, Sturm und Drang 1740–1786. (= Deutsche Literatur. Eine Sozialgeschichte. Bd. IV.) Reinbek 1980.

H. A. *Glaser* (Hg.), Zwischen Revolution und Restauration: Klassik, Romantik 1786–1815. (= Deutsche Literatur. Eine Sozialgeschichte. Bd. V.) Reinbek 1980

C. *Bürger*, P. *Bürger* & J. *Schulte-Sasse* (Hg.), Aufklärung und literarische Öffentlichkeit. Frankfurt/M 1980.

R. *Vierhaus* (Hg.), Bürger und Bürgerlichkeit im Zeitalter der Aufklärung. Heidelberg 1981.

G. *Lepper* u. a., Einführung in die deutsche Literatur des 18. Jahrhunderts. Bd. I: Unter dem Absolutismus. Opladen 1983.

G. *Häntzschel & J. Ormrod* (Hg.), Zur Sozialgeschichte der deutschen Literatur von der Aufklärung bis zur Jahrhundertwende. Tübingen 1985.

2. Fiktionalisierung des Büchermarkts, Zusammensetzung des Lesepublikums und Lektürebeschaffung

1740, als die deutsche Buchproduktion wieder den Stand von 1619 erreicht hatte, beherrschte die theologische Literatur den Markt; 38,5% aller Schriften auf der Leipziger Ostermesse befaßten sich mit Theologie, wovon knapp die Hälfte an den Laien gerichtet war (Jentzch, S. 15). Im Vergleich dazu waren im Messekatalog nur 20 Romane verzeichnet, von denen 8 aus dem Französischen, 2 aus dem Englischen übersetzt worden waren (Jentzsch, S. 60); die Erzählprosa machte bei dieser Messe 2,69% des Gesamtangebots aus (Jentzsch, S. 250). Im späteren Verlauf des Jahrhunderts schrumpfte die Vorherrschaft des Religiösen ständig auf dem Büchermarkt, und zwar zugunsten des Aufstiegs des Romans. 1800 waren schließlich nur 13,55% des Angebots auf der Leipziger Osterbuchmesse theologischen Inhalts, wohingegen die 300 verzeichneten Romane 11,68% der Neuerscheinungen ausmachten (Jentsch, S. 147; 250). Ab 1797 stellte man »Romane« und »Schauspiele« als gesonderte Gattungen innerhalb der Kataloge auf, so groß war die Zahl dieser Werke und so lebhaft das Interesse des Lesepublikums an diesen Produkten.

Parallel zu dieser Entwicklung erfolgte im Lesepublikum ein Übergang von intensiver zu extensiver Lektüre. Während der Laie früher die Bibel und ein paar ausgewählte Predigt- und Andachtsbücher wiederholt gelesen und darüber meditiert hatte, machte sich seit etwa 1770 die Tendenz bemerkbar, daß die Leser sich regelmäßig die neusten Erscheinungen auf dem Büchermarkt verschaffen wollten, sei es mit der Absicht, sich dabei zu bilden, sei es aus dem Bedürfnis nach Unterhaltung. Im letzten Drittel des Jahrhunderts – gerade zu der Zeit, als der Roman in Deutschland zu einer massenhaften Verbreitung gelangte – mehrten sich die Klagen der Prediger und orthodoxen Aufklärer über ‚Lesewut‘, nicht zuletzt weil sie um den Verlust ihrer Zuhörerschaft fürchteten. Gleichwohl war diese Entwicklung und die damit verbundene Fiktionalisierung des Büchermarkts nicht mehr zu bremsen; war früher die Mehrzahl der Bücher vornehmlich zeitloses Andachtsmaterial oder Gebrauchsliteratur für die Gelehrten, so wurden Romane, Schauspiele und belletristi-

6

sche Erzeugnisse wie Biographien und Reisebeschreibungen regelrecht konsumiert.

Um diesen Bedarf zu decken, erfuhr die deutsche Buchindustrie eine Arbeitsteilung, die ihr ihre bis heute gültige Gestalt gab (Haferkorn, S. 135f.). Die Produktion von Büchern trennte sich von deren Verkauf. Die Verleger reisten nicht mehr selbst zu den Leipziger Buchmessen (aufgrund der immer straffer werdenden Zentralisierung des Buchhandels in Leipzig hatte die Frankfurter Messe schon 1749 aufgehört zu bestehen); stattdessen hatten sie ihre Vertreter, die das Jahr hindurch in Leipzig blieben und Geschäfte für die Firmen führten. Buchhändler durften nun unverkaufte Bücher an den Verlag zurücksenden. Und die Einrichtung des freien Schriftstellers, der nicht mehr von einem fürstlichen Mäzen oder einem bürgerlichen Amt zur Deckung seiner Bedürfnisse abhängig war, begann sich im deutschen Sprachgebiet, vor allem im norddeutschen Raum, zu verbreiten. Am Ende des 18. Jahrhunderts gab es von den 2000 bis 3000 Schriftstellern, die vorwiegend durch ihre Feder lebten, etwa 270, die Romane schrieben (Haferkorn, S. 202). Allerdings waren diese ‚freien‘ Schriftsteller nunmehr an die Schwankungen des Publikumsgeschmacks, die Marktbedingungen von Angebot und Nachfrage und die Forderungen der Verleger angewiesen, wenn sie ihren Lebensunterhalt verdienen wollten: »der unbemittelte Autor geriet dem Verleger gegenüber ganz in die Lage, in der der handwerkliche Handarbeiter dem Verlagskapitalisten gegenüberstand« (Gerth, S. 64). Schon Zeitgenossen wie Nicolai, Fichte oder der Züricher Buchhändler Joh. George Heinzmann haben auf diese Tatsache hingewiesen:

»Die Buchhändler sind es, die die Modeartikel zu schreiben vorschlagen, und ihre Miethlinge in allen Ecken von Deutschland pensioniren. Ich kenne manchen solchen Souverän über ein Dutzend Autorenhälse, der sich nach seinem Willen drehet und wendet, wie er es seinem Interesse zuträglich glaubt; er bestellt die Arbeit, wie der Manufacturist ein Stück Zitz bestellt, noch Form, Gestalt und Güte. Diesen allmächtigen Befehl befolgen die Federmänner ganz pünktlich; sie schreiben ab und setzten hinzu, wie ihnen befohlen ist. Was kommt aber bey all solchem Wesen anders heraus, als knechtische Lohnarbeit?« (zitiert nach Winckler 1973, S. 35–37; siehe auch Goldfriedrich, S. 299–304).

Zur gleichen Zeit, als avantgardistische Theoretiker wie Friedrich Schlegel in den besten Romanen »ein Kompendium, eine Enzyklopädie des ganzen geistigen Lebens eines genialischen Individuums« (KFSA II, 156) sahen, erschien die Mehrzahl der ungeheuer populären Ritter- und Geisterromane anonym; wichtig dabei war nicht der Name des Verfassers, sondern der reißerische Titel, der dem Leser einen Stoff in Anlehnung an einen schon erfolgreichen Vorgänger versprach (Ward, S. 157f.). So geschah während der Goethezeit die Trennung zwischen ›hoher‹ und ›trivialer‹ Literatur sowie die Unterscheidung zwischen dem genialischen, für die Ewigkeit schaffenden ›Dichter‹ einerseits und dem ›Modeschriftsteller‹ andererseits.

Wenngleich sich das Lesepublikum gegen Ende des 18. Jahrhunderts erheblich vergrößert hatte – die Zahl der Buchhandlungen in Deutschland soll von 1793 bis 1803 um 25% gestiegen sein (Gerth, S. 65) – bildeten die hohen Bücherpreise immer noch ein Hindernis für die neuen, weniger bemittelten Leser. 1802 kostete beispielsweise eine Novalis-Ausgabe in 2 Bänden 3 Taler, was einem Gegenwert von 28 Kilo Rindfleisch entsprach (Hiller, S. 95); und ein Arbeiter, der 20–25 Groschen in der Woche verdiente, konnte schwerlich 8–18 Groschen für einen Roman ausgeben (Ward, S. 150f.). Dieser neuen Klasse von Lesern standen die Leihbibliotheken zur Verfügung, die »bis zum späten 19. Jahrhundert für einen großen Teil der literarischen Produktion, besonders der Erzählprosa, den wichtigsten Distributionsweg« darstellten (Jäger 1979, S. 477). Äußerungen von Jean Paul, Kleist und anderen Autoren der Zeit deuten an, daß in den Leihbibliotheken, die von Sortimentsbuchhandlungen, Papier- und Schreibwarengeschäften nebenbei betrieben wurden, vor allem die Trivialprosa der Zeit zu finden war. Immerhin gab es auch Lesekabinette wie das »Museum« des Buchhändlers Weygand in Leipzig, die das gebildete Lesepublikum ansprachen und die neben Fachbüchern und politischen und gelehrten Journalen die anspruchsvollste Erzählprosa der Zeit anboten (Goldfriedrich, S. 262f.). Auf einem den Lesekabinetten entsprechenden hohen Niveau waren die Lesegesellschaften, die seit den 80er Jahren des 18. Jahrhunderts in Privathäusern des gehobenen Bürgertums ihren Sitz hatten, als Zentren der politischen Diskussion dienten und insofern eher eine Auswirkung der Aufklärung als ein Medium der Unterhaltung darstellten.

Außerdem hatten die Verlage Billigausgaben der Werke ›klassischer‹ Autoren wie Goethe und Schiller herausgegeben – nicht zuletzt, um gegen die Raubdrucke zu konkurrieren, die seit den 70er Jahren ein Bestandteil der literarischen Szene waren und die für den Literatursoziologen ein zuverlässiges Indiz für die Beliebtheit des jeweilig nachgedruckten Werkes darstellen. Während die englischen Buchhändler bereits 1710 ein allgemeines Verlags- und Urheberrecht durchsetzten, vereitelte die deutsche Vielstaaterei ein ähnliches Bestreben der Leipziger Buchhändler gegen ihre vornehmlich im süddeutschen Raum arbeitenden Kontrahenten – zumal der ›Fürst‹ der Raubdrucker, der Wiener Johann Trattner (1717–1798), die

Unterstützung des kaiserlichen Hofes genoß! Erst der Cottaschen »Ausgabe letzter Hand« von Goethes Schriften (1827–1842) wurde ein in ganz Deutschland verbindliches Verlagsrecht durch Privileg genehmigt.

Literatur:

F. Kapp & J. Goldfriedrich, Geschichte des deutschen Buchhandels. 4 Bde. Leipzig 1886–1913; Bd. III: 1740–1804. Leipzig 1909; unveränderter Neudruck 1970.

R. Jentzsch, Der deutsch-lateinische Büchermarkt nach den Leipziger Ostermeßkatalogen von 1740, 1770 und 1800 in seiner Gliederung und Wandlung. Leipzig 1912.

H. Gerth, Die sozialgeschichtliche Lage der bürgerlichen Intelligenz um die Wende des 18. Jahrhunderts. Göttingen 1976 (Diss. Frankfurt/M 1935).

M. Fontius, Zur Literaturhistorischen Bedeutung der Messekataloge im 18. Jahrhundert. In: WB 7 (1961), S. 607–616.

M. Beaujean, Der Trivialroman in der zweiten Hälfte des 18. Jahrhunderts. Bonn 1964.

E. Becker, Der deutsche Roman um 1780. Stuttgart 1964.

M. Greiner, Die Entstehung des modernen Unterhaltungsromans. Studien zum Trivialroman des 18. Jahrhunderts. Reinbek 1964.

H. Hiller, Zur Sozialgeschichte von Buch und Buchhandel. Bonn 1966.

H. Kreuzer, Trivialliteratur als Forschungsproblem. Zur Kritik des Trivialromans seit der Aufklärung. In: DVjs. 41 (1967), S. 173–191.

D. Kimpel, Der Roman der Aufklärung (1670–1774). Stuttgart 1966; 2., völlig neubearb. Auflage, 1977 (= SM 68).

K. I. Flessau, Der moralische Roman. Studien zur gesellschaftskritischen Trivialliteratur der Goethezeit. Köln 1968.

D. Harth, Romane und ihre Leser. In: GRM, N. F. 20 (1970), S. 159–179.

B. Milstein, Eight Eighteenth Century Reading Societies. A Sociological Contribution to the History of German Literature. Bern & Frankfurt/M 1972.

M. Prüsener, Lesegesellschaften im 18. Jahrhundert. Ein Beitrag zur Lesergeschichte. In: Archiv für Geschichte des Buchwesens 13 (1973), S. 369–594.

L. Winckler, Kulturwarenproduktion. Aufsätze zur Literatur- und Sprachsoziologie. Frankfurt/M 1973.

A. Ward, Book Production, Fiction and the German Reading Public 1740–1800. Oxford 1974.

H. J. Haferkorn, Zur Entstehung der bürgerlich-literarischen Intelligenz und des Schriftstellers in Deutschland zwischen 1750 und 1800. In: Deutsches Bürgertum und literarische Intelligenz 1750–1800. Hg. v. B. Lutz. Stuttgart 1974, S. 113–275.

R. Engelsing, Der Bürger als Leser. Lesergeschichte in Deutschland 1500–1800. Stuttgart 1974.

H. Kiesel & P. Münch, Gesellschaft und Literatur im 18. Jahrhundert. Voraussetzungen und Entstehung des literarischen Markts in Deutschland. München 1977.

J. Göres, Lesewut, Raubdruck und Bücherluxus. Das Buch in der Goethe-Zeit. Düsseldorf 1977.

R. Guenter (Hg.), Leser und Lesen im 18. Jahrhundert. Heidelberg 1977.

G. Jäger u. a. (Hg.), Die Leihbibliothek der Goethezeit. Exemplarische Kataloge zwischen 1790 und 1830, zusammen mit einem Aufsatz zur Geschichte der Leihbibliotheken im 18. und 19. Jahrhundert. Hildesheim 1979.

G. Jäger & J. Schönert (Hg.), Die Leihbibliothek als Institution des literarischen Lebens im 18. und 19. Jahrhundert. Hamburg 1980.

O. Dann (Hg.), Lesegesellschaften und bürgerliche Emanzipation. Ein europäischer Vergleich. München 1981.

G. Barber & B. Fabian (Hg.), Buch und Buchhandel im 18. Jahrhundert. Hamburg 1981.

R. Wittmann, Buchmarkt und Lektüre im 18. und 19. Jahrhundert. Beitrag zum literarischen Leben 1750–1880. Tübingen 1982.

M. Heindrich, The German Novel of 1800. A Study of Popular Prose Fiction. Bern 1982.

L. Winckler, Autor, Markt, Publikum. Zur Geschichte der Literaturproduktion in Deutschland. Berlin 1986.

3. Hauptforschungsrichtungen zum Roman der Goethezeit

Obwohl die Romane von Goethe und seinen Zeitgenossen einen ersten Höhepunkt in der Geschichte der deutschen Romankunst darstellen und einzelne Romane wie »Wilhelm Meisters Lehrjahre« vor allem seit der wilhelminischen Germanistik kanonischen Rang genießen, hat sich die Forschung mit der Entwicklung der Gattung während der Goethezeit lange nicht beschäftigt. Paula Scheidweilers Untersuchung der Romane der Romantik, mit ihrer ahistorischen, schematisierenden Unterscheidung zwischen der ›plastischen‹ Gestaltung der Klassik und der ›musikalischen‹ Natur des romantischen Romans, ist für den heutigen Leser von nur geringem Wert. Auf der anderen Seite lieferten die geistesgeschichtlichen Ansätze von Hermann A. Korff und Hans H. Borcherdt zwar viele wertvolle Einblicke in den ethischen und gedanklichen Gehalt der Romane der Goethezeit, neigten aber ihrerseits dazu, die Form dieser Werke außer Acht zu lassen. Kein Wunder, dann, daß noch im Jahre 1970 ein so bewanderter Kenner der Romantik wie Hans Eichner die Romane der deutschen Romantiker als künstlerische Mißerfolge bezeichnen konnte (S. 92f.). Bis zu Hans Reiss' Studie wurden

Goethes Romane nur in Gesamtdeutungen von Leben und Werk berücksichtigt, wo die Vorliebe für Goethes ›klassische‹ Periode den »Lehrjahren« zuungunsten der späteren Romane den Vorzug gab (vgl. dazu Emil Staigers Deutungen der einzelnen Romane). Verallgemeinernd läßt sich sagen, daß die deutschen Romanciers der ersten Hälfte des 20. Jahrhunderts – Thomas Mann, Kafka, Hesse, Broch, Musil und andere – ein besseres Gespür für die Innovationen ihrer Vorgänger in der Goethezeit besaßen als die wissenschaftliche Zunft.

Mit dem Verständnis solcher modernen Klassiker wie »Doktor Faustus« oder »Die Blechtrommel« kam jedoch ein erhöhter Sinn für die ästhetischen Reize der lange Zeit vernachlässigten Romane der Goethezeit: die Beiträge zu den Interpretationsbänden von Jost Schillemeit und Benno von Wiese dokumentieren die Errungenschaften der werkimmanenten Methode der fünfziger und sechziger Jahre, während Günther Weydt und Hildegard Emmel übersichtliche Einführungen zur Goethezeit innerhalb ihrer übergreifenden Darstellungen des deutschen Romans gaben. Auch führten die methodischen Rückbesinnungen auf die Geschichte der Germanistik während der sechziger Jahre – im Zusammenhang mit den historisch-kritischen Ausgaben solcher wiederentdeckten Romantiker wie Friedrich Schlegel und Novalis – dazu, daß man den Bemühungen der idealistischen Ästhetik auf dem Gebiet der Romantheorie erneut Aufmerksamkeit schenkte. Etwa gleichzeitig mit Bruno Hillebrands Ausführungen erschien eine Reihe von Textsammlungen (Kimpel, Lämmert, Steinecke), die zentrale Texte der Romantheorie in Deutschland leicht zugänglich machten und auch kommentierten. Einen Höhepunkt in den beiden Richtungen der Einzelinterpretation und der Romantheorie bildeten schließlich Eric A. Blackalls Bücher über Goethes Romane und die der deutschen Romantiker; als Einführungen ins Sachgebiet für den angelsächsischen Kulturraum konzipiert, sollten sie auch für deutsche Leser wegen ihres komparatistischen Ansatzes von erheblichem Nutzen sein.

Das im Laufe der sechziger Jahre sich äußernde Interesse an gesellschaftlichen Aspekten der Literatur galt nicht nur den Marktmechanismen und der ›Trivialliteratur‹ des 18. Jahrhunderts, sondern auch den Bestrebungen Goethes und der Romantiker auf dem Gebiet des Romans. Ein Beispiel für diese Forschungsrichtung ist Stefan Blessins Studie, die Goethes vier Romane als die objektive Darstellung der immer größer werdenden Macht und Selbstsicherheit des Bürgertums versteht. Hans Vaget ändert diese Perspektive und deutet Goethes Romane als die Untersuchung der Frage, ob der deutsche Adel in der Lage sei, eine führende gesellschaftliche Rolle zu spielen; gleichzeitig betont er, wie Goethe diese Thematik durch sein Verfahren der »gegenseitigen Spiegelung« zum Ausdruck brachte (S. 7f.). Eine derartige Verbindung von sozialgeschichtlicher Analyse und interpretatorischem Feinsinn kennzeichnet viele der besten Forschungsergebnisse der letzten zwanzig Jahre; exemplarisch dafür ist Gerhard Schulz' Besprechung von Romanen in seinem Band zur de Boor/Newald-»Geschichte der deutschen Literatur« (S. 269–442), dessen erster Teil bereits den Rang eines ›Korff für die achtziger Jahre‹ gewonnen hat.

Hand in Hand mit diesen Entwicklungen gingen die Versuche der Rezeptionsästhetiker. Einerseits haben sie gezeigt, wie Goethe und die Romantiker sowohl eine neue Art von Leser als auch eine neue Art von Roman schaffen wollten; andererseits wurde darauf aufmerksam gemacht, wie die Aufnahme der Romane der Goethezeit durch Zeitgenossen und spätere Kritiker die Leseerwartungen der heutigen Zeit immer noch beeinflußten. Die Textsammlungen von Mandelkow, Gille und Härtl dokumentieren die lebhaften und oft kontroversen Urteile über Goethes Romane. Was andere Romane der Goethezeit betrifft, liefern die einzelnen Beiträge von Paul Michael Lützelers Bänden zu Goethe und den Romantikern ausführliche Besprechungen der akademischen und nichtakademischen Rezeption der betreffenden Romane, bevor sie ihre eigenen, zumeist vorzüglichen Analysen darbieten. Darüber hinaus ist Lützelers Band über »Romane und Erzählungen zwischen Romantik und Realismus« für diejenigen Leser von Nutzen, die Entwicklungen der deutschen Romankunst bis in die Zeit nach Goethes Tod verfolgen möchten; hilfreich in dieser Hinsicht sind ebenfalls Selbmanns Besprechungen vom Bildungsroman im 19. Jahrhundert (S. 102–152), und die Beiträge in Helmut Koopmanns »Handbuch des deutschen Romans«, die Romane vor, während und nach der Goethezeit erörtern.

Literatur:

P. *Scheideweiler*, Der Roman der deutschen Romantik. Leipzig & Berlin 1916.

H. A. *Korff*, Geist der Goethezeit. Versuch einer ideellen Entwicklung der klassisch-romantischen Literaturgeschichte. 5 Bde. Leipzig 1923–1966.

H. H. *Borcherdt*, Der Roman der Goethezeit. Urach & Stuttgart 1949.

E. *Staiger*, Goethe, 3 Bde. Zürich 1952–1959.

G. *Weydt*, Der deutsche Roman von der Renaissance und Reformation bis zu Goethes Tod. In: Deutsche Philologie im Aufriß. Bd. II. Berlin 1954, [2]1960, Sp. 1217–1356.

H. *Reiss*, Goethes Romane. Bern 1963; englische Fassung: London 1969.

B. *v. Wiese* (Hg.), Der deutsche Roman vom Barock bis zur Gegenwart. Bd. I: Vom Barock bis zur späten Romantik. Düsseldorf 1963.

J. *Schillemeit* (Hg.), Interpretationen. Bd. III: Deutsche Romane von Grimmelshausen bis Musil; Bd. IV: Deutsche Erzählungen von Wieland bis Kafka. Frankfurt 1966.

R. *Grimm* (Hg.), Deutsche Romantheorien. Beiträge zu einer historischen Poetik des Romans in Deutschland. Frankfurt/M 1968, [2]1974.

H. *Eichner*, The Novel. In: The Romantic Period in Germany. Hg. v. S. Prawer. New York 1970, S. 64–96.

D. *Kimpel & C. Wiedemann* (Hg.), Theorie und Technik des Romans im 17. und 18. Jahrhundert. Bd. II: Spätaufklärung, Klassik und Frühromantik. Tübingen 1970.

E. *Lämmert u. a.* (Hg.), Romantheorie. Dokumentation ihrer Geschichte in Deutschland 1620–1880. Köln & Berlin 1971.

B. *Hillebrand*, Theorie des Romans. Modelle und Methoden. 2 Bde. München 1972.

H. *Emmel*, Geschichte des deutschen Romans. Bd. I. Bern 1972.

K. R. *Mandelkow* (Hg.), Goethe im Urteil seiner Kritiker. Dokumente zur Wirkungsgeschichte Goethes in Deutschland. Teil I: 1773–1832. München 1975.

H. *Steinecke*, Romantheorie und Romankritik in Deutschland. Die Entwicklung des Gattungsverständnisses von der Scott-Rezeption bis zum programmatischen Realismus. 2 Bde. Stuttgart 1975–1976.

E. *Blackall*, Goethe and the Novel. Ithaca & London 1976.

H. *Schlaffer*, Exoterik und Esoterik in Goethes Romanen. In: Goethe-Jb. 95 (1978), S. 212–226.

S. *Blessin*, Die Romane Goethes. Königstein/Ts. 1979.

K. *Gille* (Hg.), Goethes Wilhelm Meister. Zur Rezeptionsgeschichte der Lehr- und Wanderjahre. Königstein/Ts. 1979.

P. M. *Lützeler* (Hg.), Romane und Erzählungen der deutschen Romantik. Neue Interpretationen. Stuttgart 1981.

V. *Lange*, The Classical Age of German Literature 1740–1815. New York 1982. Dt.: Das klassische Zeitalter der deutschen Literatur 1740–1815. München 1983.

G. *Schulz*, Die deutsche Literatur zwischen Französischer Revolution und Restauration. Erster Teil: 1789–1806. München 1983.

H. *Vaget*, Goethe the Novelist. On the Coherence of His Fiction. In: Goethe's Narrative Fiction. The Irvine Goethe Symposium. Hg. v. W. J. Lillyman. Berlin & New York 1983, S. 1–20.

H. *Härtl* (Hg.), Die Wahlverwandtschaften. Eine Dokumentation der Wirkung von Goethes Roman 1808–1832. Ost-Berlin 1983.

H. *Koopmann* (Hg.), Handbuch des deutschen Romans. Düsseldorf 1983.

P. M. Lützeler (Hg.), Romane und Erzählungen zwischen Romantik und Realismus. Neue Interpretationen. Stuttgart 1983.

R. Selbmann, Der deutsche Bildungsroman. Stuttgart 1984 (= SM 214).

C. Muezner, Figures of Identity. Goethe's Novels and the Enigmatic Self. University Park & London 1984.

P. M. Lützeler & J. McLeod (Hg.), Goethes Erzählwerk. Interpretationen. Stuttgart 1985.

II. »Werther« und die Folgen

1. Johann Wolfgang Goethe (1749–1832): »Die Leiden des jungen Werthers«

Auf der Herbstmesse 1774 erschien bei dem Leipziger Buchhändler Weygand ein Roman, der seinen Verfasser in ganz Europa berühmt machte und noch jahrzehntelang eine Folge von weiteren Romanen inspirieren sollte (vgl. dazu Hoffmeister). »Die Leiden des jungen Werthers« – erst seit der zweiten Fassung von 1787 lautete der Titel »Die Leiden des jungen Werther« – waren Goethes größter Publikumserfolg. Bis 1790 wurde die Erstfassung etwa dreißigmal, die Zweitfassung zu Goethes Lebzeiten etwa fündundzwanzigmal gedruckt. Bereits Anfang 1775 erschien die erste französische Übersetzung; 1779 erfolgte die erste englische, 1781 die erste italienische Übersetzung (vgl. Rothmann, S. 139).

Ein Hauptgrund für den außerordentlichen Erfolg des Romans war wohl sein brisanter Stoff, der Goethes Beziehungen zu dem Brautpaar Charlotte Buff und Johann Christian Kestner im Sommer 1772 sowie den Selbstmord Carl Wilhelm Jerusalems, eines Bekannten von Goethe am Reichskammergericht in Wetzlar, dichterisch vereinigte und verarbeitete. Noch wichtiger jedoch, was die Anteilnahme des literarischen Publikums betraf, war Goethes Wahl des Briefromans als Mitteilungsform. Schon Erich Schmidt hat darauf hingewiesen: »Wenn wir Werthers Briefe lesen, so werden wir uns ganz unwillkürlich als die eigentlichen Empfänger dieser Briefe ansehen und mit der bangen Angst eines Freundes dem Wachsen der Leidenschaft zusehen« (S. 137). Bei »Werther« dient das Vorwort des Herausgebers nicht nur dazu – wie üblich für Briefromane des achtzehnten Jahrhunderts –, die Echtheit der Briefe zu unterstreichen; in kürzester Zeit wird ein intimes, freundschaftliches Verhältnis zwischen Leser und Romancharakter suggeriert und eine ›empfindsame‹ Rezeption des Werkes in Gang gesetzt:

»Was ich von der Geschichte des armen Werther nur habe auffinden können, habe ich mit Fleiß gesammelt und lege es auch hier vor, und weiß, daß ihr mir's danken werdet. Ihr könnt seinem Geist und seinem Charakter eure Bewunderung und Liebe, seinem Schicksale eure Tränen nicht versagen.

Und du gute Seele, die du eben den Drang fühlst wie er, schöpfe Trost aus seinem Leiden, und laß das Büchlein deinen Freund sein, wenn du aus Geschick oder eigener Schuld keinen näheren finden kannst« (HA, VI, 7).

1768 durch Bodes Übersetzung von Sternes »A Sentimental Journey through France and Italy« eingeleitet, erreichte die Welle der Empfindsamkeit 1773 in Deutschland ihren Höhepunkt (Sauder, S. 56). Goethes »Werther« schien also zunächst die Fortführung einer dem Lesepublikum seit längerem vertrauten Verherrlichung der Tugend eines Individuums durch Bloßlegung seiner innersten Gefühle. Schon der Name des Helden, Werther, signalisiert den *Wert* des empfindsamen Subjekts, wie ihn Werther ungehemmt verkündet.

Allerdings treten wesentliche Unterschiede zwischen Werther und seinen literarischen Vorgängern hervor. Bis »Werther« hingen Empfindsamkeit und Geselligkeit eng miteinander zusammen. Selbst in Rousseaus »La nouvelle Héloïse« (1761) kehrt der Held des Romans, der bürgerliche Schriftsteller Saint-Preux, von seinem Außenseitertum in die Gesellschaft zurück: sein Verzicht auf absoluten Liebesanspruch bedeutet gleichzeitig die Aufnahme in den bergenden, idyllischen Familienkreis um Wolmar und Julie. Bei Goethe hingegen weist schon Werthers erste Äußerung – »Wie froh bin ich, daß ich weg bin« (HA, VI, 7) – auf dessen Streben, sich den Schranken des gesellschaftlichen Lebens zu entziehen. In Rousseaus Roman dient das Briefeschreiben dazu, daß sich die Bürger gegenseitig in den Pflichten der Gesellschaft Unterricht erteilen (Smith, S. 368). Bei »Werther« fehlt der dem Briefroman übliche Polyperspektimus. Bis zum Herausgeberbericht am Schluß bekommt der Leser die Beschreibung alles Geschehens nur aus Werthers Sicht – was zur Folge hat, daß, trotz Werthers Versuchen, zwischenmenschliche Bindungen mit ihm verwandten Seelen anzuknüpfen, das Bild eines radikal vereinsamten Menschen entsteht (Picard, S. 22).

Werthers Bestrebungen, Kontakte zur Außenwelt anzuknüpfen, nehmen verschiedene Formen an. Anstelle des Lebens in der ihm verhaßten Stadt steht sein Aufenthalt in Wahlheim, wo Werther meint, die ursprüngliche Einheit des Menschen mit der Natur wiederherstellen zu können (Blessin, S. 284 f.). Die gleichzeitige Lektüre in »seinem« Homer (Brief am 26. Mai; HA, 6, 15) verstärkt den Glauben, eine unverfälschte patriarchalische Welt gefunden zu haben. Auch in der Religion versucht Werther einen direkten Bezug zur Gottheit herzustellen; sogar Christus fällt als Mittler weg und wird durch Werthers eigenen Leidensweg ersetzt (Schöffler, S. 164f.). Schließlich schmelzen alle diese Vorstellungen in Werthers Liebesbeziehung zu Lotte zusammen. In der berühmt gewordenen »Klopstock«-Szene drückt dieses eine Wort gefühlsbetonte Religiosität, Naturverehrung und bürgerlichen Bildungsstolz aus, und schafft einen außergesellschaftlichen Bereich, wo Werther und Lotte seelisch eins werden (Alewyn, Finsen). Besteht nach Habermas der bürgerliche Begriff der Humanität, des rein Menschlichen, aus den drei Momenten der Freiwilligkeit, der Liebesgemeinschaft und der Bildung (S. 64), so dürfte es nicht verwundern, daß Goethes Zeitgenossen sowohl von Werthers Charakter so stark angezogen als auch von seinem Schicksal so heftig erschüttert worden sind.

Denn die »Einschränkung« (Brief am 22. Mai, HA, VI, 13), die Werther überall erfährt und die ihn in sich hinein treibt – eine Dynamik, die im Selbstmord ihre tödliche Konsequenz findet – macht deutlich, auf welchem schwankenden Fundament der Humanitätsbegriff ruht. Funktion der Gesandtschaftsepisode ist, daß sich Werther mit dem Adel messen kann und dabei sowohl seinen inneren Vorrang als auch seinen beschränkten Platz im Ständestaat durchschaut (Hirsch, Müller, von Graevenitz). Weit gravierender wirkt jedoch der Zusammenstoß mit Albert, dem Beamten, der mit seinem Posten zufrieden ist und der die Verhaltens- und Denkweisen der bestehenden Ordnung verteidigt. Daß Lotte Alberts Frau wird und daß die Liebesgemeinschaft mit Lotte von Werther in den Bereich nach dem Tode verlegt werden muß (VI, 117), verleiht der Liebesgeschichte eine Brisanz, die den Lesern der ersten Fassung nicht entgangen war – zumal Lotte dort, und zwar unmittelbar vor Werthers letztem Besuch, den Liebhaber positiv vergleicht mit dem Ehemann, »der nun statt des versprochenen Glücks anfing das Elend ihres Lebens zu machen« (GA IV, 363).

Werther als hellsichtigen Rebellen gegen die Wertvorstellungen der »bürgerlichen Gesellschaft« emporzuheben, wie Klaus Scherpe es tut (S. 44), verkürzt allerdings die Bedeutung des Romans erheblich (vgl. Kaisers Kritik an »Werther und Wertherwirkung«). Werthers Subjektivismus enthält deutlich narzißtische Züge (Meyer-Kalkus); sein angebliches Künstlertum erweist sich als purer Dilettantismus (s. dazu Vaget). Sein Bild der Natur, wie es z. B. in den einander widersprechenden Briefen am 10. Mai und am 18. August zum Vorschein kommt, spiegelt vor allem den jeweiligen eigenen Gemütszustand. Die Verklärung Lottes steht im Widerspruch zu dem Eindruck, daß sie kein außerordentlich kluges und schönes Mädchen ist (Bennett, S. 55–67). Und Werthers wiederholter Gebrauch von der Situation unangebrachten literarischen Anspielungen (Duncan) legt die Vermutung nahe, seine übrigen Urteile über Menschen und die eigene Lage seien genau so verkehrt. Die Welt wird ihm zusehends zu einem Phantasiegebilde, wobei er nicht mehr zwischen Wirklichkeit und Wunschvorstellung unterscheiden kann (Thorlby, Pütz). Es ist wohl kein Zufall, daß Werthers Selbstmord nicht als heroische Tat, sondern als langsamer, qualvoller Tod geschildert wird (Blackall, S. 38 f.) und daß der nüchterne Bericht der Todesumstände im eklatanten Kontrast steht zu Werthers exaltierten Auferstehungswünschen (Blessin, S. 288).

Solche Feinheiten haben die ersten Leser von »Werther« wohl übersehen. Das sogenannte Wertherfieber der siebziger Jahre des achtzehnten Jahrhunderts erklärt sich zum großen Teil daraus, daß die große Zahl der Leser und Leserinnen, durch die Wochenschriften und die moralischen Romane der Aufklärung geschult, sich zwangsläufig identifizierten mit Figuren wie Werther und Lotte, die so starke Gefühle zeigten und auch hervorriefen. Hinzu kam, daß Lesegewohnheiten aus der Beschäftigung mit Andachtsliteratur noch lebendig waren: »Die Wertherrezeption zeugt deutlich von eindringlicher Wiederholungslektüre. Napoleon hatte ihn siebenmal, D. Hartmann zehnmal gelesen, Auguste von Stolberg kannte ihn fast, mancher Student ganz auswendig« (Jäger 1974, S. 404). So hat Schöffler gar nicht unrecht, wenn er »Werther« »eine Art Erbauungsbuch in einem völlig neuen Sinne« nennt (S. 179), wenn auch dies Goethes Absichten keineswegs entsprach, wie er in »Dichtung und Wahrheit« rückblickend erklärte:

»Eigentlich ward nur der Inhalt, der Stoff [von »Werther«] beachtet, wie ich schon an meinen Freunden erfahren hatte, und daneben trat das alte Vorurteil wieder ein, entspringend aus der Würde eines gedruckten Buchs, daß es nämlich einen didaktischen Zweck haben müsse. Die wahre Darstellung aber hat keinen. Sie billigt nicht, sie tadelt nicht, sondern sie entwickelt die Gesinnungen und Handlungen in ihrer Folge und dadurch erleuchtet und belehrt sie« (GA X, 644).

Der Streit um »Werther« – neuerdings von Mandelkow dokumentiert und kommentiert – macht deutlich »die Hilflosigkeit sowohl der affirmativen wie der kritischen Rezeption eines Werkes, das eingeschliffene Rezeptionsmechanismen in Frage stellt und damit das Publikum überfordern mußte« (Mandelkow, S. XLIV). Wetterten orthodoxe Pastoren wie Johann Melchior Goeze gegen das Werk, daß es eine Anleitung zum Ehebruch und eine Apologie für den Selbstmord sei, so hatten Aufklärer wie Garve, Lessing und Nicolai, bei aller Anerkennung der literarischen Qualität von »Werther«, doch bemängelt, daß Goethe das Fehlerhafte und

Schwärmerische an Werthers Charakter nicht deutlich genug gezeigt habe. Lessings Aufforderung »Also, lieber Goethe, noch ein Kapitelchen zum Schlusse; und je zynischer je besser!« (Brief an Eschenburg vom 28. 10. 1774; abgedruckt in Mandelkow, S. 21) kam Nicolai mit seiner 1775 erschienenen Parodie »Freuden des jungen Werthers« (Mandelkow, S. 27–39) zugute. Verfolgte Nicolai sein pädagogisches Ziel, indem er aus Werther einen zweiten Albert machte und also die Problematik des Werkes einfach umging, so versuchte der Romantheoretiker Blanckenburg »Werther« dadurch zu rehabilitieren, daß er es als Einweisung in das *Mitleiden* und mithin als Beitrag zur moralischen Besserung des Publikums deutete (Mandelkow, S. 65–86; hier S. 83). Eine derartige »Übertragung der Katharsislehre des bürgerlichen Trauerspiels auf den Roman« (Mandelkow, S. XLIII) ließ allerdings außer Acht, daß die Leser von »Werther« nicht Zuschauer einer schon *fertigen* Bühnenvorstellung waren, sondern vielmehr durch den *Prozeß* des Lesens am Sinnerschließen eines Textes beteiligte Personen. Daß die meisten Leser noch nicht imstande waren, einen Roman zu deuten, wo ›Regieanweisungen‹, in Form von Erzählkommentaren, nicht vorhanden waren, erklärt nicht zuletzt die verschiedenen Versuche, »Werther« außerästhetische Erklärungen beizulegen.

Bei der Umarbeitung von »Werther« für die achtbändige Ausgabe seiner Schriften, die der Leipziger Verleger Göschen 1787 mit dieser zweiten Fassung des Werkes anfing, hat Goethe Werthers Kraftausdrücke und genialische Handhabung der Sprache abgemildert. Diese Annäherung an Adelungs Rechtschreibung und Stillehre deutet Dieter Welz ideologiekritisch als Zeichen von Goethes Absage an den Sturm und Drang und Anpassung an die bestehende Ordnung (S. 23 f.). Sicher ist, daß die Weimarer Fassung von »Werther« neben orthographischen Veränderungen durch Einschübe wie die Bauernburschenepisode und durch den umgeschriebenen Herausgeberbericht eine Reihe von Hinweisen auf Werthers verblendete Sehweise enthält. So unterscheidet nun der Herausgeber deutlich zwischen Werthers Wahrnehmungen und der objektiven Sachlage:

»Wie er mit sich in ewigem Unfrieden lebte, *schien* ihm auch der Zustand andrer nur bedenklicher und verworrener, er *glaubte*, das schöne Verhältnis zwischen Albert und seiner Gattin gestört zu haben« (HA VI, 94; Sperrung von mir).

An anderen Stellen macht jedoch der Herausgeber den Leser darauf aufmerksam, daß die Beziehungen zwischen Albert und Lotte keineswegs so getrübt seien, wie Werther das wahrhaben will (Saine, S. 64 f.). Dadurch entsteht das Bild eines Charakters, der vor allem an sich selbst zugrundegeht (Blackall, S. 51). Die zweite Fassung des Werkes ermöglicht dem Leser zugleich Identifikation mit Werther und Abstand von ihm (Bennett, S. 72) – eine ästhetische Distanz, die, obgleich in der ersten Fassung auch vorhanden (Waniek), deren Lesern weitgehend entgangen war. Schillers Worte in »Über naive und sentimentalische Dichtung« halfen ihrerseits dazu, beim anspruchsvollen Lesepublikum der Zeit das Verständnis von »Werther« als leidenschaftslose Darstellung eines leidenschaftlichen Charakters (NA XX, 459) durchzusetzen. Trotzdem entwickelte sich auf dem Umweg der Leihbibliotheken und der trivialempfindsamen Wertheriaden der späten achtziger und neunziger Jahre die Rezeption von »Werther« als aufregende Liebesgeschichte im Dreiecksverhältnis (Jäger 1974, S. 399) – eine Richtung, die in Johann Martin Millers tränenreichem Pendant zu »Werther«, »Siegwart, eine Klostergeschichte« (1776 ebenfalls bei Weygand erschienen) schon angelegt wurde.

Ausgaben:

»Die Leiden des jungen Werthers« werden nach Band VI der Hamburger Ausgabe (= HA) zitiert.
Als Leseausgabe wird empfohlen: »Die Leiden des jungen Werthers«. Hg. mit einem Nachwort v. E. Beutler. Stuttgart 1974 (= UB 67).
Zur ersten Fassung des Romans, s. GA IV, 268–381.

Literatur:

Zu weiteren Angaben s. *H. Pyritz u. a.*, Goethe-Bibliographie. Bd. I. Heidelberg 1965, S. 738–748; Bd. II: 1955–1964. Heidelberg 1968, S. 226–229.
E. Schmidt, Richardson, Rousseau und Goethe. Ein Beitrag zur Geschichte des Romans im 18. Jahrhundert. Jena 1875.
H. Schöffler, »Die Leiden des jungen Werther«. Ihr geistesgeschichtlicher Hintergrund. Frankfurt/M 1938. Neuabdruck in: H. S., Deutscher Geist im 18. Jahrhundert. Göttingen [2]1967, S. 155–181.
A. Hirsch, »Die Leiden des jungen Werthers«. Ein bürgerliches Schicksal im absolutistischen Staat. In: EG 13 (1958), S. 229–250.
J. Habermas, Strukturwandel der Öffentlichkeit. Darmstadt & Neuwied 1962.
P. Müller, Zeitkritik und Utopie in Goethes »Werther«. Berlin 1969.
K. Scherpe, Werther und Wertherwirkung. Zum Syndrom bürgerlicher Gesellschaftsordnung im 18. Jahrhundert. Bad Homburg 1970. (dagegen: G. Kaiser, Zum Syndrom modischer Germanistik. In: Euph. 65 [1971], S. 194–199).

H. Flaschka, Goethes »Werther«. Werkkontextuelle Deskription und Analyse. München 1971.

H. R. Picard, Die Illusion der Wirklichkeit im Briefroman des 18. Jahrhunderts. Heidelberg 1971 (zu »Werther«, s. S. 15–36).

K. Rothmann (Hg.), Erläuterungen und Dokumente: Johann Wolfgang Goethe, »Die Leiden des jungen Werthers«. Stuttgart 1971 (= UB 8113).

D. Welz, Der Weimarer Werther. Studien zur Sinnstruktur der zweiten Fassung des Werther-Romans. Bonn 1973.

G. Sauder, Empfindsamkeit. Bd. I: Voraussetzungen und Elemente. Stuttgart 1974.

G. Jäger, Die Wertherwirkung. Ein Rezeptionsästhetischer Modellfall. In: Historizität in Sprach- und Literaturwissenschaft. Hg. v. W. Müller-Seidel. München 1974, S. 389–409.

K. R. Mandelkow (Hg.), Goethe im Urteil seiner Kritiker. Dokumente zur Wirkungsgeschichte Goethes in Deutschland. Teil I: 1773–1832. München 1975.

G. v. Graevenitz, Innerlichkeit und Öffentlichkeit. Aspekte deutscher «bürgerlicher« Literatur im frühen 18. Jahrhundert. In: DVjs. 49 (1975), Sonderheft, S. 1*–82*, v. a. S. 77*–80*.

A. Thorlby, From what did Goethe save himself in »Werther«? In: Versuche zu Goethe. Festschrift für Erich Heller. Hg. v. V. Dürr u. G. v. Molnar. Heidelberg 1976, S. 150–166.

E. Blackall, Goethe and the Novel. Ithaca and London 1976 (zu »Werther«, S. 18–55).

L. Smith, Sensibility and Epistolary Form in »Héloïse« and »Werther«. In: L'esprit créateur 17 (1977), S. 361–376.

H. C. Finsen, Empfindsamkeit als Raum der Alternative. Untersuchungen am Beispiel von Goethes »Die Leiden des jungen Werthers«. In: DU 29 (1977), H. 4, S. 27–38.

R. Meyer-Kalkus, Werthers Krankheit zum Tode. Pathologie und Familie in der Empfindsamkeit. In: Urszenen. Hg. v. F. Kittler u. H. Turk. Frankfurt/M 1977, S. 76–138.

S. Blessin, Die Romane Goethes. Königstein/Ts. 1979 (zu »Werther«, S. 269–292).

R. Alewyn, »Klopstock!« In: Euph. 73 (1979), S. 357–364.

B. Bennett, Goethes »Werther«. Double Perspective and the Game of Life. In: GQ 53 (1980), S. 64–81.

T. P. Saine, The Portrayal of Lotte in the Two Versions of Goethe's »Werther«. In: JEGP 80 (1981), S. 54–77.

B. Duncan, »Emilia Galotti lag auf dem Pult aufgeschlagen«: Werther as (Mis-) Reader. In: Goethe Yearbook 1 (1982), S. 42–50.

E. Waniek, »Werther« lesen und Werther als Leser. In: Goethe Yearbook 1 (1982), S. 51–92.

P. Pütz, Werthers Leiden an der Literatur. In: Goethe's Narrative Fiction. The Irvine Goethe Symposium. Hg. v. W. J. Lillyman. Berlin 1983. S. 55–68.

E. Nolan, Goethes »Die Leiden des jungen Werthers«. Absicht und Methode. In: Jb. DSG 28 (1984), S. 191–222.

U. Fülleborn, »Die Leiden des jungen Werthers« zwischen aufklärerischer Sozialethik und Büchners Mitleidpoesie. In: Goethe im Kontext. Hg. v. W. Wittkowski. Tübingen 1984, S. 20–34.

G. Hoffmeister, Wertherismus als Tendenz des Jahrhunderts. In: G. H., Goethe und die europäische Romantik. München 1984, S. 147–160.

G. Jäger, Die Leiden des alten und neuen Werther. München 1984.

H. R. Vaget, »Die Leiden des jungen Werthers«. In: Goethes Erzählwerk. Interpretationen. Hg. v. P. M. Lützeler u. J. McLeod. Stuttgart 1985, S. 37–72.

J. Ezel, Werther und die Wertheriaden. Ein Beitrag zur Wirkungsgeschichte. St. Ingbert 1986.

Friedrich Heinrich Jacobi (1743–1819): »Eduard Allwills Papiere« und »Woldemar«. Jakob Michael Reinhold Lenz (1751–1792): »Der Waldbruder«

Unter den Wertheriaden der siebziger Jahre des 18. Jahrhunderts ragen die Romanversuche von Jacobi und Lenz hervor, die ihrerseits Themen wie die Krise der Empfindsamkeit und die Gefahren des gefühlsbetonten Individualismus produktiv gestalten. Verhielten sich Goethe und Jacobi bis zu ihrer Begegnung während Goethes Rheinreise im Sommer 1774 skeptisch, ja feindselig gegeneinander, so führte die persönliche Bekanntschaft zu einem feurigen, für die Zeit so typischen Freundschaftsbund. Im Oktober 1774 schenkte Goethe Jacobi eines seiner ersten drei Exemplare von »Werther«. Im Herbst des folgenden Jahres erschien auf Anregung des Freundes Jacobis erster eigener dichterischer Versuch in der von Heinse redigierten Frauenzeitschrift »Iris«: fünf Briefe, die den Anfang von »Eduard Allwills Papieren« bildeten.

Im April 1776 erfolgte deren Neuabdruck, um zwei Folgen erweitert, in Wielands »Teutschem Merkur«. In den Juni- und Dezemberheften erschienen weitere Fortsetzungen der »Papiere« – ein Verfahren, das zu Goethes ironischem, von Wieland vermitteltem Kommentar führte, Jacobi bringe seine Gedanken »Schubkarrenweise« zum literarischen Markte (Brief an Merck vom 13. 5. 1776; zitiert nach Nicolai, S. 118). Selbst in der umgearbeiteten zweiten Fassung von 1792 fanden »Eduard Allwills Papiere« keinen romanhaften Schluß. Erblickt man in diesem Werk den Plan eines Entwicklungsromans nach dem Muster von Wielands »Agathon«

(Schwartz, S. 41), muß der Jacobi oft vorgeworfene Mangel an Organisationstalent im Fall von »Allwill« als erwiesen gelten.

Solcher Kritik hat Jacobi allerdings in dem raffinierten Vorbericht zu »Allwill« im »Teutschen Merkur« den Boden entzogen: der »Besitzer« der Sammlung habe zwar geplant, aus diesen Materialen einen Roman voller merkwürdiger, heldenhafter Begebenheiten zu bilden; der »Herausgeber« dieser Briefe interessiere sich jedoch für Menschen, die alltägliche Situationen und Gefühle beschreiben und sich dabei kunstlos offenbaren (s. dazu Schanze). Jacobis Vorhaben, wie er es im Vorwort der Neuausgabe von 1792 bekanntgab, ist in seinem romantheoretischen Vorbericht von 1776 bereits angelegt: »Menschheit wie sie ist, erklärlich oder unerklärlich, auf das gewissenhafteste vor Augen [zu] stellen« (Werke I, xiii).

»Allwill« ist demnach nicht die Geschichte, sondern das *Bild* einer Seelengemeinschaft, wie sie durch den Briefwechsel unter Freunden zum Vorschein kommt (s. Muller). So wichtig die Figur des Allwill und sein Bekenntnis zur absoluten Spontanität des Herzens auch sind, schützt deren Einbezug in ein Geflecht von Menschen und Meinungen davor, daß man Allwills Ansichten als Ansichten des Autors auffaßt, was im Falle von »Werther« passierte (Mandelkow, S. 203). Zur gleichen Zeit veranschaulicht Allwills Auftreten in einem Kreis von gesitteten Menschen, die vor allem zu Beginn des Werkes beschäftigt sind, die Lebenskraft der schwermütigen, weil am Übermaß der Sensibilität leidenden Sylli zu erhalten, die Kernfrage von »Allwill« und »Woldemar«: sind dauerhafte zwischenmenschliche Beziehungen auf der Grundlage des Gefühls möglich bzw. erstrebenswert? Auf diese Weise enthält »Allwill« sowohl das Bekenntnis zum gefühlsbetonten Subjektivismus des Sturm und Drang als auch eine Kritik daran.

Diese Thematik verfolgte Jacobi in seinem Romanfragment »Freundschaft und Liebe«, das 1777 in 5 Folgen im »Teutschen Merkur« erschien und zur Ostermesse 1779 als leicht überarbeitete Buchausgabe unter dem Titel »Woldemar. Eine Seltenheit aus der Naturgeschichte« veröffentlicht wurde. Weiterhin dienten Briefe, vor allem Woldemars Seelenergüsse, zur Erläuterung der Charaktere und der Thematik. Dieses Mal bediente sich Jacobi jedoch der Umrisse einer Handlung und auch eines reflektierenden Erzählers, der die innersten Gefühle seines Hauptcharakters kennt. War »Allwill« eine Auseinandersetzung mit dem Typ des Genies, wie ihn Jacobi in Goethe verkörpert sah, so rechnete er durch die Gestalt Woldemars vor allem mit sich selber und einem überspannten Freundschaftskult ab (vgl. Nicolais Nachwort zu »Woldemar«, S. 5*–8*).

Woldemar« sollte als warnendes Beispiel dienen, wie man eine Freundschaft *nicht* gestalten sollte. Da Woldemar vollkommene Sympathie als Kriterium der Freundschaft aufstellt und in Henriette nur die Kopie seiner eigenen Seele erblickt (Straetmans-Benl, S. 156), muß er an ihrer Freundschaft zweifeln, sobald er entdeckt, daß sich ihre Denk- und Empfindungsweisen von seinen unterscheiden. Erst am Schluß des Romans gelangt er zu der Einsicht, daß Henriettes Zärtlichkeit und Harmonie der Empfindungen seiner Seelenglut vorzuziehen seien. Die letzten Worte der beiden Charaktere in der überarbeiteten Fassung von 1794, wo Henriette den Grund für Woldemars lang unterdrückte und dann um so heftiger sich äußernde Verzweiflung erfährt und daher alles aufzuklären vermag, unterstreichen diese Einsicht. Woldemars Selbstkritik »Wer sich auf sein Herz verläßt ist ein Thor – Richtet nicht« erwidert Henriette mit Fénelons Spruch: »Vertraut der Liebe, Sie nimmt alles, aber sie giebt alles« (Jacobi, Werke V, 482).

Die Schlußszene der Ausgabe von 1779, wo ausschließlich Woldemars Angst, seine Henriette auf ewig verloren zu haben, in den grellsten Tönen beschrieben wurde, hat jedoch den Hauptadressaten des Romans, nämlich Goethe, zur Parodie angeregt. In einer improvisierten Rede vor der Weimarer Hofgesellschaft im Sommer 1779 soll er den Schluß derart verändert haben, daß der heulend-schreiend-tobende Woldemar vom Teufel geholt wird. Als Jacobi sogar von dem Gerücht einer »Kreuzigung« seines Buches hörte, forderte er höchstentrüstet eine Erklärung von Goethe; da diese nur indirekt über gemeinsame Freunde kam, brach Jacobi ostentativ die ohnehin schon seit einigen Jahren wankende Freundschaft ab. Erst während der achtziger Jahre erfolgte eine persönliche Annäherung, ohne daß weltanschauliche und künstlerische Positionen wiederzuvereinigen waren. Ein von Goethe allerdings zurückgehaltenes Xenion verrät, was Goethe selbst von den überarbeiteten Fassungen von »Allwill« und »Woldemar« hielt:

»Euch erhabne Gestalten hat nicht der Künstler gebildet.
Sondern die Tugend hat sich selbst verkörpert in Euch.«
(zitiert nach Nicolai, S. 207).

Immerhin lobten Zeitgenossen wie Herder und Wilhelm von Humboldt die Dialoge, die 1779 und 1781 gesondert erschienen und 1794 neben anderen Gesprächen der Romanhandlung angegliedert waren. Innerhalb eines Jahres war die Neufassung von »Woldemar« vergriffen; 1796 erschien eine nochmals erweiterte Auflage.

Umso vernichtender auf Jacobi mußte Friedrich Schlegels polemische Rezension wirken, die dem »theologischen« Kunstwerk jeglichen philosophischen Wert absprach. Darüber hinaus verwarf Schlegel das angeblich reine, weil geschlechtslose Verhältnis zwischen Woldemar und »Bruder Heinrich«, wie Woldemar seine Seelenfreundin des öfteren nennt; Schlegels spätere Darstellung eines freien sinnlich-sittlichen Verhältnisses zwischen Mann und Frau in »Lucinde« kann als Gegenantwort auf »Woldemar« aufgefaßt werden. So scharf und mitunter verzerrt die Schlegelsche »Woldemar«-Kritik auch war (vgl. Lauth, S. 180–185), kündigte sie einen neuen Kreis von Schriftstellern an, die in ihrem Kunst- und Weltverständnis dem Weimarer Goethe weit näher standen als der noch mit der Empfindsamkeit ringende Jugendfreund.

Während sich Jacobi vornehmlich durch Briefe um Aufrechterhaltung der früheren Intimität zu Goethe bemühte, gehörte Lenz zu denjenigen Vertretern des Sturm und Drang, die Goethe am Weimarer Hof besuchten und an Ort und Stelle abgewiesen wurden. Sein Romanfragment »Der Waldbruder, Ein Pendant zu Werthers Leiden« schrieb Lenz im Sommer 1776, in der Zeit zwischen seinem herzlichen Empfang bei Goethe und dem Herzog Carl August im frühen April und der »Eseley« im späten November, die auf Goethes Drängen zu einer sofortigen Entfernung vom Hof führte. Das Manuskript blieb in Goethes Händen und wurde 1797, 5 Jahre nach Lenz' Tod, in Schillers »Horen« veröffentlicht.

Wie im Falle von Jacobis Romanen spielen im »Waldbruder« biographische Reminiszenzen – hier vor allem aus Lenz' Straßburger Zeit, wo er sich mehrmals in Frauen, die ihn wenig oder gar nicht kannten, heftig verliebte – eine Rolle. Auch die Gegenüberstellung der beiden Hauptcharaktere, Herz und Rothe, bildet eine leicht verschlüsselte Verarbeitung von Lenz' damaligem Verhältnis zu dem welterfahrenen Goethe. Während jedoch Jacobi bei aller Selbstkritik in »Woldemar« zu sehr in sich selbst befangen bleibt, enthält Lenz' geschickte Parodie der Wertherhandlung zugleich sehr viel Selbstparodistisches. Dabei wird nicht nur »die Hand des begabten Lustspieldichters« (Emmel, S. 162) offensichtlich, sondern auch ein Abstand von sich selber, den frühere Interpreten, von Goethes tadelnder Lenzdarstellung in »Dichtung und Wahrheit« ausgehend, übersehen haben (vgl. z.B. Sommerfeld, S. 102f.). Vor allem der verwickelte Briefwechsel im Roman hat in letzter Zeit viel Beachtung gefunden: dieser veranschauliche sowohl Herzens gesellschaftliche Isolation als auch die Zersplitterung innerhalb der Gesellschaft; nur Rothe sei imstande, mit allen Menschen und Ständen zu korrespondieren (Osborne, S. 79f.).

Aufschlußreich für die unterschiedliche Konzeption der Romanhelden bei Goethe, Jacobi und Lenz ist deren Verhältnis zu den

Bildnissen ihrer Geliebten. Werther, der Dilettant, ist nicht imstande, ein Porträt Lottes zu zeichnen; ein Schattenriß muß ihm dafür als Ersatz dienen. Woldemar, der sich an einer Stelle mit Pygmalion vergleicht (S. 127), malt ein Bildnis von Henriette, »ohne daß sie ihm dazu gesessen« (S. 161); sein Bild von ihr ist ein Phantasiegemälde, das er gerne wirklich machen will und nicht kann. Herz hingegen kämpft nicht um die Hand der Gräfin Stella, sondern vor allem um die Wiedergewinnung eines Bildes von ihr, das er hat machen lassen. Sein Ausruf an Rothe: »Sei glücklich unter Deinen leichten Geschöpfen [in der Stadt], und laß mir meine Hirngespinste« (I, 292), ist charakteristisch für den Menschen, der die Rolle des Waldbruders aussucht, obwohl er weiß, daß er sich dabei nur lächerlich macht.

Ausgaben:

F. H. Jacobi, »Eduard Allwills Papiere«. Faksimiliedruck der erweiterten Fassung von 1776 aus Chr. M. Wielands »Teutschem Merkur«. Hg. mit einem Nachwort v. H. Nicolai. Stuttgart 1962.

F. H. Jacobi, »Woldemar«. Faksimiliedruck nach der Ausgabe von 1779. Hg. mit einem Nachwort v. H. Nicolai. Stuttgart 1969.

Zu den erweiterten Fassungen, s. F. H. Jacobi's Werke. Hg. v. Fr. Roth. 6 Bde. Leipzig 1812–1825 (»Allwill« in: Bd. I, i–xxiv & 1–253; »Woldemar« in: Bd. V, vii–xx & 1–482).

J. M. R. Lenz, »Der Waldbruder«. In: J. M. R. Lenz, Werke und Schriften. Hg. v. B. Titel & H. Haug, Bd. I. Stuttgart 1966, S. 283–322.

Literatur:

M. N. Rosanow, Jakob M. R. Lenz, der Dichter der Sturm- und Drangperiode. Sein Leben und seine Werke. Leipzig 1909; photomechanischer Nachdruck: Leipzig 1972.

F. Brüggemann, Die Ironie als entwicklungsgeschichtliches Element. Ein Beitrag zur Vorgeschichte der deutschen Romantik. Jena 1909 (zu »Woldemar«, S. 57–128).

H. Schwartz, Friedrich Heinrich Jacobis »Allwill«. Halle 1911.

F. David, Friedrich Heinrich Jacobis »Woldemar« in seinen verschiedenen Fassungen. Leipzig 1913.

M. Sommerfeld, Jakob Michael Reinhold Lenz und Goethes »Werther«. Auf Grund der neu aufgefundenen Lenzschen »Briefe über die Moralität der Leiden des jungen Werther«. In: Euph. 24 (1922), S. 68–107.

R. Pascal, The Novels of F. H. Jacobi and Goethe's Early Classicism. In: PEGS, N. S. 16 (1946), S. 54–89.

H. H. Borcherdt, Der Roman der Goethezeit. Urach & Stuttgart 1949 (zu Jacobis Romanen, S. 103–116; zum »Waldbruder«, S. 40–44).

S. Sudhof, Fr. H. Jacobi und die »Kreuzigung« seines »Woldemar«. In: Neophil. 43 (1959), S. 42–49.

K. R. Mandelkow, Der deutsche Briefroman. Zum Problem der Polyperspektive im Epischen. In: Neophil. 44 (1960), S. 200–208.

H. Nicolai, Goethe und Jacobi. Studien zur Geschichte ihrer Freundschaft. Stuttgart 1965.

R. Lauth, Fichtes Verhältnis zu Jacobi unter besonderer Berücksichtigung der Rolle Friedrich Schlegels in dieser Sache. In: Friedrich Heinrich Jacobi. Philosoph und Literat der Goethezeit. Hg. v. K. Hammacher. Frankfurt 1971, S. 165–197.

H. Schanze, Jacobis Roman »Eduard Allwills Papiere« – Eine formgeschichtliche Analyse. In: Friedrich Heinrich Jacobi, ebd. S. 323–331.

S. Muller, Friedrich H. Jacobi. »Allwills Papiere«. Véridicité, Sincérité et Elaboration romanesque. In: Recherches Germaniques 3 (1972), S. 16–29.

H. Emmel, Geschichte des deutschen Romans. Bd. I. Bern 1972. (zu Jacobi, S. 153–160; zu Lenz, S. 162–167).

J. Osborne, J. M. R. Lenz. The Renunciation of Heroism. Göttingen 1975.

I. Straetmans-Benl, »Kopf und Herz« in Jacobis »Woldemar«. In: Jb. JPG 12 (1977), S. 137–174.

B. v. Wiese, Friedrich Heinrich Jacobi. In: Deutsche Dichter des 18. Jahrhunderts. Hg. v. B. v. Wiese. Berlin 1977, S. 507–523.

T. Heine, Lenz's »Waldbruder«. Inauthentic Narration as Social Criticism. In: GLL, N. S. 33 (1979/80), S. 183–189.

H.-G. Winter, Jakob Michael Reinhold Lenz. Stuttgart 1987 (= SM 233).

3. Karl Philipp Moritz (1756–1793): »Anton Reiser« und »Andreas Hartknopf«

Die Romane von Karl Philipp Moritz stellen nicht nur einen Schnittpunkt dar, in dem Aufklärung, Sturm und Drang, Empfindsamkeit und sogar die Anfänge der deutsche Klassik und Romantik sich berühren; sie veranschaulichen zugleich die literarische Aneignung religiös gespeister Selbstbeobachtung, die früher als Hauptmittel erfolgreicher Heilssuche galt. Vor allem der Pietismus – eine Bezeichnung für die verschiedenen unorthodoxen protestantischen Bestrebungen in Deutschland seit dem Ende des 17. Jahrhunderts, die sich durch die Betonung einer gefühlsmäßigen Beziehung des Individuums zu Gott auszeichneten – forderte die Entwicklung von Tagebüchern, in denen das Individuum sein Innenleben zur Überprüfung des Gotterlebens und der eigenen Heilsgewißheit erforschte. In der Zweckform der pietistischen Autobiographie wurde darüber hinaus versucht, andere Menschen durch die Schilderung des

Weges zur religiösen Erweckung und Neugeburt in Gott zu erbau-
en. Dabei erwiesen sich manche dieser Werke als ausgezeichnete
Beschreibungen der Auswirkungen des Körpers auf die Empfindungen – man denke etwa an Adam Bernds 1738 erschienene »Eigene
Lebens-Beschreibung« (s. dazu Stemme, S. 155).

Geriet die Heilssuche im Laufe des 18. Jahrhunderts aus dem
unmittelbaren Blickfeld, so wurde aus dem früheren Mittel der
eigentliche Zweck. An die Stelle des Pietismus trat die Erfahrungsseelenkunde, die ihrerseits aus der sensualistischen Richtung der
Aufklärungsphilosophie Nahrung zog. Wenn Friedrich von Blanckenburg 1774 in seinem »Versuch über den Roman« schließlich die
ideale Romanhandlung als »innere Geschichte des Menschen« beschrieb, wurde diese Forderung von Karl Philipp Moritz im Vorwort zum ersten Teil seines psychologischen Romans »Anton Reiser« aufgegriffen, und zwar mit Unterstreichung des Worts »innere«
(AR S. 6; s. dazu Fürnkäs, S. 26). Robert Minder hat darauf hingewiesen, daß die Genese von »Anton Reiser« einen Säkularisierungs-
prozeß für sich darstellt: einem pietistischen Tagebuch des jungen
Moritz entsprungen, wurden Teile in dem von ihm herausgegebenen
»Magazin zur Erfahrungsseelenkunde«, der ersten psychologischen
Zeitschrift in deutscher Sprache veröffentlicht, bevor Moritz
schließlich seiner Autobiographie dichterische Form gab (Minder,
S. 32).

Aufschlußreich für Moritz' Vorhaben ist die Tatsache, daß dieser
autobiographische Roman mit einer Schilderung der pietistisch-
quietistischen Umgebung anfängt, in der der junge Anton aufwächst. War Johann Heinrich Jungs »Heinrich Stillings Jugend« –
von Goethe bearbeitet und 1777 mit dessen Hilfe veröffentlicht – die
Darstellung einer idyllischen Kindheit in pietistischer Geborgen-
heit, so zeigt Moritz in Antons lieblos verbrachter Kindheit, dem
daraus entstandenen Minderwertigkeitsgefühl und der Unterdrük-
kung seiner Persönlichkeit durch falsch verstandene Religiosität die
Grundlage zu den späteren psychischen Problemen des Jünglings (s.
dazu Müller u. Niggl). Von besonderem Interesse sind die ausführli-
chen Aufzeichnungen der Kindheits- und Jugendlektüre des Protagonisten sowie die scharfsinnigen Analysen der Gründe, die Anton
zur Flucht in die Literatur treiben. Sehr früh im Roman heißt es z. B.

»Durch das Lesen war ihm auf einmal eine neue Welt eröffnet, in deren
Genuß er sich für alle das Unangenehme in seiner wirklichen Welt einigerma-
ßen entschädigen konnte. Wenn nun rund um ihn her nichts als Lärmen und
Schelten und häusliche Zwietracht herrschte, oder er sich vergeblich nach
einem Gespielen umsah, so eilte er hin zu seinem Buche. So ward er schon
früh aus der natürlichen Kinderwelt in eine unnatürliche idealische Welt

verdrängt, wo sein Geist für tausend Freuden des Lebens verstimmt wurde, die andre mit voller Seele genießen können« (AR S. 16–17).

Während der harten Lebensjahre als Lehrling und als armer Schüler am Gymnasium in Hannover verschafft sich Anton Ersatzbefriedigung durch seine Einbildungskraft. Andererseits droht die Lesesucht ein »Opium« (AR S. 201) zu werden, das seine Leiden nur betäubt und nicht behebt. Wiederholt wird darauf hingewiesen, wie Reisers von Roman- und Schauspiellektüre entflammte Einbildungskraft ihn zu einer Verkennung seiner wahren Sachlage verleitet. Die positiven und negativen Folgen eines derartigen Leseverhaltens werden an Reisers »Werther«-Rezeption exemplarisch dargestellt: zwar steigt sein Selbstgefühl enorm, indem er sich mit Werther und Werthers Leiden identifiziert, »bis auf den Punkt der Liebe« (AR S. 294); aber auf der anderen Seite werden Werthers Gedanken und Ausdrucksweise unvermerkt zu den Seinigen (AR S. 295), was dann zur Fiktionalisierung seines eigenen Lebens führt, wie seine unbeabsichtigte Parodie eines »Werther«-Briefs beweist (AR S. 489). Die Beschreibung eines mißlungenen »Werther«-Dramas, wo der Hauptdarsteller sich mit einem Brotmesser statt einer Pistole tötet (AR S. 494 f.), deutet an, daß Reiser nicht der einzige Verblendete in der jungen Generation um 1775 war.

Zwischen 1785 und 1786, als die ersten drei Teile von »Anton Reiser« bei Friedrich Maurer in Berlin erschienen, und 1790, dem Erscheinungsjahr des vierten und letzten Bandes, erfolgte Moritz' Italienreise. Hier lernte er Goethe kennen, der ihn mit einem jüngeren Bruder verglich, »nur da vom Schicksal verwahrlost und beschädigt, wo ich begünstigt und vorgezogen bin« (Brief an Charlotte von Stein vom 14. 12. 1786; GA XIX, 43). Die Anfänge der klassischen Ästhetik, wie sie in Moritz' Abhandlung »Über die bildliche Nachahmung des Schönen« (1788) zum Vorschein kommen, sind in der Abrechnung mit Reisers künstlerischem Dilettantismus im vierten Band des Romans mitenthalten. Vor allem der Abschnitt »Die Leiden der Poesie« (AR S. 474–491) – 1792 in Wielands »Neuem Teutschem Merkur« in gekürzter Form veröffentlicht – erläutert, warum Reiser, auch hier ein Beispiel für viele, weder als Dichter noch als angehender Schauspieler etwas taugt. So schonungslos hat Moritz den falschen Kunsttrieb seines Helden entblößt, der nur Theaterrollen spielt, um mindestens im Schein zu erhalten, was ihm im Leben vorenthalten blieb, daß damit die Konzeption von Goethes »Wilhelm Meister« eine wesentlich andere wurde (s. dazu Lehmann).

In einem Gedicht an den Freund Philipp Reiser wird die allegorische Bedeutung von Antons Nachnamen angedeutet: »Ich wandre –

doch wohin ich reise?/ Woher? – das sage mir der Weise/ Der mehr
als ich mich selbst kennt« (AR S. 280). Im Unterschied zu den
pietistischen Autobiographien gibt es allerdings kein Durchbruchs-
erlebnis, das der irdischen Pilgerreise ein festes Ziel setzt. Stattdessen erleidet der junge Reiser einen ständigen Wechsel von Glücks-
aufschwüngen und Niederlagen, die um so vernichtender auf ihn
wirken, je höher geschraubt seine Hoffnungen gewesen sind. So
kommt die Handlung des Romans zu keinem für den Protagonisten
befriedigenden Schluß. Am Ende des vierten Bandes erfährt Anton,
daß die Schauspielertruppe in Leipzig, wofür er seine ihm endlich
erfolgversprechenden Studien in Erfurt verlassen hat, »eine zer-
streute Herde« (AR 499) sei.

Dennoch übersieht man ein Hauptmoment des Romans, wenn
man deshalb die Versicherungen des Vorworts zum zweiten Teil,
beim Studium der scheinbaren Zwecklosigkeit der einzelnen Lebensumstände löse sich das Mißtönende in Harmonie auf (AR
S. 122), für verfehlt hält. Nicht zu vergessen ist, daß man zwischen
dem Charakter Antons und dem Erzähler zu unterscheiden hat (s.
Boulby, S. 4 f.), denn dieser Erzähler verweist durch seine Kom-
mentare zur Handlung auf einen verborgenen Sinn hinter Antons
labyrinthischem Lebenslauf (zur Umwandlung des Theodizee-Ge-
dankens bei Moritz, s. Saine). Ebenfalls gibt es Augenblicke, in
denen der junge Anton, zumeist bei Spaziergängen am Wall, vorübergehend eine Übersicht über seine eigene Lage gewinnt (AR
S. 260, S. 449). Solchen Augenblicken folgen freilich oft ein Bewußtsein der »Zerstückbarkeit« (AR S. 262) des Menschenlebens
oder der Wunsch nach einem abgeschiedenen Einsiedlerdasein: die
Faszination durch das Kartäuserkloster in Erfurt (AR S. 450) entspricht der anderen Seite seiner Natur, für die sein Vorname Anton,
der Schutzheilige der Eremiten, steht. In gewisser Hinsicht nimmt
»Anton Reiser« Themen und Erzählstrategien von Hölderlins »Hyperion« vorweg; wie Fürnkäs vermerkt: »erst das durch erzählende
Rekonstruktion zur Darstellung gekommene individuelle Leben ist
das begriffene Leben« (S. 35). Trotzdem muß man Hans Joachim
Schrimpf recht geben, wenn er betont, wie »Anton Reiser« im
produktiv-negativen Verhältnis zu den harmonisierenden Tendenzen des klassischen Bildungsromans steht (Schrimpf 1980, S. 54 f.);
denn im Unterschied etwa zu »Hyperion« ist es nicht ersichtlich,
wie eine Figur wie Anton zur erhöhten Einsicht des Erzählers hätte
kommen können.

Näheren Aufschluß über diese offene Frage gewährt das Romanprojekt, das Moritz parallel zu »Anton Reiser« schrieb, nämlich
»Andreas Hartknopf. Eine Allegorie«, im Herbst 1785 bei Unger in

Berlin anonym erschienen. Nicht nur überschneiden sich in den Romanhandlungen einzelne Figuren und Episoden aus Moritz' eigener Studienzeit in Erfurt; ein Vergleich der Haltung des Erzählers zu seinem Hauptcharakter in den beiden Werken zeigt, daß das Verhältnis sich umgekehrt hat. War Anton Reiser ein dumpf erleidender Held, der außer in Gedichten keine selbständige Stimme hatte und Gegenstand der Analyse aus der souveränen Perspektive des Erzählers blieb, so bekennt der Erzähler im anderen Roman, wie Hartknopf in ihm »eine neue Schöpfung« hervorgebracht habe (AH S. 131; zum Palingenesie-Motiv bei Moritz, s. Unger). Andreas Hartknopf, ein wandernder suspendierter Prediger, der sein Geld durch Arbeit als Grobschmied verdient und Seelsorge umsonst tut, steht in derselben Ahnenreihe wie der »philosophische Essigbrauer« (AR S. 311) und andere Handwerker in »Anton Reiser«, die trotz ihrer niedrigen sozialen Lage Belesenheit und Interesse an religiösen und schöngeistigen Fragen aufweisen und die Reiser durch seine tiefsten Krisen helfen. Hartknopf verwendet seine Kenntnisse in Musik, Dichtung und Astronomie, um den Erzähler von einer kränkelnden Empfindsamkeit zu befreien und ihm ein Gefühl von der Natur als Ganzem zu verschaffen. So wird der Erzähler zu Hartknopfs Jünger und der Roman zu einer Art Evangelienbericht (s. Schrimpfs Nachwort zu AH, S. 30*–31*).

Das bedeutet jedoch, daß Hartknopfs allegorische Reise in den Osten auf Golgatha endet. Wie vor ihm seine Freunde Gastwirt Knapp und Emeritus Elias, die durch das Anstiften des falschen Aufklärers Hagebuck hingerichtet werden, erleidet auch Hartknopf einen »Märtirertode« (AH S. 160). In »Andreas Hartknopfs Predigerjahren« – die zwar 1790 erschienen, aber eine frühere Epoche im Leben des Helden darstellen – triumphiert der rabiat orthodoxe Küster Ehrenpreis (»den Hartknopf habe ich moralisch todt geschlagen« [AHP S. 140]), nachdem er dessen Entlassung vom Dienst bewirkt hat. Bigotterie in der Kirche und in der unaufrichtigen Aufklärung, als machtgierigen und menschenverachtenden Institutionen, behauptet das Feld.

Einzelne Menschen in den Hartknopf-Romanen werden zwar durch »ästhetische Erziehung« geheilt, aber noch schärfer als in »Anton Reiser« werden die deformierenden Kräfte der Gesellschaft angeprangert: »Tausende müssen sich von Jugend auf gewöhnen, zu denken, daß sie nur um andrer willen, keiner aber um ihrentwillen da ist, und daß sie keinen für sich selbst bestehenden Werth haben« (AH S. 98). Im Unterschied zu der ätzend scharfen Darstellung der Lehren der Madame Guyon am Anfang von »Anton Reiser« erscheint der Vertreter der quietistischen Mystik, Herr von O, der in

31

den »Predigerjahren« Hartknopf als Prediger anstellt, in einem viel positiveren Licht; aber selbst hier signalisieren Hartknopfs »Achtung für alles menschliche Wissen« (AHP S. 60) und seine Wertschätzung des Individuums den Punkt, wo sich die Meinungen trennen (s. dazu Minder, S. 112–116). Hauptziel der moralischen Kritik sind aber die »gekrönten Häupter« (AH S. 96), die die Menschen um ihre natürlichen Rechte bringen; als Gegenbild dient, neben Hartknopf, Gastwirt Knapp, ein wahrer Christ und Menschenfreund, der seine Reformen von unten anfängt und dabei die Menschenwürde seiner armen Gäste im »Wirtshaus zum Paradies« respektiert. Wenn Knapps Verdienste vorläufig erst im anderen Paradies anerkannt werden, verlangt Moritz durch seine Romane, daß dies auch auf Erden geschehen soll – Säkularisation im edelsten Sinne des Wortes (s. dazu Sölle).

Während »Anton Reiser« bis ins 19. Jahrhundert von Schriftstellern wie Heine, Hebbel und Willibald Alexis noch gepriesen wurde, geriet »Andreas Hartknopf« schnell in Vergessenheit. Jedoch die Vielfalt von Stilebenen, die man in den »Hartknopf«-Romanen findet – lyrisch, empfindsam, humoristisch, satirisch, philosophisch reflektierend – kehrt im Romanwerk Jean Pauls, ihres ersten Verehrers, wieder. Moritz hat die Veröffentlichung der »Unsichtbaren Loge« in die Wege geleitet; in der Gestalt des Emanuel in »Hesperus« hat Jean Paul seinem 1793 verstorbenen literarischen Mentor ein Denkmal gesetzt. Nicht nur Goethe und Jean Paul, sondern auch die frühromantischen Schriftsteller haben aus ihrem Kontakt mit Moritz profitiert (s. dazu Hubert). Tieck und Wackenroder waren 1791 Zuhörer bei seinen Berliner Vorlesungen über Ästhetik und Mythologie. Die Diskussion über Dilettantismus in Wackenroders »Berglinger«-Novelle sowie Tiecks Analyse der Antithetik von Phantasie und Wirklichkeit in seinem ersten Roman, »William Lovell«, zeugen vom Einfluß eines Schriftstellers, der, ohne selbst zum ersten Rang gekommen zu sein, produktiv auf Späterkommende gewirkt hat.

Ausgaben:

K. Ph. Moritz, »Anton Reiser. Ein psychologischer Roman« (= AR). Mit Textvarianten, Erläuterungen und einem Nachwort. Hg. v. W. Martens. Stuttgart 1972 (= UB 4813).
K. Ph. Moritz, »Andreas Hartknopf. Eine Allegorie« (= AH). »Andreas Hartknopfs Predigerjahre« (= AHP). »Fragmente aus dem Tagebuch eines Geistersehers.« Faksimiledruck der Originalausgabe. Hg. und mit einem Nachwort versehen v. H. J. Schrimpf. Stuttgart 1968 (= SM 69).

Literatur:

Zur Bibliographie s. *H. J. Schrimpf*, Karl Philipp Moritz. Stuttgart 1980 (= SM 195), S. 84–93.

H. Eybisch, Anton Reiser. Untersuchungen zur Lebensgeschichte von K. Ph. Moritz und zur Kritik seiner Autobiographie. Leipzig 1909.

F. Brüggemann, Die Ironie als entwicklungsgeschichtliches Moment. Ein Beitrag zur Vorgeschichte der deutschen Romantik. Jena 1909. (zu »Anton Reiser«, S. 130–344).

R. Lehmann, »Anton Reiser« und die Entstehung des »Wilhelm Meister«. In: Jb. des Goethe-Ges. 3 (1916), S. 116–134.

R. Unger, Zur seelengeschichtlichen Genesis der Romantik. K. Ph. Moritz als Vorläufer von Jean Paul und Novalis. In: Nachrichten von der Geschichte der Wissenschaften zu Göttingen, Philol.-Hist. Klasse. Berlin 1930, S. 311–344. Neudruck in: R. U., Gesammelte Studien, Bd. III. Darmstadt 1966, S. 144–180.

R. Minder, Die religiöse Entwicklung von K. Ph. Moritz auf Grund seiner autobiographischen Schriften. Studien zum »Reiser« und »Hartknopf«. Berlin 1936. Hier zitiert nach dem Neudruck (mit Vorwort 1973) u. d. T.: Glaube, Skepsis und Rationalismus. Frankfurt/M. 1974.

E. Catholy, K. Ph. Moritz und die Ursprünge der deutschen Theaterleidenschaft. In: Euph. 45 (1950), S. 100–123.

F. Stemme, Die Säkularisation des Pietismus zur Erfahrungsseelenkunde. In: ZfdPh. 72 (1953), S. 144–158.

A. Langen, K. Ph. Moritz' Weg zur symbolischen Dichtung. In: ZfdPh. 81 (1962), S. 169–218 und 402–440.

H. J. Schrimpf, K. Ph. Moritz. »Anton Reiser«. In: Der deutsche Roman. Hg. v. B. v. Wiese. Bd. I. Düsseldorf 1963, S. 95–131.

U. Hubert, K. Ph. Moritz und die Anfänge der Romantik. Tieck – Wackenroder – Jean Paul – Friedrich und August Wilhelm Schlegel. Frankfurt/M 1971.

T. P. Saine, Die ästhetische Theodizee. K. Ph. Moritz und die Philosophie des 18. Jahrhunderts. München 1971.

D. Sölle. Realisation. Studien zum Verhältnis von Theologie und Dichtung nach der Aufklärung. Darmstadt und Neuwied 1973 (zu Moritz, S. 107–167).

K.-D. Müller, Roman und Autobiographie. Studien zur literarischen Autobiographie der Goethezeit. Tübingen 1976 (zu »Anton Reiser«, S. 145–169).

G. Niggl, Geschichte der deutschen Autobiographie im 18. Jahrhundert. Stuttgart 1977 (zu Moritz, S. 68–72).

J. Fürnkäs, Der Ursprung des psychologischen Romans. K. Ph. Moritz' »Anton Reiser«. Stuttgart 1977.

M. Boulby, K. Ph. Moritz. At the Fringe of Genius. Toronto, Buffalo & London 1979.

R. Selbmann, Theater im Roman. Studien zum Strukturwandel des deutschen Bildungsromans. München 1981 (zu »Anton Reiser«, S. 47–61).

M. L. *Davies*, The Theme of Communication in »Anton Reiser«. A Reflection of the Feasibility of the Enlightenment. In: Oxford German Studies 12 (1981), S. 18–38.

H. *Kaulen*, Erinnertes Leid. Karl Philipp Moritz. »Anton Reiser«. In: Literatur in Wissenschaft und Unterricht 15 (1982), S. 137–156.

J. *Janke*, Andreas Hartknopfs seltsamer Namensvetter. Karl Philipp Moritz und Johann Heinrich Pestalozzi. In: Euph. 77 (1983), S. 127–143.

H.-J. *Schings*, »Agathon«, »Anton Reiser«, »Wilhelm Meister«. Zur Pathologie des modernen Subjekts im Roman. In: Goethe im Kontext. Hg. v. W. Wittkowski. Tübingen 1984, S. 42–68.

R. *Selbmann*, Der deutsche Bildungsroman. Stuttgart 1984 (= SM 214), S. 54–62.

H. *Pfotenhauer*, Literarische Anthropologie. Selbstbiographien und ihre Geschichte – am Leitfaden des Leibes. Stuttgart 1987.

4. Wilhelm Heinse (1746–1803): »Ardinghello«

Goethe und Moritz waren nicht die einzigen deutschen Schriftsteller, die während der achtziger Jahre des achtzehnten Jahrhunderts Reisen nach Italien unternahmen. Ihnen vorangegangen war 1780 Wilhelm Heinse, Sohn eines Ilmenauer Organisten, Stadtschreibers und Bürgermeisters, der seit 1774, dem Erscheinungsjahr seines von Wieland beeinflußten Romans »Laidion oder die Eleusinischen Geheimnisse«, im Kreise der Brüder Jacobi in Düsseldorf gewirkt hatte. Dort hat er Goethe kennengelernt, für »Werther« in J. G. Jacobis Zeitschrift »Iris« geschwärmt und Kunstbriefe über Rubens Gemälde für Wielands »Teutschen Merkur« geschrieben.

Während seines dreijährigen Italienaufenthalts beschäftigte sich Heinse eingehend mit antiker und Renaissance-Geschichte und Kunst. Tagebucheintragungen über diese Themen sowie Schilderungen der italienischen Landschaft wurden nach seiner Rückkehr in Düsseldorf in seinen zweiten Roman verarbeitet: »Ardinghello und die glückseligen Inseln. Eine italiänische Geschichte aus dem sechzehnten Jahrhundert«, der 1787 anonym in zwei Bänden bei Meyer in Lemgo erschien. Kurz davor nahm Heinse einen Posten als Vorleser (später Hofrat und Bibliothekar) am Hof des Kurfürsten von Mainz an, den er bis zu seinem Tod ausübte.

Obwohl Moritz' »Anton Reiser« und Heinses »Ardinghello« beide ihre Quellen in den Tagebüchern ihrer Verfasser haben, sind die Eigenschaften der Titelhelden grundverschieden. Im Unterschied zu dem grüblerischen, introvertierten Reiser führt Ardinghello (»Glühend-Eis« – der Deckname für den florentinischen Edelmann Prospero Frescobaldi) ein äußerst buntes Leben. Zu Beginn des Romans in Venedig, wo er schon auf der ersten Seite den Erzähler Benedikt vom Ertrinken rettet, erweist er sich als Maler, Architekt, Kunstverständiger, feuriger Liebhaber und entschlossener Rächer am Mörder seines Vaters; Walter Brecht nennt diesen ersten Teil des Romans »eine echte Rache-Novelle der Renaissance« (S. 30). Novellistisch konzipiert ist auch der zweite Teil des Romans, der Ardinghellos Kampf gegen Piraten und weitere Liebesabenteuer in Genua schildert. Im dritten Teil als Staatsreformer in Florenz tätig, führt er im dritten und vierten Teil in Rom bedeutende Gespräche über Kunst und Religion mit dem griechischen Naturphilosophen Demetri. Zum Schluß gründet er einen utopischen Staat auf den Zykladen – jenen »glückseligen Inseln«, auf die sich der Titel bezieht und wonach sich Ardinghello während des ganzen Romans sehnt. Dort werden Gemeinschaft der Güter und freie Liebe praktiziert und das Christentum durch eine pantheistische Religion ersetzt, mit Demetri als »Hohenpriester der Natur« (A S. 370). So verschieden die Gesinnungen und das Verhalten der Romanhelden der Sexualität gegenüber auch sind, so ist Ardinghello wohl genauso ein Wunschbild seines Autors wie Andreas Hartknopf es für Moritz war. Wie Manfred Dick über Heinse bemerkt: »Die Versuchung liegt nahe, seine Darstellungen eines Lebens der Fülle, der Kraft, des Genusses als eine Ergänzung persönlich und biographisch bedingter Mängel und Leiden zu deuten« (S. 551).

Mit der Ausnahme des ersten Teils und auch des Schlusses, wo der Erzähler mit Ardinghello auf den Inseln gemeinsame Partei macht, ist »Ardinghello« auf weite Strecken ein Briefroman, in dem der Held die Rechte der Natur und des ausgeprägten Individuums gegen die Schranken der bürgerlichen Ordnung verteidigt. Im Brief an Schiller vom Frühjahr 1788 nannte Theodor Körner den Roman »ein Pendant zum Werther [...]; Geist und Kraft im Schwelgen wie jener im Leiden« (»Dokumente zur Wirkungsgeschichte«: A S. 567). Als Goethe im selben Jahr aus Italien nach Deutschland zurückkehrte, fand er sich zu seinem Entsetzen mit einem Aufflammen des Sturm und Drang konfrontiert – »zwischen Ardinghello und Franz Moor eingeklemmt«, wie er 1817 nachblickend bemerkte; Knebels und Schillers Briefe vom Herbst 1787 zeugen von der Resonanz, die Heinses Roman in Weimarer Kreisen sofort fand (»Dokumente«: A S. 576, 561 f.).

1792 erlebte »Ardinghello« eine unerlaubte, 1794 eine rechtmäßige Neuauflage. Leser (und Leserinnen) waren begeistert von der kräftigen Sinnlichkeit des Hauptcharakters und von seinen vielen Kunst- und Naturbeschreibungen; als weniger gelungen wurde das philosophische Gespräch empfunden, das Ardinghello und Demetri auf der Rotunda des Pantheons führen und das Heinses Beitrag zu dem von Jacobi ausgelösten ›Pantheismusstreit‹ der achtziger Jahre darstellt. Immerhin hat Hölderlin jenes Gespräch über All-Einheit in der Natur aufmerksam studiert und für seinen »Hyperion« ausgewertet (s. Baeumer, Heinse-Studien); der Traum einer verjüngten griechischen Republik findet sich ebenfalls in beiden Werken (s. Grappin). Ohne »Ardinghellos« Gemäldebeschreibungen und das Künstlerbacchanal am Ende des ersten Bandes sind die Italien-Partien von Tiecks »Franz Sternbalds Wanderungen« und noch der »Vittoria Accorombona« nicht zu denken. In Fiordimona – Ardinghellos Geliebter im zweiten Band des Romans, die ihm in Sinnlichkeit und Verstand ebenbürtig ist – haben die emanzipierten Frauengestalten der frühromantischen Romane ihr literarisches Vorbild (s. Nehrkorn). Heinses Botschaft der freien Liebe – denn Fiordimona bleibt selbst auf den Inseln Ardinghello aus freiem Entschluß treu – kam den Jungdeutschen mit ihrer Forderung nach Emanzipation des Fleisches sehr gelegen; Heinrich Laube gab 1838 als Erster Heinses sämtliche Schriften heraus.

Erst zu Beginn des 20. Jahrhunderts erfolgte eine weitere, wissenschaftlich fundiertere Ausgabe unter der Leitung von Carl Schüddekopf, denn von verhängnisvoller Wirkung auf die Rezeption Heinses erwies sich Schillers Beschreibung von »Ardinghello« in »Über naive und sentimentalische Dichtung« als »eine sinnliche Karikatur ohne Wahrheit und ohne ästhetische Würde« (»Dokumente«: A S. 573). Darüberhinaus wurde nach der Kanonisierung von Goethes »Wilhelm Meisters Lehrjahren« als *der* klassischen Form des Romans »Ardinghello« an diesem Maßstab gemessen und zumeist für schlecht befunden. Literaturhistoriker des 19. Jahrhunderts wie z. B. Gervinus, Cholevius, Julian Schmidt und Hettner fanden Heinses Roman entweder moralisch abstoßend oder/und künstlerisch unbedeutend (s. »Dokumente«: A S. 584–590). Noch 1972 versuchte Otto Keller »Ardinghello« dadurch zu rehabilitieren, daß er ihn in den »Stilwandel« von Wielands »Agathon« zu den »Lehrjahren« integrierte – freilich auf Kosten der Gespräche über Kunst, Philosophie und Politik, die seines Erachtens »der Zentralfigur mehr angehängt als eingeschmolzen« seien (S. 137).

Solange man »Ardinghello« nur als Etappe auf dem Weg zum Bildungs- bzw. Künstlerroman der Klassik und Romantik betrachtet, müssen zwangsläufig Teile des Romans, die nicht in dieses Schema hineinpassen, entweder ignoriert oder als schlecht integrierte Abweichungen von der Romanhandlung gedeutet werden. Vergleicht man jedoch Heinses Romane mit Jacobis »Allwill« und

»Woldemar« und der noch älteren Tradition der gelehrten Barockromane, so wird deutlich, daß Romanhandlungen verbunden mit philosophischen Gesprächen eine lange Ahnenreihe haben. Während nun Heinse-Forscher sich darüber einig sind, daß der Vorwurf der Formlosigkeit im Falle von Heinses späteren Romanen »Hildegard von Hohenthal« (1795/1796) und »Anastasia und Das Schachspiel« (1803) – wo musik- und schachtheoretische Erörterungen das Gerüst der Handlung arg strapazieren – – tatsächlich zutrifft, haben Max Baeumer und Manfred Dick überzeugende Gründe für eine neue Auffassung von »Ardinghello« gegeben. Beide Forscher bestreiten, daß »Ardinghello« ein Künstler- oder ein Entwicklungsroman sei. Für Baeumer sind allerdings die Gespräche über Kunst und Religion diejenigen Elemente, die Antike, Renaissance und 18. Jahrhundert verbinden; sie legen die theoretische Grundlage für eine dionysische, diesseitige, sensualistische Lebensanschauung, die Ardinghello auch verkörpert (»Nachwort«: A 716 f.). Dicks These lautet, »daß das eigentliche Thema des Romans nicht der große Mensch Ardinghello sei, sondern das in Natur und Kunst wie auch im Menschen selbst erscheinende reiche Leben, besser: der Gegensatz zwischen dieser Lebensfülle und dem, was in Natur, Kunst und Gesellschaft nur leerer ›Schatten und Traum‹ ist« (S. 570).

Im Unterschied zu Wilhelm Meister gibt Ardinghello seine Kunststudien und Kunstpraxis nicht deshalb auf, weil er darin versagt, sondern weil Genuß des Lebens dessen Abbildung überwiegt. Im Zuge seiner Leidenschaft für Fiordimona schreibt Ardinghello an Benedikt: »ich beschäftige mich gerade mit den ersten Werken der bildenden Kunst, der alten und der neuern: allein das Leben triumphiert über alles und gewinnt im Gegenteil dadurch noch mehr Stärke« (A S. 204). So spricht Alain Faure mit Recht von »années de désapprentissage«, denn Ardinghello verläßt Kunst, Christentum und die vom Despotismus beherrschte Gesellschaft der Renaissance hinter sich, um eine Neuschaffung des alten Griechenlands zu unternehmen. Freilich deutet der letzte Satz des Romans – »Doch vereitelte dies nach seligem Zeitraum das unerbittliche Schicksal« (A S. 376) – darauf an, daß der Fortlauf der Zivilisation unaufhaltsam sei.

Ausgabe:

W. *Heinse*, »Ardinghello und die glückseligen Inseln« (= A). Kritische Studienausgabe. Mit 32 Bildtafeln, Textvarianten, Dokumente zur Wirkungsgeschichte, Anmerkungen und einem Nachwort. Hg. v. M. Baeumer. Stuttgart 1975 (= UB 9792).

Literatur:

Zur Heinse-Bibliographie, s. A, S. 629–634.

H. *Nehrkorn*, Wilhelm Heinse und sein Einfluß auf die Romantik. Goslar 1904.

E. *Riess*, Wilhelm Heinses Romantechnik. Weimar 1911; Neudruck: Hildesheim 1978.

W. *Brecht*, Heinse und der ästhetische Immoralismus. Zur Geschichte der italienischen Renaissance in Deutschland. Berlin 1911.

H. H. *Borcherdt*, Der Roman der Goethezeit. Urach & Stuttgart 1949 (zu »Ardinghello«, S. 149–166).

P. *Grappin*, »Ardinghello« et »Hyperion.« In: EG 10 (1955), S. 200–213; deutsche Übersetzung in: WB 2 (1956), S. 165–181.

H. *Hatfield*, Aesthetic Paganism in German Literature. From Winckelmann to the Death of Goethe. Cambridge (Mass.) 1964.

M. *Baeumer*, Die Insel-Utopie bei Heinse. In: M. B., Heinse-Studien. Stuttgart 1966, S. 36–48.

ders., »Eines zu seyn mit Allem« – Heinse und Hölderlin. In: Heinse-Studien, S. 49–91.

O. *Keller*, Wilhelm Heinses Entwicklung zur Humanität. Zum Stilwandel des deutschen Romans im 18. Jahrhundert. Bern & München 1972.

U. *Klinger*, Wilhelm Heinse's »Ardinghello«. A Re-Appraisal. In: LY 7 (1975), S. 28–54.

ders., Wilhelm Heinses problematische Erotik. In: LY 9 (1977), S. 118–133.

M. *Dick*, Wilhelm Heinse. In: Deutsche Dichter des 18. Jahrhunderts. Hg. v. B. v. Wiese. Berlin 1977, S. 551–576.

A. *Faure*, »L'Ardinghello« de Wilhelm Heinse ou les »années de désapprentissage« de Prospero Frescobaldi. In: EG 35 (1980), S. 18–29.

M. *Wallach*, The Female Dilemma in Heinses »Ardinghello«. In: LY 16 (1984), S. 193–203.

5. Die Romane von Friedrich Maximilian Klinger
(1752–1831)

Im neunbändigen Romanzyklus von Friedrich Maximilian Klinger
läßt sich ein Heinse verwandter Kulturpessimismus feststellen, nur
daß sich Klinger unvergleichlich mehr Mühe in der Darstellung des
Kampfes zwischen dem Einzelnen und der Gesellschaft (s. Volhard)
machte als Heinse, den er übrigens 1782 in Rom kennen und schät-
zen lernte. Die finsteren Seiten des Zeitalters der Renaissance –
Herrschsucht, Aberglauben, die Mißhandlung der Bauern – hat er in
seinem Roman »Faust's Leben, Thaten und Höllenfahrt« (1791)
geschildert. Dabei konnte Klinger von eigenen Erfahrungen am Hof
einer Großmacht Gebrauch machen, denn in seinem Leben schaffte
es der Sohn eines Frankfurter Konstablers bis zum Direktor des
Kadetten- und Pagenkorps in St. Petersburg, Kurator der Universität Dorpat und Generalleutnant im russischen Dienst. Die Günst-
lingswirtschaft unter Katherina der Großen, die Verwandlung des
Großfürsten Paul, dessen Vorleser und Reisebegleiter durch West-
europa Klinger war, in einen blutrünstigen Tyrannen, die enttäusch-
te Hoffnung auf seinen Nachfolger als Zar, Alexander I. – dies alles
lieferte Beweis für die verheerenden Auswirkungen des Absolutismus auf Herrscher und Beherrschte zugleich, die seine Romane seit
1791 in immer neuen Variationen thematisierten (vgl. hierzu Segeberg).
 Die neun erschienenen Romane der geplanten Dekade lassen sich
in drei Gruppen aufteilen: »Faust« und seine zwei Seitenstücke
»Geschichte Raphaels de Aquillas« (1793) und »Geschichte Giafars
des Barmeciden« (1792, 1794); die pseudo-orientalischen Romane
»Reisen vor der Sindfluth« (1795) und »Der Faust der Morgenlän-
der« (1797), die in der Tradition des »Fürstenspiegels« der Aufklärung stehen, sowie »Sahir Eva's Erstgeborener im Paradiese« (1798)
– eine Bearbeitung von Klingers früherer satirischer »Geschichte
vom Goldenen Hahn« (1785); und zum Schluß die Romane, die
aktuelle Themen der Gegenwart unmittelbar berühren – »Geschichte eines Teutschen der neuesten Zeit« (1798), »Der Weltmann und
der Dichter« (1798) und das Romanfragment »Das zu frühe Erwachen des Genius der Menschheit« (1797 geschrieben), das Klinger
erst nach dem Thronwechsel in der Hoffnung auf ein Klima der
Liberalisierung unter Alexander I. 1803 veröffentlichen ließ.
Gleichwohl sind alle Romane, mit der Ausnahme vom »Weltmann
und Dichter«, anonym bei deutschen Verlegern erschienen, zum
Teil mit fiktivem Erscheinungsort, aus Angst vor der russischen
Zensur.

»Faust«, der erste Roman der Gruppe, dient insofern als Einleitung, als die zentrale Frage des Zyklus – wie soll der Einzelne auf das Böse in der Welt reagieren? – in aller Breite erörtert wird (zu gemeinsamen Eigenschaften dieser Romane, s. Hill, S. 32–48). Gleichzeitig enthält er Klingers Abrechnung mit seiner eigenen »Sturm und Drang«-Vergangenheit (das Drama, das dieser Bewegung ihren Namen gab, hatte Klinger 1776 während seines Aufenthalts bei Goethe am Weimarer Hof geschrieben, bevor seine Entfernung vom Hof ihn für mehrere Jahre auf eine Wanderexistenz als Theaterdichter trieb und zu einer langjährigen Verstimmtheit mit Goethe führte). Wie Ardinghello wird Faust als aufstrebender Ausnahmemensch der Renaissance geschildert, nur diesmal mit negativen Vorzeichen. Vom ersten Augenblick an sind Fausts Bestrebungen, die Grenzen der Menschheit zu durchbrechen, mit einem Durst nach Ruhm, materiellem Glück und Frauengunst vermischt; erst nachdem Fausts Erfindung des Buchdrucks ihm kein Geld in Mainz und Frankfurt bringt, wendet er sich der Zauberei zu. Als Satan Fausts Aufruf sogar in der Hölle vernimmt, sagt er »wahrlich der Kerl ist ein Genie« (S. 34). Die Teufel ihrerseits freuen sich über Fausts Erfindung, die Hoffart, Religionskrieg, Goldgier und künstliche Bedürfnisse unter die Menschen verbreiten wird und diese dadurch umso schneller in die Hölle bringt. Bereits diese Szene verdeutlicht Klingers starke Anlehnung ans Gedankengut Rousseaus: die angeborene Tugend wird durch die Wahnvorstellungen und Wünsche des vergesellschafteten Menschen verdrängt.

Aus dem Teufelspakt des Volksbuchs entsteht eine Art Wette, die Goethes Darstellung eines ähnlichen Vorgangs um einige Jahre voraus ist: »Laß uns herumziehen, und ich will dich Teufel zwingen [sic]; an die Tugend der Menschen zu glauben« (S. 44). In der satirischen Durchführung dieser Reise durch die Welt erblickt man die geistige Nähe zu Voltaires »Candide«, freilich ohne dessen versöhnlichen Schluß, der diesen wiederum mit Goethes »Faust« verbindet. Die immer düsterer werdende Folge von Torheiten, Lastern und Verbrechen, die an den Höfen von Ludwig XI. in Frankreich und dem Borgiapapst Alexander VI. ihren Höhepunkt erreicht, macht Faust allmählich zu einem Menschenverächter und Heuchler, der selber vollführt, was er an anderen kritisiert. Gleichzeitig meint er, seine Sünden auszugleichen durch die guten Taten, bzw. Racheakte an korrupten Richtern, ungerechten Adligen usw., die sein Begleiter Leviathan nach seinem Befehl unternimmt. Erst zum Schluß klärt ihn Leviathan auf, daß diese Übernahme von Gottes Richteramt mehr Unheil gestiftet habe als es der ungestörte Lauf der Dinge getan hätte, und daß Faust überdies nicht die wahre Natur des

Menschen, sondern nur seine gesellschaftliche Maske kennengelernt habe. In seiner Verzweiflung verflucht Faust sich und Gott und wird von Satan in den einsamsten Winkel der Hölle versetzt: »Konsequent zeigt Klinger, wie der Absolutheitsanspruch des Individuums, der Sturm-und-Drang Titanismus zu einer totalen Beziehungslosigkeit führen muß« (Osterwalder, S. 74).

Klingers populärster Roman, der zwei Neuauflagen erfuhr (Raubdrucke nicht eingeschlossen), erschien 1791 bei Jacobäer in Leipzig mit dem fiktiven Erscheinungsort St. Petersburg, um vorzutäuschen, daß »Faust« von der russischen Zensur akzeptiert wäre. Eine ähnliche List wird im Epilog praktiziert, wo der Erzähler im Predigtton den Leser zur Geduld und Bescheidenheit ermahnt. Freilich läßt dann der Autor die biedere Maske fallen und in einer Ich-Rede u. a. die folgende sarkastische Wunschliste ertönen: »Der gesamten Klerisey weniger Toleranz und Wissenschaften. Den Philosophen mehr Liebe zu Systemen. Den Fürsten mehr Strenge, und mehr von jener Kunst, die Unterthanen systematisch zu schinden und zu plündern. Den teutschen Männern den bittersten Haß gegen Freyheit, die zärtlichste Liebe für Sclavery [...]« (S. 228 f.). In der zweiten Auflage von 1794 werden diese und ähnliche Anklagen gegen Despotismus und sklavische Untertanentreue noch erweitert, was zu ihrem Verbot in Rußland führte.

Im Unterschied zu früheren Romanen und Satiren der Aufklärung, die dem Leser die Absichten ihrer Verfasser deutlich machten, war bei Klinger die Herstellung vom Sinn des Ganzen die Aufgabe des Lesers. Dieses Verfahren von »Fragen ohne Antwort« (s. Schönert, bes. S. 206) erfährt seine exemplarische Darstellung am Schluß des ganzen Romanzyklus, wo der Genius der Menschheit, verzweifelt über das Gemetzel auf Erden, das im Zuge der Französischen Revolution hervorgebrochen ist, vorm Thron Gottes Fragen um das Warum und Wozu der menschlichen Geschichte stellt und als Antwort Schweigen erhält. Diese Geschichte erzählt Ernst von Falkenburg, der Held der »Geschichte eines Teutschen der neuesten Zeit« (1798) seinem reformfreundlichen Fürsten und den französischen Emigranten, die eben in dessen kleines Land gekommen sind und von Greueltaten in Frankreich berichten. Während der Fürst den Sinn dieses Schweigens »fürchterlich« nennt, deutet es Ernst als Anerkennung der moralischen Würde und Selbständigkeit des Menschen: »Sein Schweigen rettet unser Verdienst, es deutet auf Licht jenseits des Grabes. Wir müssen an den hohen Zweck unsrer Bestimmung glauben, damit wir ihrer wert seien« (S. 397).

Trotz dieses von Faust grundverschiedenen Verzichts auf absolutes Wissen und seines tätigen Diensts am Gemeinwesen in der

Durchführung landwirtschaftlicher Reformen ist Ernst Faust und anderen Hauptfiguren im Romanzyklus insofern ähnlich, als sein Glaube an die Tugend harten Prüfungen ausgesetzt wird. Sein Lehrer Hadem, der im jungen Ernst die Gefahr einer überspannten Begeisterung für die Tugend erkennt, sucht seinen Zögling »dahin zu leiten, daß ihm zwar die Höhe und Reinheit seines Geistes und Herzens verblieben, seine Begriffe aber sich so berichtigten, daß ihn die Widersprüche und Mißverhältnisse von außen mit seinem Gefühl weder irre machen, noch zerrütten möchten« (S. 230 f.). Solche Worte erklären, warum der Dorpater Ästhetikprofessor Karl Morgenstern (1770–1852), der den Begriff des Bildungsromans geprägt hat, ihn vor allem auf die Romane seines Freundes und Vorgesetzten verwandte, da er in ihnen die moralische Kraft und den Willen zum Einwirken auf die Zeitgeschichte fand, die seines Erachtens den Romanen Wielands und Goethes fehlten (s. Selbmann, S. 11–14).

Bereits Max Rieger, Großneffe des Dichters, wies darauf hin, daß Klinger »in einer stillschweigenden aber schwerlich unbewußten Concurrenz mit Goethe die sittliche Ausbildung eines Deutschen der neuesten Zeit vorführte« (S. 355). In einem Brief an seinen Freund Nicolovius vom 1. März 1798 registrierte Klinger seine Enttäuschung mit der »Aristokratie der Cultur«, die er in »Wilhelm Meister« zu sehen meinte; Goethe wurde für ihn zum Muster des »entzauberten Dichters«: »Ach was ist die Dichtkunst, wenn sie nicht ein Balsam für die Wunden des Schicksals ist« (Rieger, Briefbuch, S. 39).

Gegenstand der Auseinandersetzung mit Goethe in der »Geschichte eines Teutschen« ist allerdings nicht »Wilhelm Meister« – Klingers Zeitroman schildert die Ereignisse in Deutschland vom Ausgang des Siebenjährigen Krieges bis zum Ausbruch der Revolutionskriege, also etwa 1793–1794 – sondern »Werther«. Nachdem sie ihre Kindheit auf dem unverdorbenen Landgut des Vaters verbracht haben, machen Ernst und dessen ruhmdürstiger, phantasievoller Freund Ferdinand in Begleitung von Hadem ihren ersten Besuch am Hof, wo Ernsts Oheim Präsident der fürstlichen Kammer ist. Ferdinand wird vom »Wertherfieber« in der Residenz angesteckt und versichert Amalie, die Ernst später heiraten wird, »es muß ein süßer, erhabener Tod sein, für seine Geliebte zu sterben!« (S. 233). Hadem – der, bald durch die Ränke des Präsidenten von Ernst getrennt, als Seelsorger der verkauften deutschen Truppen nach Amerika geht und erst im entscheidenden Moment am Schluß des Romans zurückkehrt – äußert sich folgendermaßen:

»Ich bewundere das Buch als dichterische Darstellung der Wirkung dieser gefährlichen Leidenschaft gewiß mehr als Sie; aber ich bewundre nicht den Helden, den es uns darstellt. Ich könnte ihn zuzeiten sogar hassen, weil er den Mut unsrer Jünglinge erschlafft und die Köpfe unsrer Mädchen so verwirrt [...]«" (S. 234).

Jahre später kehrt Ferdinand – ein Glücksritter, dessen Projekte in Frankreich durch die Revolution vereitelt sind – zum Haus seines Jugendfreunds zurück, verführt dessen Frau und ist schuld am Tode des einzigen Sohns: »Here we are offered a variation on the Werther-Lotte-Albert situation with all the author's sympathies on the side of the wronged husband« (Waidson, S. 112). Eben diese Thematik sollte Jean Paul, der einzige Schriftsteller der klassisch-romantischen Generation, der Klingers Romane zur Kenntnis nahm, in der Konfiguration Albano-Linda-Roquairol in »Titan« fortführen.

Freilich ist Ernst nicht schuldlos an dieser Katastrophe. Da er in anderen dieselbe Seelenreinheit erwartet, die er selber besitzt, verweigert er die Bitten seiner Frau, entweder sie oder auch Ferdinand mit sich zu nehmen, als er zu seinem Vater eilt, der aber inzwischen im Kampf gegen die einrückenden Franzosen gefallen ist. Ebenfalls werden seine Reformversuche von seinem Oheim, dem geschickten Realpolitiker, vereitelt, der die alten Vorrechte des Adels auch gegenüber den Wünschen des Fürsten erfolgreich verteidigt. Zum Schluß als Jakobiner verschrien und von seinen einst so treuen Bauern als Atheist gemieden, steht Ernst völlig vereinsamt da. Hadem ist zwar imstande, Ernsts gebrochenen Glauben an die Tugend wiederherzustellen, aber das nimmt nichts von der Tatsache hinweg, daß in der Gesellschaft das »System« (S. 245) seines Onkels – die althergebrachten Prinzipien des Feudalismus – gesiegt hat.

Klingers Realismus verbot ihm eine utopische Lösung sozialer Probleme; seine geplante Autobiographie, die im Romanzyklus die Vereinigung von Moral und gesellschaftlichem Wirken darstellen sollte, hat er nie geschrieben. Am Schluß zum Dialogroman »Der Weltmann und der Dichter« erblickt der Weltmann in der Dichtkunst die Zuflucht für die Menschen, die in der Gesellschaft notgedrungen Kompromisse machen und im günstigsten Fall die negative Tugend bewahren können, ungerechte Taten wenn nicht zu verhindern, dann wenigstens zu mildern. Dabei wird ersichtlich, warum Goethe und Schiller und die junge Generation der Romantik in den 90er Jahren die Darstellung tagespolitischer Ereignisse vermieden. Wie Harro Segeberg am Ende seiner kenntnisreichen Studie über Klingers Romane schreibt: »die klassische und frühromantische Dichtung konnte auf die Entfaltung einer humanen Utopie nicht verzichten, weil sie nur so aufzubewahren vermochte, was eine geschichtliche Gesellschaft zu zerstören drohte« (S. 211). Klingers spätere Romane hingegen, die diesen Zerstörungsprozeß registrieren, fanden zur Zeit ihrer Veröffentlichung weder bei der literarischen Kritik noch beim Lesepublikum die geringste Resonanz. Erst mit der Erfahrung der Befreiungskriege hinter sich lobte man Klingers deutschen Patriotismus in der »Geschichte eines Teutschen«, als sie in der Gesamtausgabe (1809–1816) erschien (Rieger, S. 513–515). Ironisch ist, daß in der inzwischen revidierten Fassung von »Faust« die Anklagen gegen den Absolutismus weitgehend getilgt oder gemildert sind (s. Gilmans Einleitung zu »Faust«, S. xvf., sowie die Varianten zur Ausgabe von 1791).

Ausgaben:

»Faust's Leben, Thaten und Höllenfahrt« wird zitiert nach dem Neudruck der Ausgabe von 1791 in: *F. M. Klinger*, Werke (= Historisch-kritische Gesamtausgabe), Bd. XI. Hg. mit einer Einleitung v. S. L. Gilman. Tübingen 1978.
Als Leseausgabe der Fassung von 1794 wird empfohlen: *F. M. Klinger*, Fausts Leben, Taten und Höllenfahrt. Mit Anmerkungen v. E. Schöler und einem Nachwort v. U. Heldt. Stuttgart 1986 (= UB 3524).
»Geschichte eines Teutschen der neuesten Zeit« wird zitiert nach: Klingers Werke, Bd. II. Hg. v. H. J. Geerdts. Ost-Berlin & Weimar 1958, [4]1981.
Zum Neudruck des Romans »Der Weltmann und der Dichter« siehe: *F. M. Klinger*, Werke, Bd. XVIII. Hg. v. T. Salumets & S. L. Gilman. Tübingen 1985.
Für andere Werke siehe: F. M. Klingers Werke. Königsberg 1809–1816.

Literatur:

Zu weiteren Angaben über Klingers Romane s. die Bibliographie bei: *H. Segeberg*, F. M. Klingers Romandichtung Untersuchungen zum Roman der Spätaufklärung. Heidelberg 1974, S. 214–231.
M. Rieger, Klinger in seiner Reife. Mit einem Briefbuch. Darmstadt 1896.
E. Volhard, F. M. Klingers philosophische Romane. Der Einzelne und die Gesellschaft. Halle 1930; Nachdruck: Tübingen 1973.
H. H. Borcherdt, Der Roman der Goethezeit. Urach & Stuttgart 1949 (zu Klingers Romanzyklus, S. 76–103).
H. M. Waidson, Goethe and Klinger. Some Aspects of a personal and literary relationship. In: PEGS, N. S. 23 (1953/1954), S. 97–120.
H. J. Geerdts, F. M. Klingers »Faust«-Roman in seiner historisch-ästhetischen Problematik. In: WB 6 (1960), S. 58–75.
O. Smoljan, Friedrich Maximilian Klinger. Leben und Werk. Aus dem Russischen übersetzt v. E. M. Arndt. Weimar 1962.

Ch. Hering, F. M. Klinger. Der Weltmann als Dichter. Berlin 1966.

H. Kaiser, Zur Struktur von Klingers »Faust«. In: Jb. FDH 1970, S. 59–97.

J. Schönert, Fragen ohne Antwort. Zur Krise der literarischen Aufklärung im Roman des späten 18. Jahrhunderts. Wezels »Belphegor«, Klingers »Faust« und die »Nachtwachen von Bonaventura«. In: Jb. DSG 14 (1970), S. 183–229.

H. Segeberg, F. M. Klingers Romandichtung. Untersuchungen zum Roman der Spätaufklärung. Heidelberg 1974.

F. Martini, Friedrich Maximilian Klinger. In: Deutsche Dichter des 18. Jahrhunderts. Hg. v. B. v. Wiese. Berlin 1977, S. 816–842.

F. Osterwalder, Die Überwindung des Sturm und Drang im Werk Friedrich Maximilian Klingers. Berlin 1979.

D. Hill, Klinger's Novels. The Structure of the Cycle. Stuttgart 1982.

R. Selbmann, Der deutsche Bildungsroman. Stuttgart 1984 (= SM 214).

III. Überlegungen zum Begriff »Bildungsroman«

Bei der Analyse von Romanen der deutschen Klassik und Romantik muß zweifelsohne die Frage beantwortet werden, ob der Begriff »Bildungsroman« zur Deutung dieser Werke wesentlich beiträgt. Ehrwürdig ist die Tradition dieses Wortes schon. Wenn auch nicht Wilhelm Dilthey, sondern der Dorpater Universitätsprofessor Karl Morgenstern (1770–1852) dieses Wort geprägt hat (s. Martini), so hat Dilthey doch den Begriff in Umlauf gebracht. 1870 nannte er in »Das Leben Schleiermachers« die Romane in der Schule von Goethes »Wilhelm Meister« Bildungsromane (S. 282). Und im Hölderlin-Aufsatz seines Buches »Das Erlebnis und die Dichtung« gab er eine Definition, die das Verständnis nachfolgender Forscher weitgehend bestimmte:

»Der Hyperion gehört zu den Bildungsromanen, die unter dem Einfluß Rousseaus in Deutschland aus der Richtung unseres damaligen Geistes auf innere Kultur hervorgegangen sind. Unter ihnen haben nach Goethe und Jean Paul der Sternbald Tiecks, der Ofterdingen von Novalis und Hölderlins Hyperion eine dauernde literarische Geltung behauptet. Von dem Wilhelm Meister und dem Hesperus ab stellen sie alle den Jüngling jener Tage dar; wie er in glücklicher Dämmerung in das Leben eintritt, nach verwandten Seelen sucht, der Freundschaft begegnet und der Liebe, wie er nun aber mit den harten Realitäten der Welt im Kampf gerät und so unter mannigfachen Lebenserfahrungen heranreift, sich selber findet und seiner Aufgabe in der Welt gewiß wird« (S. 393 f.).

Bei Dilthey ist das Bestreben noch sichtbar, diese Romanart sowohl in einem gesamteuropäischen Kontext zu verankern als auch einem bestimmten historischen Zeitpunkt zuzuordnen. Sehr schnell jedoch wurde im wilhelminischen Deutschland der Bildungsroman als eine spezifisch deutsche Eigenart angesehen, die nur vom Volk der »Dichter und Denker« hätte geschrieben werden können (Krüger, S. 270). Noch während der fünfziger Jahre dieses Jahrhunderts vertrat Hans H. Borcherdt in seinem »Bildungsroman«-Artikel die These, der Bildungsroman sei die deutsche Großform des Romans überhaupt, die »wie keine andere Dichtungsart entscheidende Wesenszüge des deutschen Charakters zu enthüllen vermag« (S. 175).

Auch in der angelsächsischen Welt hat sich dieser Fachausdruck eingebürgert, wo er allerdings u. a. auf englische Romane des 19. Jahrhunderts angewendet wird. Martin Swales versucht, den Widerspruch zwischen dem Bildungsroman als einer spezifisch deutschen Schöpfung einerseits und als einer in anderen Nationalliteraturen erscheinenden Romanart andererseits dadurch zu beheben, daß er die fehlende Betonung des Politischen und Sozialen im deutschen Bildungsroman hervorhebt: während die englische »novel of adolescence« die konkreten gesellschaftlichen und psychologischen Widerstände dokumentiere, gegen die der jugendliche Held kämpfen müsse, lägen im deutschen Bildungsroman die Hindernisse im Wesen der menschlichen Natur schlechthin und seien deshalb nicht ›realistisch‹ zu beschreiben (S. 35). So gesehen hebt sich nach Swales der deutsche Bildungsroman von der Entwicklung des europäischen Romans im 19. Jahrhundert entschieden ab; anstelle einer aufregenden Handlung oder der weitausladenden Darstellung sozialer Verhältnisse seien im Bildungsroman philosophischer Tiefsinn und introspektive Analyse vom Innenleben des Hauptcharakters zu erwarten.

Seit Melitta Gerhards Arbeit über den deutschen Entwicklungsroman hat sich die Unterscheidung zwischen jenem Begriff und dem des Bildungsromans durchgesetzt: während im Entwicklungsroman die Auseinandersetzung des Individuums mit der jeweils geltenden Welt dargestellt werde, sei der Bildungsroman erst in der Goetheschen und Nach-Goetheschen Epoche anzutreffen (S. 1); im Gegensatz zu den Helden von »Parzival«, »Simplicissimus« oder sogar »Agathon« müsse sich der Held des Bildungsromans seine eigene Welt und sein eigenes Weltbild schaffen (S. 151). Darin liege auch der Unterschied zwischen dem Bildungsroman und dem sogenannten Erziehungsroman, wo der Romanheld innerhalb eines festen Erziehungssystems und nach einem vorbestimmten Plan aufwächst (Jost, S. 101). Von Wolfgang Kaysers Romantypologie (S. 360–365) ausgehend, erblickt Lothar Köhn schließlich im Bildungsroman ein fruchtbares Spannungsverhältnis zwischen den Polen des Raumromans und des Seelenromans, wobei ein Ausgleich zwischen Individuum und Welt die Tendenz der Gattung sei (S. 15). Folgt man hingegen Swales, so müßte man im Bildungsroman eine besondere Art des Figurenromans sehen, wie Kayser es übrigens auch tut (S. 362 f.).

In den letzten Jahren hat sich jedoch eine lebhafte Debatte entwickelt nicht nur über die Frage, ob einzelne Romane, wie etwa Kellers »Grüner Heinrich« oder Stifters »Nachsommer«, Bildungsromane seien oder nicht, sondern auch darüber, ob die Gattung überhaupt so wichtig sei, wie man es früher als selbstverständlich annahm. In seiner Untersuchung des Bildungsromans eliminiert Jürgen Jacobs z. B. viele Romane der Goethezeit – sowohl vor als auch nach Goethes »Wilhelm Meisters Lehrjahre« – aus dem Kanon. Bei seiner Überprüfung der deutschen Romane des 19. Jahrhunderts kommt Jeffrey Sammons zu dem Ergebnis, bei dem Bildungsroman handle es sich um »a phantom genre« (S. 239), mit nur zwei oder höchstens drei Romanen in der Nachfolge von »Wilhelm Meister«. Und während Harmut Steinecke die fundamentale Bedeutung der »Lehrjahre« für die deutsche Romanproduktion des 19. Jahrhunderts nicht bestreitet, meint er gleichzeitig, in den Jahren zwischen 1830 und 1870 wäre man bestrebt gewesen, Kompromisse zwischen »Wilhelm Meister« und dem westeuropäischen Gesellschaftsroman zu finden; erst nach Dilthey habe die Verengung des »Wilhelm Meister« auf einen sehr begrenzten Romantyp angefangen, der als typisch Deutsch gepriesen wurde (Steinecke, S. 110). Da zu jener Zeit die literarische Geschmacksrichtung für den »Bildungsbürger« gesetzt wurde, mit dem Akzent auf die Dichtung der klassisch-romantischen Zeit, so ist es kein Wunder, daß Romanen wie »Wilhelm Meister« eine universale Bedeutung gegeben wurde, die sie bei ihrem Erscheinen nicht besaßen.

Man sollte nicht vergessen, daß auch zur Lebenszeit Goethes der breite Strom der Romanproduktion in Deutschland gar nicht so weit von Tendenzen in England und Frankreich entfernt war. Die lehrhaft-didaktischen »Erziehungsromane« der Spätaufklärung (s. Germer) und die damit verwandten moralischen und sentimentalen Familienromane (s. Flessau) hatten ihre Wurzel in den englischen und französischen Traditionen. Und die seit 1790 immens populären deutschen Ritter- und Räuberromane verdankten nicht nur dem englischen »gothic novel« mancherlei Impulse; sie wirkten auf die englischen Schauerromane zurück, wie an Matthew Lewis' »The Monk« nachzuprüfen ist (s. Guthke). Mit Ausnahme von Tieck und Jean Paul, die ihrerseits Elemente der Trivialromane in ihre Werke bereitwillig aufnahmen, wurden die heute kanonisierten Dichter der Klassik und Frühromantik jedoch von einem verschwindend kleinen Kreis des zeitgenössischen Publikums gelesen. 1798 stellte August Wilhelm Schlegel im »Athenäum« fest, bei dem Roman offenbare sich »der ungeheure Abstand zwischen den Klassen der lesenden Menge, die man durch den bloß postulierten Begriff eines Publikums zusammenschmelzt« (S. 149). Die Romantiker erkannten zwar die gewaltige Diskrepanz zwischen ihren Produkten und den Erwartungen des breiten Lesepublikums – kümmerten sich aber nicht darum. Ihre Adressaten waren vielmehr die Mitglieder ihres

Kreises und diejenigen »Gebildeten«, die bereit waren, eine neue Art von Roman zu lesen. Erst in diesem Kontext hat es einen Sinn, den Begriff »Bildungsroman« nach seiner Tauglichkeit zu untersuchen. Sieht man die noch während der Goethezeit entstandene Definition von Karl Morgenstern an, so wird deutlich, daß sie eine gesellschaftliche Funktion einschließt, die bei Dilthey verschwunden ist: »Bildungsroman wird er heißen dürfen, erstens und vorzüglich wegen seines Stoffs, weil er des Helden Bildung in ihrem Fortgang bis zu einer gewissen Stufe der Vollendung darstellt; zweytens aber auch, weil er gerade durch diese Darstellung des Lesers Bildung, in weiterm Umfange als jede andere Art des Romans, fördert« (s. Martini, S. 57). Dabei wird es wichtig zu wissen, was die Zeitgenossen unter »Bildung« verstanden und was sie sich davon versprachen.

Obwohl »bilden« und »Bildung« in den Schriften der spätmittelalterlichen deutschen Mystiker vorkamen und weiterhin von den Pietisten in dem metaphorischen Sinne verwendet wurden, daß Unreinheiten von der Seele ›entbildet‹ werden sollten und die Seele nach dem göttlichen Vorbild umgeformt werden müßte, wurden diese Begriffe im Laufe des 18. Jahrhunderts mit »Aufklärung« und »Erziehung« zusehends in Verbindung gebracht. Im Unterschied zu »Erziehung« sollte jedoch Bildung nicht nur von außen kommen, sondern einen Prozeß des Sichentwickelns durch Selbsttätigkeit darstellen; hierbei wirkten auch naturphilosophische Vorstellungen von Paracelsus und Böhme mit, die in abgewandelter Form in Leibniz' »Monadologie« und Blumenbachs Schrift über den »Bildungstrieb« auftauchten. Im Gegensatz zu der eher verstandesmäßigen Orientierung von »Aufklärung« wurde unter Bildung das Ganze des Menschen verstanden – seine seelischen und körperlichen Anlagen. Entscheidend für die Wandlung des Bildungsbegriffes war auch die deutsche Rezeption von Shaftesbury. Bei der Übersetzung seiner Schriften wurden Ausdrücke wie »formation of a genteel character« durchwegs als »Bildung« wiedergegeben (Rauhut, S. 89). Nach Shaftesbury gehörten u.a. Reisen und die Beschäftigung mit den schönen Wissenschaften zur Vorbereitung des jungen Adligen auf ein Leben im Dienst des Gemeinwohls. Deutsche wie Wieland, Möser und Herder übernahmen diese Ideen, erweiterten aber deren mögliche Anwendung auf den Mittelstand, ja, im Grunde genommen auf alle Menschen, die die nötige Willensbereitschaft besaßen (Cocalis, S. 403).

Im Gegensatz zu der utilitaristischen Staatspädagogik des aufgeklärten Absolutismus sahen am Ende des 18. Jahrhunderts Reformer wie der junge Wilhelm von Humboldt in Bildung »die vollkommene Entfaltung individueller Möglichkeiten, die der Staat durch seine Institutionen nicht zu steuern berechtigt war« (Vierhaus, S. 520f.). Doch sollte diese individuell genossene Bildung ihrerseits produktiv auf den Staat wirken, in dem solche gebildeten Bürger lebten und arbeiteten – Ideen, die später in die preußischen Universitätsreformen von 1810 eingingen. Während der Zeit der Revolutionskriege plädierten deutsche Schriftsteller dafür, daß die Verbreitung von Bildung revolutionäre Tendenzen nicht fördere – wie Friedrich von Gentz und andere konservative Kritiker der Französischen Revolution behaupteten –, sondern im Gegenteil maßvolle und notwendige Reformen im Staat ermögliche und deshalb gegen gewaltsame Revolutionen arbeite. In diesem Sinne können Schillers 1795 in den »Horen« veröffentlichte Briefe »Über die ästhetische Erziehung des Menschen« gesehen werden; indem die Kunst die sinnlichen und sittlichen Bedürfnisse der Menschen in Einklang miteinander bringt, bereitet sie den idealen Staat vor: »Ist der innere Mensch mit sich einig, so wird er auch bei der höchsten Universalisierung seines Betragens seine Eigentümlichkeit retten, und der Staat wird bloß der Ausleger seines schönen Instinkts, die deutlichere Formel seiner innern Gesetzgebung sein« (4. Brief; NA XX, 318; zur Problematik des ästhetischen Staates s. Naumann, S. 75–80).

Schillers Begriff der ästhetischen Erziehung wurde zu einem Meilenstein in der Entwicklung einer idealistischen Geschichtsphilosophie. Die Jenaer Romantiker, so sehr sie als Gruppe gegen Schiller persönlich gestimmt waren, übernahmen diese Idee und verabsolutierten sie derart, daß sie durch ihre Schriften eine Revolution der Menschheit herbeizuführen hofften. Was Waffen und Politik nicht schaffen konnten, sollten Religion und Bildung ermöglichen, schrieb Novalis in seiner »Europa«-Rede; Wegweiser für eine allgemeine Erneuerung in Europa sollten die Deutschen sein: »Deutschland geht einen langsamen aber sichern Gang vor den übrigen Ländern voraus. Während diese durch Krieg, Spekulation und Partheygeist beschäftigt sind, bildet sich der Deutsche mit allem Fleiß zum Genossen einer höhern Epoche der Cultur, und dieser Vorschritt muß ihm ein großes Übergewicht über die Andere[n] im Lauf der Zeit geben« (NS III, 519). Am Ende des 18. Jahrhunderts entwikkelten deutsche Intellektuelle ein Vertrauen in die gesellschaftsumwandelnde Fähigkeit der Bildung, insbesondere der Kunst, das in diesem Ausmaß einmalig war und blieb. Sobald dieser Glaube an ästhetische Erziehung schwächer wurde, erstarrten »Bildung« und »Gebildeter« zu sozialen Statusbegriffen (Vierhaus, S. 532), der Bildungsroman selbst zum Beweis der vermeintlichen inhärenten Überlegenheit der deutschen Kultur.

In seinem Forschungsbericht zum Thema »Entwicklungs- und Bildungsroman« findet Lothar Köhn das Wort »Bildung« eher hinderlich als förderlich, da es zu sehr zeitgebunden sei und nicht in der Lage, geistesgeschichtliche Wandlungen widerzuspiegeln (S. 17). Betrachtet man jedoch den Bildungsroman so, wie Fritz Martini es vorschlägt, »nicht als eine kategoriale ästhetische Form, sondern als eine historische Form, die aus bestimmten und auch begrenzten historischen Voraussetzungen des Welt- und Selbstverständnisses erwachsen ist« (62), kann man mit Hilfe dieses Begriffs Romane der klassisch-romantischen Zeit miteinander vergleichen und sogar bestimmen, wann die optimistische Bildungsidee an Glanz verliert. »Nicht in der Verklärung des positiven Bildungsgedankens, sondern in seiner Problematisierung bzw. Verabschiedung treten die romantischen Romane, auch ›Hyperion‹, die Nachfolge ›Wilhelm Meisters‹ an« (Janz, S. 163). Es ist z. B. schon bezeichnend, daß Jean Pauls »Flegeljahre« – im Zusammenhang mit seinem eigenen Bildungsroman »Titan« geschrieben und nur 10 Jahre nach dem Erscheinen von Schillers Briefen »Über die ästhetische Erziehung« und den ersten Büchern von »Wilhelm Meister« veröffentlicht – eine herbe Kritik an dem Ideal der Bildung durch das Medium der Literatur enthält; nur 15 Jahre nach den »Flegeljahren« führt Hoffmanns »Kater Murr« durch die »Lehrmonate« des philiströsen Katers die Bildungsidee *ad absurdum*. Vorsichtig angewendet kann daher der Begriff Bildungsroman sehr von Nutzen sein, zumal er noch besser als vorgeschlagene Ersatzbegriffe wie »Individualroman« (Steinecke, S. 111) oder »novel of socialisation« (Vaget, S. 15) bekräftigt, wieviel die Romanciers der Goethezeit von der Veränderung der Welt durch die Bildung ihrer Leser erhofften und wieso sie eine einst verschmähte Gattung zum »romantischen Buch« schlechthin erhoben.

Auffallend ist die enorme Aufwertung des Romans in den Jahren nach 1795. Die Aufklärung hat den Roman vor allem nur deshalb akzeptiert, weil er durch seinen lehrhaften Inhalt oder seine rührende Wirkung auf die Leser im Dienste der Moral verwendet werden konnte; die zeitgenössischen Ästhetiker reihten den Roman unter die »Historischen Schriften«, die zur »Rhetorik« und nicht zur »Poesie« gehörten. Bei Schiller herrschte selbst während der Zeit seiner Zusammenarbeit mit Goethe ein tiefes Mißtrauen gegenüber dem Roman. Seinen eigenen Romanversuch, den »Geisterseher« (1789 in Buchform erschienen), hatte er vornehmlich unternommen, um weitere Leser für seine Zeitschrift »Thalia« zu gewinnen; trotz der begeisterten Aufnahme dieses Romananfangs hat er ihn nie vollendet. In seiner Schrift »Über naive und sentimentalische Dichtung« nannte er den Romanschreiber ausdrücklich »Halbbruder« des Dichters (NA XX, 462). Und bei aller Bewunderung für Goethes »Wilhelm Meister« warf er dem Werk »ein sonderbares Schwanken zwischen einer prosaischen und poetischen Stimmung« vor (Brief an Goethe vom 20. Oktober 1797; GA XX, 443).

Eben diesen prosaischen Zug sah jedoch Hegel in seinen Vorlesungen über Ästhetik als das welthistorisch Bedeutende am Roman, der eine bereits zur Prosa geordnete Wirklichkeit voraussetze. Hegels Auffassung von dem Roman als »Konflikt zwischen der Poesie des Herzens und der entgegenstehenden Prosa der Verhältnisse« (SW XIV, 395) sowie seine Bestimmung des Romans als »der modernen bürgerlichen Epopöe« (ebd.) haben nachhaltend auf Georg Lukács' »Theorie des Romans« gewirkt. An einer anderen Stelle seiner »Ästhetik« spielte Hegel auf Goethes Roman an, indem er den Sinn solcher Konflikte deutete als »die Lehrjahre, die Erziehung des Individuums an der vorhandenen Wirklichkeit« (SW XIII, 216).

Während bei Hegel, gegen Ende der Goethezeit, die skeptische Ansicht herrschte, daß am Ende dieser Lehrjahre »sich das Subjekt die Hörner abläuft, mit seinen Wünschen und Meinen sich in die bestehenden Verhältnisse und die Vernünftigkeit derselben hineinbildet, in die Verkettung der Welt eintritt, und in ihr sich einen angemessenen Standpunkt erwirbt« (ebd. 216f.), wehrten sich die Verfasser der frühromantischen Romane und Romantheorien mit allen Kräften gegen eine solche Anpassung an die bestehenden Verhältnisse (s. Schulz). In seiner Abhandlung »Über das Studium der griechischen Poesie« entwickelte Friedrich Schlegel eine Geschichtskonzeption, nach der das moderne Individuum bestimmt sei, die »Objektivität« der griechischen Antike mit der Subjektivität der eigenen Epoche zu vereinigen. Und was Schlegel im »Studium«-Aufsatz noch beklagte – die Verwirrung der Grenzen zwischen Wissenschaft und Kunst, ja zwischen den einzelnen Dichtarten – erhob er im 116. »Athenäums«-Fragment zum Wesen der romantischen Poesie als »progressiver Universalpoesie«, die sowohl die Poesie lebendig und gesellig als auch das Leben und die Gesellschaft poetisch zu machen habe. Die berühmte Definition »Der Roman ist ein romantisches Buch« (KFSA II, 335) erfolgte zwar erst 1800 im »Brief über den Roman«, ist aber im 116. »Athenäums«-Fragment implizit enthalten, was die Vorarbeiten zum Fragment beweisen (KFSA II, 182, Fußnote).

Gerade die Verbannung des Romans aus der normativen Poetik erwies sich als Vorteil; nicht in einer Form festzulegen war er, wie Herder es 1796 in seinem 99. der »Briefe zur Beförderung der Humanität« ausdrückte, »der *verschiedensten Bearbeitung* fähig:

denn er enthält oder kann enthalten nicht etwa nur Geschichte und Geographie, Philosophie und die Theorie fast aller Künste, sondern auch die Poesie aller Gattungen und Arten – in Prose« (Suphan XVIII, 109). Hat Kant 1784 in seiner »Idee zu einer allgemeinen Geschichte in weltbürgerlicher Absicht« noch ironisch gemeint, in der Ausführung einer derartigen Idee könne nur ein Roman zustandekommen (GS VIII, 29) – wobei die ältere negative Auffassung vom Roman als Lügengedicht noch mitklingt –, so proklamierte Novalis im 5. Kapitel des »Heinrich von Ofterdingen« den Vorzug der Dichtung über die herkömmliche Geschichtsschreibung: »Wir verlangen nach der Anschauung der großen einfachen Seele der Zeiterscheinungen, und finden wir diesen Wunsch gewährt, so kümmern wir uns nicht um die zufällige Existenz ihrer äußeren Figuren« (NS I, 259). Romane wie »Ofterdingen« oder auch Hölderlins »Hyperion« geben sich zu erkennen als Versuche einer metahistorischen Deutung der eigenen Zeit und des Ganges der Geschichte. Und so wie in beiden Romanen dem Dichter die Rolle des Erlösers zugeschrieben wird, so sollen die Romane zum Versöhnungsprozeß zwischen Individuum und Gesellschaft beitragen – nicht durch inhaltliche Maxime, sondern durch ihre ästhetische Erziehung des Lesers. »Die Poesie lehrt lesen« (JPW V, 250), verkündete Jean Paul in seiner »Vorschule der Ästhetik«, wobei er unter »Lesen« zugleich Werkverständnis und Weltverständnis meinte. Der poetische Wert des Romans besteht nach Jean Paul gerade darin, daß dieser dem Leser die sonst rätselhaften Zeichen der Welt und der Zeit entziffern hilft. Diese Dechiffrierkunst sollten die Leser dadurch lernen, daß sie selber hinter den Sinn der Romane kommen mußten; als Wegweiser sollten aber in romantischen Romanen die eingestreuten Lieder, Märchen, Exkurse und Hinwendungen an den Leser dienen.

In seinen Vorlesungen über die »Philosophie der Kunst« (1802/03) gab Schelling eine Bestimmung des Romans, die deutlich macht, warum er zu dieser Zeit in der Kunst das Organon der Philosophie sah:

»Der Roman soll ein Spiegel der Welt, des Zeitalters wenigstens, seyn, und so zur partiellen Mythologie werden. Er soll zur heiteren, ruhigen Betrachtung einladen und die Theilnahme allenthalben gleich fest halten; jeder seiner Theile, alle Worte sollten gleich golden seyn, wie in ein innerliches höheres Sylbenmaß gefaßt, da ihm das äußerliche mangelt. Deßwegen kann er auch nur die Frucht eines ganz reifen Geistes seyn, wie die alte Tradition den Homeros immer als Greis schildert. Es ist gleichsam die letzte Läuterung des Geistes, wodurch er in sich selbst zurückkehrt und sein Leben und seine Bildung wieder in Blüthe verwandelt; er ist die Frucht, jedoch mit Blüthen gekrönt« (Jub. Ergänzungsband III, 327).

Wenn seit Blanckenburgs »Versuch über den Roman« (1774) der Roman immer wieder mit dem Epos verglichen wird, weist diese Tatsache auf die immer größer werdende Bedeutung dieser Gattung hin.

Nach solchen hohen Ansprüchen verwundert es allerdings nicht, daß Schelling der Meinung war, bis jetzt gebe es nur zwei Romane: Cervantes »Don Quixote« und Goethes »Meister«; die anderen lehnte er mit der Begründung ab, sie seien »Futter für den Hunger der Menschen [...] nach materieller Täuschung und für den unersättlichen Schlund der Geistesleere« (ebd., S. 330). Parallel zu der Nobilitierung des Romans durch die Theoretiker und die avantgardistischen Romanciers in Deutschland verlief seine Loslösung von der Popularität, die er als unterhaltsame Massenlektüre noch genoß. Zur Aufgabe wurde die Romanlektüre, nicht unbedingt zum Vergnügen – was schließlich auch im Begriff »Bildungsroman« impliziert wird.

Literatur:

K. Morgenstern, Über das Wesen des Bildungsromans. In: Inländisches Museum, Bd. I, H. 2, S. 46–61; H. 3, S. 13–27. Dorpat 1820.

W. Dilthey, Das Leben Schleiermachers. Bd. I. Berlin 1870.

ders., Das Erlebnis und die Dichtung. Lessing, Goethe, Novalis, Hölderlin. Vier Aufsätze. Leipzig 1906. Hier zitiert nach der 10. Auflage, Leipzig 1929.

H. A. Krüger, Der neuere deutsche Bildungsroman. In: Westermanns Monatshefte 51 (1906), Bd. CI, 1. Teil, S. 257–272.

G. Lukács, Die Theorie des Romans. Ein geschichtsphilosophischer Versuch über die Formen der großen Epik. Berlin 1920; 2. Auflage, Neuwied & Berlin 1963.

M. Gerhard, Der deutsche Entwicklungsroman bis zu Goethes »Wilhelm Meister«. Halle 1926.

H. Weil, Die Entstehung des deutschen Bildungsprinzips. Bonn 1930.

E. L. Stahl, Die religiöse und die humanitätsphilosophische Bildungsidee und die Entstehung des deutschen Bildungsromans. Bern 1934.

W. Kayser, Das sprachliche Kunstwerk. Bern 1948.

F. Rauhut, Die Herkunft der Worte und Begriffe »Kultur«, »Civilization« und »Bildung«. In: GRM, N. F. 3 (1953), S. 81–91.

R. Pascal, The Bildungsroman. In: R. P., The German Novel. London 1956, S. 3–99.

K. Guthke, Englische Vorromantik und deutscher Sturm und Drang. M. G. Lewis' Stellung in der Geschichte der deutsch-englischen Literaturbeziehungen. Göttingen 1958.

H. H. Borcherdt, Bildungsroman. In: Reallexikon der deutschen Literaturgeschichte. 2. Auflage. Hg. v. W. Kohlschmidt und W. Mohr. Bd. I. Berlin 1958, S. 175–178.

F. Martini, Der Bildungsroman. Zur Geschichte des Wortes und der Theorie. In: DVjs. 35 (1961), S. 44–63.

W. Malsch, Europa. Poetische Rede des Novalis. Deutung der Französischen Revolution und Reflexion auf die Poesie in der Geschichte. Stuttgart 1965.

D. Jähnig, Schelling. Die Kunst in der Philosophie. 2 Bde. Pfullingen 1966 & 1969.

H. Germer, The German Novel of Education 1792–1805. A complete Bibliography and Analysis. Bern 1968.

K.-I. Flessau, Der moralische Roman. Studien zur gesellschaftskritischen Trivialliteratur der Goethezeit. Köln & Graz 1968.

G. Röder, Glück und glückliches Ende im deutschen Bildungsroman. München 1968.

L. Köhn, Entwicklungs- und Bildungsroman. Ein Forschungsbericht. Mit einem Nachtrag. Stuttgart 1969.

F. Jost, La Tradition du Bildungsroman. In: Comparative Literature 21 (1969), S. 97–115.

E. McInnes, Zwischen »Wilhelm Meister« und »Die Ritter vom Geist«. Zur Auseinandersetzung zwischen Bildungsroman und Sozialroman im 19. Jahrhundert. In: DVjs. 43 (1969), S. 487–514.

J. Jacobs, Wilhelm Meister und seine Brüder. Untersuchungen zum deutschen Bildungsroman. München 1972.

Vierhaus, Bildung. In: Geschichtliche Grundbegriffe. Hg. v. O. Brunner u. a., Bd. I. Stuttgart 1972, S. 508–551.

R. Fiedler, Die klassische deutsche Bildungsidee. Ihre soziologischen Wurzeln und pädagogischen Folgen. Weinheim 1972.

W. A. v. Schmidt, Berührungspunkte der Romantheorien Herders und Friedrich Schlegels. In: GQ 47 (1973), S. 409–414.

J. Buckley, The Bildungsroman from Dickens to Golding. Cambridge (Mass.) 1974.

D. Miles, The Picaro's Journey to the Confessional. The Changing Image of the Hero in the German Bildungsroman. In: PMLA 89 (1974), S. 980–992.

H. Hiebel, Individualität und Totalität. Zur Geschichte und Kritik des bürgerlichen Poesiebegriffs von Gottsched bis Hegel anhand der Theorien über Epos und Roman. Bonn 1974.

M. Schrader, Mimesis und Poesis. Poetologische Studien zum Bildungsroman. Berlin & New York 1975.

W. H. Bruford, The German Tradition of Self-Cultivation. »Bildung« from Humboldt to Thomas Mann. London & New York 1975.

G. Schulz, Bürgerliche Epopöen? Fragen zu einigen deutschen Romanen zwischen 1790 und 1800. In: Deutsche Literatur zur Zeit der Klassik. Hg. v. K. O. Conrady. Stuttgart 1977, S. 189–210.

H. Segeberg, Deutsche Literatur und Französische Revolution. Zum Verhältnis von Weimarer Klassik, Frühromantik und Spätaufklärung. In: Deutsche Literatur zur Zeit der Klassik, ebd. S. 243–266.

M. *Swales*, The German Bildungsroman from Wieland to Hesse. Princeton 1978.

S. L. *Cocalis*, The Transformation of »Bildung« from an Image to an Ideal. In: MDU 70 (1978), S. 399–414.

D. *Naumann*, Literaturtheorie und Geschichtsphilosophie. Teil I: Aufklärung, Romantik, Idealismus. Stuttgart 1979 (= SM 184).

R. P. *Janz*, Bildungsroman. In: Deutsche Literatur. Eine Sozialgeschichte. Hg. v. H. A. Glaser. Bd. V. Reinbek 1980, S. 144–163.

J. *Sammons*, The Mystery of the Missing Bildungsroman, or: What happened to Wilhelm Meister's Legacy? In: Genre 14 (1982), S. 229–246.

M. *Beddow*, The Fiction of Humanity. Studies in the Bildungsroman from Wieland to Thomas Mann. Cambridge 1982.

H. *Vaget*, Goethe the Novelist. Recurrent Themes and Narrative Strategies in Goethe's Novels. In: Goethe's Narrative Fiction. Hg. v. W. J. Lillyman. Berlin & New York, 1983, S. 1–20.

J. *Hörisch*, Gott, Geld und Glück. Zur Logik der Liebe in den Bildungsromanen Goethes, Kellers und Thomas Manns. Frankfurt/M 1983.

R. *Selbmann*, Der deutsche Bildungsroman. Stuttgart 1984 (= SM 214).

H. *Steinecke*, Wilhelm Meister und die Folgen. Goethes Roman und die Entwicklung der Gattung im 19. Jahrhundert. In: Goethe im Kontext. Hg. v. W. Wittkowski. Tübingen 1984, S. 89–111.

G. *Hoffmeister*, »Wilhelm Meister« und die Tradition des Bildungsromans. In: G. H., Goethe und die europäische Romantik. München 1984, S. 161–176.

IV. Romane im Umfeld der Klassik und Frühromantik

1. Goethe: »Wilhelm Meisters Lehrjahre«

Schon in der frühen Weimarer Zeit hat Goethe mit der Arbeit an einem zweiten Roman angefangen. »Wilhelm Meisters Theatralische Sendung« (sechs Bücher: 1777–1785; 1910 ist eine Abschrift des Manuskripts in Zürich entdeckt worden) schildert den Versuch eines jungen Bürgers, dessen Vorname den Leser an William Shakespeare erinnern soll, das Niveau des deutschen Theaters zu heben und zur Herstellung eines Nationaltheaters beizutragen. Ob Goethe ursprünglich beabsichtigte, diesen Versuch zum glücklichen Ende zu führen, bleibt ungewiß. Als er jedoch 1791 mit dem 7. Buch der »Theatralischen Sendung« anfing (Beginn des 5. Buches der »Lehrjahre«, wo Wilhelm Mitglied von Serlos Theatertruppe wird und die Aufführung von »Hamlet« unternimmt), geriet die Arbeit ins Stokken; gemessen an den Erfahrungen der Italienischen Reise, den seit 1790 angefangenen optischen und morphologischen Studien und den Ereignissen der Französischen Revolution, hatte der Gedanke der Errichtung eines Nationaltheaters wohl seine frühere Bedeutung verloren. Fest steht, daß bei der Umarbeitung der »Theatralischen Sendung« in den Jahren 1794–1796 Wilhelm nun dargestellt wird als ein Dilettant, der, wie Anton Reiser, sich allzusehr mit Figuren aus der Literatur identifiziert und der nur sich selbst spielen kann; seine Beschäftigung mit der Bühne erweist sich als Irrweg.

Allerdings hat sein Irren bedeutsame Folgen. Auf seinen Reisen begegnet Wilhelm Personen, die Tendenzen seines Selbst exemplifizieren und ihm zu größerer Klarheit über sich selbst verhelfen. Besonders aktiv in dieser Hinsicht ist die Turmgesellschaft – jene Gruppe fortschrittlicher Adliger, die schon im 1. Buch der »Lehrjahre« auftaucht und im 7. und 8. Buch eine immer wichtigere Rolle spielt. Am Ende des 7. Buches, als Wilhelm in ihren Kreis tritt, wird ihm ausdrücklich gesagt: »Heil dir, junger Mann! deine Lehrjahre sind vorüber; die Natur hat dich losgesprochen« (HA VII, 497). Wie jedoch Wilhelms Entwicklung aufzufassen ist, ist seit dem

Erscheinen des Romans Gegenstand der Kontroverse geblieben. Die ältere Auffassung der Forschung, Wilhelm verwirkliche im Verlauf des Geschehens »das Ideal einer harmonischen Ausbildung der ganzen Persönlichkeit« (Wundt, S. 192), scheint seit Kurt Mays Kritik dieses Ansatzes (May, S. 33) widerlegt zu sein; allerdings hat die von ihm vorgeschlagene Alternative – Wilhelm als Vertreter einer beschränkten Tätigkeit im Dienste der Humanität (ebd., S. 35) – auch keine dauernde Zustimmung gefunden. Man steht also vor der paradoxen Situation, daß in dem Roman, der für die Entwicklung einer Theorie des Bildungsromans von exemplarischer Bedeutung war, es eigentlich nicht klar ist, wozu der Held gebildet wird! Schon Schiller, der vom 3. Buch an die »Lehrjahre« noch im Manuskript erhielt und der an der Ausarbeitung der beiden letzten Bücher wesentlichen Anteil hatte, äußerte in seinem Briefwechsel mit Goethe, er hätte mehr Klarheit über Wilhelms Entwicklung zur »Meisterschaft« gewünscht (Brief vom 8. Juli 1796; GA XX, 205 f.) – ein Verlangen nach der Darstellung eines philosophischen Begriffs, das Goethe aufgrund seines »realistischen Tics« (Antwortbrief vom 9. Juli, 1796; ebd., S. 208) nicht zu befriedigen vermochte. So heißt es auch im Brief vom 10. August:

»Ich habe zu Ihren Ideen Körper nach meiner Art gefunden, ob Sie jene geistigen Wesen in ihrer irdischen Gestalt wieder kennen werden, weiß ich nicht. Fast möchte ich das Werk zum Drucke schicken, ohne es Ihnen weiter zu zeigen. Es liegt in der Verschiedenheit unserer Naturen, daß es Ihre Forderungen niemals ganz befriedigen kann« (ebd., S. 236).

Wenn man allerdings die Aufmerksamkeit weniger auf die Bildung des Helden als auf die Bildung des *Lesers* richtet – das zweite Element in Morgensterns Definition des Bildungsromans (Martini, S. 57) – dann gibt es mehrere Indizien dafür, daß es Goethe nicht um konkrete Bildungsinhalte ging, sondern um die Darstellung einer Offenheit zum Leben, einer Zuversicht: »daß der Mensch trotz aller Dummheiten und Verwirrungen, von einer höheren Hand geleitet, doch zum glücklichen Ziele gelange« (Gespräch mit Eckermann am 18. Januar 1825; GA XXIV, 142). Diese »höhere Hand« ist im Roman nicht die Turmgesellschaft; die Ironie, die Wilhelms oft schwärmerische Verkennung seiner Umgebung trifft, bekommt auch der Zirkel um Lothario und den Abbé zu spüren (Eichner, S. 181–185). Die »Natur«, die Wilhelm losspricht, wird verdeutlicht einerseits durch die Kette von Zufällen, die das planvolle Handeln der Figuren durchkreuzen, andererseits durch die Haltung des Erzählers, der, nach häufigen Kommentaren über Wilhelms Fehlschätzung seiner Lage in den ersten und mittleren Partien des Romans, in den letzten zwei Büchern den Lesern immer mehr entscheiden läßt, wie der Sinn des Ganzen aufzufassen sei (Blessin, S. 52f.); anstelle von inhaltlichen Maximen im Sinne des Romans der Aufklärung wird der Leser vielmehr zur Selbständigkeit erzogen. Dabei zeugt die Auseinandersetzung mit Hauptfragen des politischen, ökonomischen und kulturellen Lebens am Ende des 18. Jahrhunderts von dem Ernst, den Goethe seinem zwanzigjährigen Romanprojekt beimaß.

Wilhelm Meister will aus der geistigen Enge seiner bürgerlichen Herkunft – symbolisiert durch die Gestalt des »arbeitsamen Hypochondristen« Werner (VIII, 1; HA VII, 499) – ausbrechen; der »freischwebende« Beruf eines Schauspielers und Dichters soll dazu dienen, den Wunsch nach »sozialer Unbestimmtheit« (Janz, S. 323) zu erfüllen. Aber schon im ersten Kapitel des Romans leuchtet der Glanz des Adels durch den Schein des Theaters vor: Mariane, seine erste Geliebte, ist im Nachspiel als Offizier verkleidet (HA VII, 9). Ständig identifiziert sich Wilhelm mit adligen Figuren wie dem »kranken Königssohn« (I, 17; S. 70), Prinz Harry (IV, 2; S. 210) und Hamlet (VIII, 5; S. 551); durch das Medium des Theaters möchte er »öffentliche Person« (V, 3; S. 292) werden. Aber Wilhelms Auffassung von Öffentlichkeit ist vorbürgerlich repräsentativ (Habermas, S. 25–28), und die Darstellung des Rokokoadels im 3. Buch läßt den Leser erkennen, daß die Zeit einer solchen Auffassung schon vorbei ist.

Allerdings zeigt das Benehmen der Schauspieler, deren Eigennutz und Kleinlichkeit in den Augen des nüchternen Jarno in allen Ständen zu finden sind (VII, 3; S. 434), daß keine Abhilfe von der breiten Masse der Bevölkerung zu erwarten sei; das Beispiel der »republikanischen« Schauspielertruppe (IV, 2; S. 215f.), die nach dem Überfall der Räuber alle Verantwortlichkeit für ihr Unglück auf ihren Direktor, Wilhelm, abwälzt (IV, 7; S. 229), mag als ironische Spiegelung von Goethes Skepsis gegenüber revolutionären Erneuerungen in der Gesellschaft gelten. Die Zusammenarbeit zwischen Bürgerlichen und Adligen in dem Kreis um Lothario, die Goethe im Kursachsen seiner Zeit sich entwickeln sah (Janz, S. 332), deutet auf eine wahrscheinlichere Lösung des Konflikts zwischen Individuum und Gesellschaft hin. Dabei ist zu merken, daß diese Individuen nicht einer abstrakten Humanität, sondern ihren eigenen Interessen dienen möchten (Janz, S. 334); die »höhere Hand«, die sie zusammenbringt, und die Rolle des Zufalls im Roman mögen mehr mit Adam Smith (Blessin, S. 13f.) zu tun haben, als mit den Harmoniegedanken der deutschen Klassik. Daß diese Harmonie Gestalten wie Mignon, den Harfner und

Mariane nicht umfaßt, darf als weiteres Beispiel von Goethes »realistischem Tic« angesehen werden.

In den »Lehrjahren« hat Goethe eine Reihe von Romantraditionen zusammengebracht. Wilhelms Begeisterung für die »zweite Wirklichkeit« der Kunst und seine Verkennung seiner Umgebung aufgrund dieser Begeisterung erinnert an das ehrwürdige Vorbild von Don Quixote, wie es in den Romanen Wielands wieder zum Vorschein kam (Kurth; Emmel). Seine Abenteuer mit den Schauspielern bringen pikarische Züge in den Roman. Die verwickelte Handlung, Verwirrspiel von Charakterverwechslungen und die Hochzeiten am Ende des Romans verraten eine Nähe zum Staatsroman des Barock, bzw. der Antike. Aspekte der Romantechniken des 18. Jahrhunderts, die in »Wilhelm Meisters Lehrjahren« auftauchen, sind: Briefwechsel zwischen einzelnen Figuren, die Einlage der »Bekenntnisse der schönen Seele« – ihrerseits eine Anerkennung *und* eine Beschränkung der Bedeutung des Pietismus für die Kultur und den Roman des 18. Jahrhunderts –, die Maschinerie der Turmgesellschaft, die auf den populären Geheimbundroman der achtziger und neunziger Jahre des Jahrhunderts verweist (M. Haas), und die rationale Erklärung der geheimnisvollen Charaktere Mignons und des Harfners, die einen Bezug zur ›gothic novel‹, dem Schauerroman herstellt. Was diese disparaten Elemente miteinander verbindet, ist der glättende Stil des Erzählers, der potentiell tragische Situationen durch Ironie oder Euphemismus entschärft (Berger, S. 22–27), eine freundliche Distanz zu seinen Gebilden schafft (H. E. Hass, S. 134f.) und im regelmäßigen Rhythmus seiner Prosa (Reiss, S. 81–83) den Leser durch die Irrungen der Handlung fortbewegt. Bei aller späteren Bekämpfung der künstlerischen Ziele der »Lehrjahre« hat auch Novalis diese »Magie des Vortrags« (NS III, 569) zu würdigen gewußt.

Schon die erste, 1795 in den »Annalen der Philosophie und des philosophischen Geistes« erschienene Rezension macht deutlich, wie sehr Goethe vom breiten Publikum weitgehend nur noch als Dichter des »Werther« betrachtet wurde: »die lebendige Darstellung und das tiefe Gefühl, das im Werther atmet, sucht man hier vergebens« (in: Gille, S. 1).

Der aufklärerische, der Romantheorie Blanckenburgs verpflichtete Kritiker Manso mißt die »Lehrjahre« nach dem Maßstab des »Agathon« und kommt dabei zu dem Ergebnis: »Man vergleiche von der Seite der Befriedigung, die uns die Lesung Agathons gewährt, mit dem Eindrucke, den wir nach der Lesung der Lehrjahre von Wilhelm Meister empfinden. Dort ist alles gelöst und entschieden, und selbst der kleinste Zweifel an einem möglichen Rückfall

gehoben, hier alles noch so unbestimmt, zweifelhaft, unsicher«
(»Neue allgemeine deutsche Bibliothek«, 1797; in: Gille, S. 21).
Schillers Freund Körner hingegen bereitet der Theorie des Bil-
dungsromans den Boden durch die Feststellung: »die Einheit des
Ganzen denke ich mir als die Darstellung einer schönen menschli-
chen Natur, die sich durch die Zusammenwirkung ihrer innern
Anlagen und äußeren Verhältnisse allmählich ausbildet« (»Horen«
1796; in: Gille, S. 9 f.), und also das in Goethes Werk sieht, was
Schiller von Goethe noch stärker betont haben wollte.

Friedrich Schlegel, der selbst in seiner frühen Phase der ›Gräko-
mänie‹ Goethes Poesie als »die Morgenröte echter Kunst und reiner Schönheit« (»Über das Studium der griechischen Poesie«,
1797; KFSA I, 260) erblickte, lehnt in seinem Aufsatz »Über
Goethes Meister« die Beurteilung dieses Romans nach vorgegebe-
nen Muster ab:

»Denn dieses schlechthin neue und einzige Buch, welches man nur aus
sich selbst verstehen lernen kann, nach einem aus Gewohnheit und Glauben, aus zufälligen Erfahrungen und willkürlichen Forderungen zusam-
mengesetzten und entstandenen Gattungsbegriff beurteilen; das ist, als
wenn ein Kind Mond und Gestirne mit der Hand greifen und in sein
Schächtelchen packen will« (»Athenäum«, 1798; in: Gille, S. 29).

Seine Rezension des Romans preist jedoch in Goethes Roman Eigenschaften, die für die frühromantische Auffassung von Poesie
konstitutiv werden sollte – die Ironie im Werk, die Harmonie von
Dissonanzen, das Schweben zwischen Vorwärts und Rückwärts,
die Aufnahme von kunsttheoretischen Gesprächen innerhalb des
Romans, das Streben nach dem Unendlichen usw. –, während
Schlegel gleichzeitig den didaktischen Elementen der beiden letzten Bücher und dem Untergang Mignons und des Harfners wenig
Bedeutung zumißt: »da aus allen diesen Erziehungsanstalten
nichts herauskommt, als bescheidene Liebenswürdigkeit, da hinter allen diesen wunderbaren Zufällen, weissagenden Winken und
geheimnisvollen Erscheinungen nichts steckt als die erhabenste
Poesie« (ebd., S. 36). Privat äußerte Schlegel Bedenken gegen
Goethes Roman; die ursprüngliche Form des »Tendenz«-Frag-
ments vom Jahre 1797 lautet z. B.: »Die drei größten Tendenzen
unseres Zeitalters sind die Wl. [Wissenschaftslehre], W[ilhelm]
M.[eister] und die franz.[ösische] Revoluz.[ion]. Aber alle drei
sind doch nur Tendenzen ohne gründliche Ausführung« (KFSA
XVIII, 85). Jedoch galt in den Augen der literarischen Öffentlichkeit die Gruppe um die Schlegels als entschiedener Verfechter
Goethes, und wurde also von Spätaufklärern wie Nicolai in die

Polemik gegen Goethes Roman miteinbezogen (vgl. Gille, S. 39–43).

Um so frappierender wirkte die Herausgabe einer scharfen Kritik gegen »Wilhelm Meister« in Novalis' nachgelassenen Schriften, deren höchste Skala des Lobes war, daß Goethe es verstünde, Unbedeutendes gut zu erzählen (Gille, S. 55). Erst 1846 – in Edward von Bülows Zusatzband zu der Tieck-Schlegelschen Ausgabe – stellte sich heraus, daß Ludwig Tieck die früheren, weitgehend positiven Bemerkungen zu »Wilhelm Meister« weggelassen hat und bei der verstümmelten Herausgabe der Aufzeichnungen über die »Lehrjahre« die polemischen Elemente betonte, die Novalis während seiner Arbeit an »Heinrich von Ofterdingen« niederschrieb (Mähl, S. 175–190): »Wilhelm Meisters Lehrjahre sind gewissermaßen prosaisch und modern. Das Romantische geht darin zugrunde, auch die Naturpoesie, das Wunderbare« (Gille, S. 56; vgl. dazu die philologisch korrekten Aufzeichnungen, S. 60). Die Worte vom »Evangelium der Ökonomie«, die in der »Wilhelm Meister«-Kritik der späteren Romantiker viel Resonanz fanden und die zu Goethes Groll gegen Novalis beitrugen (Mähl, S. 223–246), stellen jedoch in ihrer Unbedingtheit ein Gegenpol zur Auffassung der »Lehrjahre« als Bildungsroman dar. So spiegelt das Spektrum der divergierenden Urteile über die »Lehrjahre« in den ersten Jahren nach ihrem Erscheinen die literaturgeschichtliche Rezeption des Werkes im 19. und im 20. Jahrhundert im voraus: man denke etwa als Karl Schlechtas Polemik gegen die Turmgesellschaft und die Deutung der Entwicklung Wilhelms als »Abstieg« (S. 106), die in der Nachfolge der Novalisschen Interpretation der »Lehrjahre« steht.

Ausgaben:

»Wilhelm Meisters Lehrjahre« werden nach Band VII der Hamburger Ausgabe (= HA) zitiert; Angaben von Buch und Kapitel sind den Seitenangaben vorangestellt.

Als Leseausgabe wird empfohlen: »Wilhelm Meisters Lehrjahre«. Hg. mit einem Nachwort v. E. Bahr. Stuttgart 1982 (= UB 7826).

Zur Urfassung des Romans, s. *J. W. Goethe*, »Wilhelm Meisters theatralische Sendung«. Hg. mit einem Anhang, Literaturhinweisen und einem Nachwort v. W. Köpke. Stuttgart 1986 (= UB 8343).

Literatur:

Zu weiteren Angaben s. *H. Pyritz u.a.*, Goethe-Bibliographie. Bd. I. Heidelberg 1965, S. 748–758; Bd. II: 1955–1964. Heidelberg 1968, S. 230–234.

M. Wundt, Goethes »Wilhelm Meister« und die Entwicklung des modernen Lebensideals. Berlin & Leipzig 1913.

G. Lukács, »Wilhelm Meisters Lehrjahre« (1936). In: G. L., Faust und Faustus. Reinbek 1967, S. 30–46.

W. Baumgart, Wachstum und Idee. Schillers Anteil an Goethes »Wilhelm Meister«. In: ZfdPh. 71 (1951), S. 2–22.

K. Schlechta, Goethes »Wilhelm Meister«. Frankfurt/M 1953.

R. Immerwahr, Friedrich Schlegel's Essay »On Goethe's Meister«. In: MDU 49 (1957), S. 1–21.

K. May, »Wilhelm Meisters Lehrjahre«, ein Bildungsroman? In: DVjs. 31 (1957), S. 1–37.

J. Habermas, Strukturwandel der Öffentlichkeit. Neuwied 1962 (zu den »Lehrjahren«, S. 25–28).

H. Reiss, »Wilhelm Meisters Lehrjahre«. In: H. R., Goethes Romane. München 1963, S. 72–142.

H. E. Hass, Goethe. »Wilhelm Meister«. In: Der deutsche Roman, Bd. 1. Hg. v. B. v. Wiese. Düsseldorf 1963, S. 132–210.

R. Haas, Die Turmgesellschaft in »Wilhelm Meisters Lehrjahre« (1964). Bern/Frankfurt 1975.

C. Heselhaus, Die »Wilhelm Meister«-Kritik der Romantiker und die romantische Romantheorie. In: Nachahmung und Illusion. Hg. v. H. R. Jauß. München 1964, S. 113–127 und S. 210–218.

H. Eichner, Zur Deutung von »Wilhelm Meisters Lehrjahren«. In: Jb. FDH 1966, S. 165–196.

H.-J. Mähl, Goethes Urteil über Novalis. Ein Beitrag zur Geschichte der Kritik an der deutschen Romantik. In: Jb. FDH 1967, S. 130–270.

L. Köhn, Entwicklungs- und Bildungsroman. Ein Forschungsbericht. Mit einem Nachtrag. Stuttgart 1969.

L. Kurth, Die zweite Wirklichkeit. Studien zum Roman des 18. Jahrhunderts. Chapel Hill, North Carolina 1969, S. 204–232.

F. Beharriell, The hidden meaning of Goethe's »Bekenntnisse einer schönen Seele«. In: Lebendige Form. Festschrift für H. Henel. Hg. v. J. Sammons u. E. Schürer. München 1970, S. 37–62.

T. P. Saine, Über Wilhelm Meisters Bildung. In: Festschrift Henel (ebd.), S. 63–81.

H. Emmel, Was Goethe vom Roman der Zeitgenossen nahm. Zu »Wilhelm Meisters Lehrjahren«. München 1972.

R.-P. Janz, Zum sozialen Gehalt der »Lehrjahre«. In: Festschrift für W. Emrich. Hg. v. H. Arntzen u.a. Berlin & New York 1975, S. 320–340.

A. Berger, Ästhetik und Bildungsroman. Goethes »Wilhelm Meisters Lehrjahre«. Wien 1977.

S. *Blessin*, Die radikal-liberale Konzeption von »Wilhelm Meisters Lehrjahren«. In: S. B., Goethes Romane. Königstein/Ts. 1979, S. 11–58.

K. *Gille*, Goethes Wilhelm Meister. Zur Rezeptionsgeschichte der Lehr- und Wanderjahre. Königstein/Ts. 1979.

E. *Nolan*, Wilhelm Meisters Lieblingsbild: Der kranke Königssohn. Quelle und Funktion. In: Jb. FDH (1979), S. 132–152.

H. R. *Vaget*, Liebe und Grundeigentum in »Wilhelm Meisters Lehrjahren«. Zur Physiognomie des Adels bei Goethe. In: Legitimationskrisen des deutschen Adels 1200–1900. Hg. v. P. U. Hohendahl & P. M. Lützeler. Stuttgart 1979, S. 137–157.

K. *Berghahn* & B. *Pinkerneil*, Am Beispiel Wilhelm Meister. Einführung in die Wissenschaftsgeschichte der Germanistik. 2 Bde. Königstein/Ts. 1980.

H. *Schlaffer*, Wilhelm Meister. Das Ende der Kunst und die Wiederkehr des Mythos. Stuttgart 1980.

I. *Sagmo*, Bildungsroman und Geschichtsphilosophie. Eine Studie zu Goethes Roman »Wilhelm Meisters Lehrjahre«. Bonn 1982.

W. *Vosskamp*, Utopie und Utopiekritik in Goethes Romanen »Wilhelm Meisters Lehrjahre« und »Wilhelm Meisters Wunderjahre«. In: W. V. (Hg.), Utopieforschung. Interdisziplinäre Studien zur neuzeitlichen Utopie. Bd. III. Stuttgart 1982, S. 227–249.

E. *Bahr* (Hg.), Erläuterungen und Dokumente: Johann Wolfgang Goethe, »Wilhelm Meisters Lehrjahre«. Stuttgart 1982 (= UB 8160).

F. *Amrine*, Comic Configurations and Types in »Wilhelm Meisters Lehrjahre«. In: Seminar 19 (1983), S. 6–19.

W. *Barner*, Geheime Lenkung. Zur Turmgesellschaft in Goethes »Wilhelm Meister«. In: Goethe's Narrative Fiction. The Irvine Goethe Symposium. Berlin 1983, S. 85–109.

J. K. *Brown*, The Theatrical Mission of the »Lehrjahre«. In: Goethe's Narrative Fiction (ebd.), S. 69–84.

H.-J. *Schings*, »Agathon«, »Anton Reiser«, »Wilhelm Meister«. Zur Pathologie des modernen Subjekts im Roman. In: Goethe im Kontext. Hg. v. W. Wittkowski. Tübingen 1984, S. 42–68.

U. *Schödelbauer*, Kunsterfahrung als Weltverstehen. Die ästhetische Form von »Wilhelm Meisters Lehrjahre«. Heidelberg 1984.

W. *Köpke*, »Wilhelm Meisters Theatralische Sendung«. In: Goethes Erzählwerk. Interpretationen. Hg. v. P. M. Lützeler & J. McLeod. Stuttgart 1985, S. 73–102.

H. *Koopmann*, »Wilhelm Meisters Lehrjahre«. In: Goethes Erzählwerk (ebd.), S. 168–191.

S. *Zantop*, Eigenes Selbst und fremde Formen. Goethes »Bekenntnisse einer Schönen Seele«. In: Goethe Yearbook 3 (1986), S. 73–92.

F. *Eigler*, Wer hat ›Wilhelm Schüler‹ zum ›Wilhelm Meister‹ gebildet? »Wilhelm Meisters Lehrjahre« und die Aussparungen einer hermeneutischen Verstehens- und Bildungspraxis. In: Goethe Yearbook 3 (1986), S. 93–119.

2. Jean Paul (1763–1825):
»Die unsichtbare Loge«, »Hesperus« und »Siebenkäs«

Am 8. Juni 1796 – zu einer Zeit, als Goethe noch am Schluß von »Wilhelm Meisters Lehrjahre« arbeitete – schickte Jean Paul (bürgerlicher Name: Johann Paul Friedrich Richter) den letzten Band von »Siebenkäs«, seinem dritten Roman, an seinen Verleger Matzdorff in Berlin. Gleich danach reiste er auf Einladung Charlotte von Kalbs nach Weimar, wo er drei Wochen lang im Zentrum des gesellschaftlichen Lebens stand. Sein zweiter Roman »Hesperus«, 1795 ebenfalls bei Matzdorff erschienen, war die größte literarische Sensation seit »Werther« gewesen. Wieland, Herder und die Weimarer Hofdamen schwärmten für den Roman und seinen Verfasser; als einziger von Jean Pauls Romanen erlebte »Hesperus« zu seinen Lebzeiten eine dritte Auflage (allerdings erst 1819; s. dazu Berend).

Selbst Goethe und Schiller, denen »Hesperus« »ein Tragelaph von der ersten Sorte« war (Brief Goethes an Schiller vom 10. Juni 1795; GA XX, 82), versuchten, Jean Paul für die »Horen« zu gewinnen. Als sich dieser jedoch für die republikanisch gesinnte Partei um Herder entschied, antwortete Goethe im August 1796 mit seinem Gedicht »Der Chinese in Rom«: »Jean Paul gehört die zweifelhafte Ehre, als erster unter Goethes literarischen Gegnern die Metapher der Krankheit ausgelöst zu haben« (Sprengel, S. xxx). Jean Paul für seinen Teil verspottete den vermeintlich inhumanen Ästhetizismus der Weimaraner in der Gestalt des Kunstrats von Fraischdörfer, der sowohl im »Titan« als auch in der »Geschichte meiner Vorrede zur 2. Auflage von Quintus Fixlein« auftritt. Seither ist es üblich geworden, Jean Paul und Goethe polemisch gegeneinander auszuspielen; nur selten ist ein Befürworter des Einen kein Gegner des Anderen.

Hingegen stand Jean Pauls juveniler Romanversuch »Heloise und Abelard« (1781) deutlich in der »Werther«-Nachfolge. § 80 der »Vorschule der Ästhetik« bekundet Jean Pauls andauernde Bewunderung der poetischen Landschaftsmalerei in »Werther« (JPW V, 290), die Stellen wie die Schilderung der Reise von Viktor, dem Helden in »Hesperus« (JPW I, 617f.), maßgeblich beeinflußte. Und Kurt Wölfel hat dargelegt, wie Gustav, die Hauptgestalt der 1793 erschienenen »Unsichtbaren Loge«, in der geistigen Haltung zu seiner adligen Umwelt dem Verhalten Werthers auffallend ähnelt (S. 7f.). Ohne Jean Paul noch kennengelernt zu haben, beurteilte ihn Goethe gleichsam als »Werther«-Figur aus seiner Weimarer Warte: »es ist wirklich schade für den Menschen, er scheint sehr isoliert zu leben und kann deswegen bei manchen guten Partien seiner Individualität nicht zu Reinigung seines Geschmacks kommen. Es scheint leider, daß er selbst die beste Gesellschaft ist, mit der er umgeht« (Brief an Schiller vom 18. Juni 1795; GA XX, 87). Gerade aus dieser Isolation wuchs bei Jean Paul das Bedürfnis, über das Medium Literatur mit anderen, ihm gleichgesinnten Menschen in Verbindung zu treten – was nicht nur auf die zahlreichen Exkurse seiner Erzählerfiguren ein bezeichnendes Licht wirft, sondern auf die Tatsache, daß die Rede der Romancharaktere nicht mimetisch gestaltete Gespräche sind, sondern selber zu Anreden an den Leser werden (s. Wölfel, S. 26 f.). Die zahlreichen Leserbriefe an den Autoren Jean Paul, den sein Publikum mit der Erzählerfigur Jean Paul gleichsetzte, zeugen von der Resonanz dieser Anreden.

Durch den frühen Tod zweier Jugendfreunde sowie den Selbstmord eines jüngeren Bruders, den die Notlage der vaterlosen Familie 1789 in die Saale trieb, wurde Jean Paul für Fragen über Tod und Unsterblichkeit empfänglich gemacht. Am 15. November 1790 erlebte er die Vision seines eigenen Todes, die für ihn zu einer geistigen Neugeburt wurde und die dichterische Gestaltung fand in Ottomars Bericht über sein Scheinsterben in der »Unsichtbaren Loge« (JPW I, 303–309). Diese Thematik wurde ebenfalls aufgegriffen in Jean Pauls Erzählung vom »Leben des vergnügten Schulmeisterlein Maria Wutz in Auenthal«, das auf den Rat von Karl Philipp Moritz dem Roman zugefügt wurde. Im Unterschied zu der naiv-phantasievollen Lebensfreude von Wutz besitzt der Erzähler dieser Idylle ein Bewußtsein von der Wirklichkeit des Todes; so beschließt er »ein so unbedeutendes Leben zu verachten, zu verdienen und zu genießen« (JPW I, 461). Und wenn Gustav im Roman selber die ersten Jahre seines Lebens unterirdisch verbringt und seine »Auferstehung« auf die Erde als Tod und Eintritt in den Himmel versteht (JPW I, 62–64), soll der Leser, dies nachvollziehend, seine eigene Umwelt mit neuen Augen sehen, ein Gefühl für das Paradiesische in der Natur entwickeln und eine Hoffnung auf ein Wiedersehen nach dem Tod mit früher entrissenen Geliebten bekommen.

Gustavs unterirdische Erziehung hat eine zusätzliche Bedeutung: gemäß Rousseaus pädagogischen Prinzipien in »Emile« wird hier ein junger Mensch fern von den verderblichen Einflüssen der Gesellschaft zur Vollentwicklung seiner natürlichen Anlagen erzogen, damit er später als Staatsbürger, als »citoyen«, seinerseits die Gesellschaft verbessere (vgl. dazu Harich, S. 264–267). Wie Gustavs Erfahrungen mit der Scheerauer Hofwelt ausgegangen wären, hätte Jean Paul die »geborne Ruine« (JPW I, 13) seines ersten größeren Romanversuchs je vollenden können, ist schwer zu sagen – und auch nicht nötig, da er im »Hesperus« »Die unsichtbare Loge« praktisch neu schrieb (zu Übereinstimmungen in der Handlung, Disposition der Hauptcharaktere, Landschaft und Motivik der beiden Romane, s. Bach, S. 136f.). Während in der »Unsichtbaren Loge« wenig mehr als der kurz vor der Drucklegung gewählte Titel auf das Vorhandensein einer antihöfischen Vereinigung deutete, sollen im »Hesperus« die korrupten Ratgeber im kleinen Fürstentum Flachsenfingen durch die bürgerlich erzogenen natürlichen Söhne des Fürsten ersetzt werden, die erst am Schluß des Romans ihre wahre Herkunft erfahren. Wolfgang Harich deutet diesen Handlungsvorgang als den Versuch, »mögliche Wege zur revolutionären Überwindung des feudalen Systems in Deutschland aufzuzeigen« (S. 165); viel überzeugender wirkt Götz Müllers These, die Fabel vom »verborgenen Prinzen« sei vielmehr ein Traum des politisch ohnmächtigen Bürgertums, den Absolutismus *ohne* Revolution langsam auszuhöhlen. Eine ironische Brechung erfährt diese bereits von Mercier und Wieland benutzte Fabel dadurch, daß der Erzähler Jean Paul zum Schluß lernt, daß er der lange Zeit vermißte fünfte Sohn des Fürsten ist – eine Idee, die in Nikolaus Marggraf, dem Protagonisten von dem »Komet« (1820–1822), Jean Pauls letztem Roman, vollends zur Parodie wird (s. dazu Schweikert, S. 58f.).

Gleichzeitig ermöglicht die Integrierung des Erzählers in die Romanhandlung eine fruchtbare Synthese des auktorialen Romans im Geist Fieldings mit dem humoristischen Ich-Roman in der Nachfolge von Sternes »Tristram Shandy« (s. dazu Miller, S. 303–325). Die Erklärung des Nebentitels des Romans – »45 Hundposttage« – liefert der Erzähler am Schluß des ersten Kapitels. Wegen seiner Autorenschaft der »Unsichtbaren Loge« bekommt Jean Paul den Auftrag, die Lebensgeschichte des ihm unbekannten Viktors samt Familienangehörigen aufs Papier zu bringen. Die Materialien zu dieser noch im Gang stehenden Geschichte liefert ein Hund, der zum Erzähler auf die Insel St. Johannis schwimmt. Was der Hund jedes Mal in einer Kürbisflasche mitbringt, wird zu einem Hundposttag-Abschnitt. Ist Jean Paul damit fertig, besteht vor der nächsten Lieferung die Möglichkeit zu satirischen Exkursen in Extrablättchen, »Schalttagen«, usw., die der nur an der Handlung interessierte Leser nicht lesen brauche. Diese »Schalttage« sind demnach alles andere als planlose Ausschweifungen, sondern zeugen von der Freiheit des Erzählers, seine eigenen Regeln zu setzen und zu befolgen. Dabei spielt Jean Paul mit den Leseerwartungen des zeitgenössischen Publikums – ein Verfahren, das er bereits in der »Unsichtbaren Loge« zur Meisterschaft entwickelt hat (s. dazu Köpke 1975).

Diese ungewöhnliche Erzählstrategie bedeutet aber andererseits, daß der Leser, bzw. die Leserin einzelne Abschnitte goutieren kann, ohne an die Handlung gebunden zu werden. In seiner Untersuchung der Rezeption des »Hesperus« betont Harry Verschuren, daß die Wirksamkeit des Romans als säkularisiertes Trost- und Erbauungsbuch nicht handlungsgebunden war, sondern vor allem von der Auslösung von Gefühlen abhing. Besonders die Szene mit Viktor, seiner Geliebten Klothilde und deren beiderseitigem Lehrer Emanuel Dahore gehörten zu den wirkungskräftigsten Passagen. Jean Pauls Beliebtheit unter den gebildeten Leserinnen seiner Zeit (vgl. dazu Köpke 1980), hing aber nicht nur mit einem letzten Aufschwellen von Empfindsamkeit zusammen, sondern auch mit seinem Mitgefühl für die Leiden, die alle Frauen – von der Dienerin bis zur Fürstin – zu erdulden hatten.

Die Hofwelt der »Unsichtbaren Loge« und des »Hesperus« kannte Jean Paul nur aus Büchern; der Schauplatz vom »Siebenkäs« hatte mit einem ganz konkreten Hof zu tun – nämlich der fränkischen Provinzstadt, wohin Jean Paul 1784 aus Leipzig zurückflüchtete nach einem erfolglosen Versuch, freier Schriftsteller zu werden. Erst nach dem Tod seiner Mutter im Jahre 1797 hat er diese ihm verhaßte Stadt endgültig verlassen, deren spießbürgerliche Enge in dem Marktflecken Kuhschnappel des Romans verewigt wird. Symptomatisch für die stark autobiographischen Züge des Romans ist Siebenkäs' Verfasserschaft von Jean Pauls eigener satirischer »Auswahl aus des Teufels Papieren«, die er in Hof schrieb und die erst nach mehreren Versuchen, einen Verleger dafür zu finden, 1789 auf den Markt kam. Die Szenen im Roman, wo die Gattin Lenette durch ihre Putzwut den schreibenden Siebenkäs vollends aus dem Konzept bringt, entsprechen Jean Pauls häuslichen Erfahrungen mit seiner Mutter. Erschütternd wirkt die Darstellung des Prozesses, wodurch Armut, der Druck der Konventionen und die völlig konträre Geistesbeschaffenheit von Mann und Frau die Ehe langsam und qualvoll untergraben.

Der paradoxe Volltitel des Romans, »Blumen-, Frucht- und Dornenstücke oder Ehestand, Tod und Hochzeit des Armenadvokaten F. St. Siebenkäs« gibt in der Tat eine getreue Zusammenfassung der – für Jean Paul – straff durchgeführte Handlung. Durch eine Scheinsterbeszene, die sein ihm täuschend ähnlich aussehender Freund Leibgeber inszeniert, bekommt Siebenkäs die Möglichkeit, die Ehe mit Lenette aufzulösen und nach deren Tod im Kindbett in ein Bündnis mit der geistreichen Natalie einzugehen, die er durch Leibgeber kennengelernt hatte. Allerdings wird diese nur ästhetische Lösung von Konflikten (s. dazu Schulz) nicht nur durch Lenettes unwissende Bigamie mit dem pedantischen, aber gutmütigen Schulrat Stiefel getrübt, sondern durch die Problematik des freischweifenden Außenseiters Leibgeber, die in dessen Rolle als Schoppe im

»Titan« verschärft wird: »in Siebenkäs ist der Weltwiderspruch, zur Hälfte in den Umständen wohnend, von diesen aus tilgbar und heilbar [...] in Leibgeber, ganz ins Ich gelegt und in jede Welt vorbrechend, unheilbar« (Kommerell, S. 338). Mit der Konfiguration Siebenkäs-Leibgeber führte Jean Paul das Motiv des Doppelgängers in die Literatur ein, das für E.T.A. Hoffmann und die gesamteuropäische Romantik von so großer Bedeutung werden sollte.

Kurt Schreinert vermutet, daß Jean Pauls ursprüngliche Wahl des Titels »Blumen-, Frucht- und Dornenstücke« auf eine geplante Sammlung von lose miteinander verknüpften Aufsätzen und Dichtungen schließen läßt (S. ix): in der endgültigen Ausgestaltung überwiegen die »Dornenstücke« des Schmerzenmannes Siebenkäs bei weitem. Von den wenigen Beigaben ragt vor allem die »Rede des toten Christus vom Weltgebäude herab, daß kein Gott sei« heraus; in der ersten Auflage von 1796 stand dieser Angsttraum zu Beginn des ersten Bändchens. Die Problematik von Tod und Auferstehung, die der Scheintod von Siebenkäs wiederaufgreift, erlebt hier eine kosmische Dimension; noch wichtiger ist jedoch Jean Pauls Auseinandersetzung mit dem Atheismus, da nach seiner Überzeugung die Unsterblichkeit ohne das Dasein Gottes die größte Qual sei: »Ach wenn jedes Ich sein eigner Vater und Schöpfer ist, warum kann es nicht auch sein eigner Würgengel sein? (JPW II, 270). Ihre partielle Übersetzung in Madame de Staëls »De L'Allemagne« machte diese Rede durch ganz Europa bekannt als die erste literarische Darstellung des Nihilismus – eines Begriffs, den Jean Pauls Freund Jacobi 1798/99 in seiner Auseinandersetzung mit der Fichteschen Philosophie geprägt hatte.

»Siebenkäs« selber wurde aber zunächst bei weitem nicht so enthusiastisch aufgenommen wie »Hesperus«. Während manche Kritiker die Immoralität der Scheinsterbeszene und des Betrugs an der preußischen Witwenkasse betonten, rügte Friedrich Schlegel in seinem 421. »Athenäums«-Fragment vor allem Jean Pauls Sentimentalität; die satirischen und humoristischen Charaktere und Darstellungen fanden hingegen sein volles Lob:

»Je moralischer seine poetischen Rembrandts sind, desto mittelmäßiger und gemeiner; je komischer, je näher dem Bessern; je dithyrambischer und je kleinstädtischer, desto göttlicher: denn seine Ansicht des Kleinstädtischen ist vorzüglich gottesstädtisch. Seine humoristische Poesie sondert sich immer mehr von seiner sentimentalen Prosa« (KFSA II, 247).

Im »Brief über dem Roman« stellte Schlegel Jean Paul sogar über Laurence Sterne, »weil seine Phantasie weit kränklicher, also weit wunderlicher und phantastischer ist« (ebd., S. 331): Goethes Vorwurf der Krankheit wird als Symptom des Zeitalters diagnostiziert und als Zeichen eines bevorstehenden Umschwungs gedeutet. So hat Jean Paul die entstehende Romantik entscheidend beeinflußt (zu Jean Pauls Einfluß auf die literarische Gestaltung von Novalis' »Sophienerlebnis«, vgl. Unger). Der entscheidende Unterschied zwischen den synthetisierenden Tendenzen der frühromantischen Universalpoesie und Jean Pauls Dualismus läßt sich anhand seiner Verwendung der Metapher ablesen: »Jean Pauls Metaphorik will nicht eine unsichtbare Einheit der Welt aufdecken, eine verborgene Harmonie zwischen den scheinbar getrennten Phänomenen zum Klingen bringen, sondern im Gegenteil den Ton der Disharmonie erzeugen, festhalten und unaufgelöst lassen« (Rasch, S. 41).

1818, zu einer Zeit, als Jean Pauls Popularität wegen seiner republikanischen Gesinnung wieder am Steigen war, kam die umgearbeitete und erweiterte zweite Fassung von »Siebenkäs« heraus. Bei der Darstellung der Eheprobleme zwischen Siebenkäs und Lenette konnte Jean Paul nun aus eigener Erfahrung schöpfen; obwohl dieser in den Jahren zwischen 1796 und 1800 von mehreren hochgebildeten Frauen umworben war, hatte er sich 1801 zur Ehe mit Karoline Meyer entschlossen, einer jungen Verehrerin, die in ihrer Schlichtheit eher Lenette als der stark idealisierten Figur der Natalie ähnelte.

Ausgaben:

Jean Paul, Werke. Hg. v. N. Miller und G. Lohmann, mit Nachworten v. W. Höllerer. München 1959–1963 (= JPW). Römische Zahlen beziehen sich auf die Bandnummern, in denen »Die unsichtbare Loge«, »Hesperus«, »Siebenkäs« und andere Schriften von Jean Paul erscheinen.
Als Leseausgabe von »Siebenkäs« wird empfohlen: *Jean Paul*, »Siebenkäs«. Hg. mit Anhang und einem Nachwort v. C. Pietzcker. Stuttgart 1985 (= UB 274).

Bibliographien:

E. *Berend*, Jean-Paul-Bibliographie. Neu bearbeitet und ergänzt v. J. Krogoll. Stuttgart 1963.
E. *Fuhrmann*, Jean-Paul-Bibliographie 1963–1965. In: Jb. JPG. 1 (1966), S. 163–179.
R. *Merwald*, Jean-Paul-Bibliographie 1966–1969. In: Jb. JPG 5 (1970), S. 185–212.

S. *Müller*, Jean-Paul-Bibliographie 1970–1983. In: Jb. JPG 19 (1984), S. 137–205.

Literatur:

K. *Schreinert*, Einleitung zum »Siebenkäs«. In: Jean Pauls Sämtliche Werke I, 6. Weimar 1928, S. v–lix.

H. *Bach*, Jean Pauls Hesperus. Leipzig 1929; Nachdruck: London & New York 1970.

R. *Unger*, Jean Paul und Novalis. In: Aufsätze zur Literatur- und Geistesgeschichte. Berlin 1929, S. 104–121. Wiederabgedruckt in: R. U., Gesammelte Studien. Darmstadt 1966, II, 104–121.

W. *Krauss*, Das Doppelgängermotiv in der Romantik. Studien zum romantischen Idealismus. Berlin 1930. Nachdruck: Nendeln/Liechtenstein 1967.

M. *Kommerell*, Jean Paul. Frankfurt 1933: ⁴1966.

A. *Béguin*, L'âme romantique et le rêve. Marseille 1937. Dt: Traumwelt und Romantik. Versuch über die romantische Seele in Deutschland und in der Dichtung Frankreichs. Über. v. J. P. Walser. Bern 1972 (zu Jean Paul, S. 206–235).

E. *Berend*, War Jean Paul der meistgelesene Schriftsteller seiner Zeit? In: Hesperus 22 (1961), S. 4–12; Nachdruck in: Jean Paul. Hg. v. U. Schweikert. Darmstadt 1974, S. 155–169.

W. *Rasch*, Die Erzählweise Jean Pauls. München 1961.

P. *Michelsen*, Laurence Sterne und der deutsche Roman des 18. Jahrhunderts. Göttingen 1962 (zu Jean Paul, S. 311–394).

R. *Ayrault*, Leben des vergnügten Schulmeisterlein Maria Wutz ou les débuts du poète Jean Paul. In: EG 18 (1963), S. 3–12; Dt. in: Interpretationen. Hg. v. J. Schillemeit, Bd. 4. Frankfurt 1966, S. 75–86.

N. *Miller*, Der empfindsame Erzähler. Untersuchungen an Romananfängen des 18. Jahrhunderts. München 1968 (zu Jean Paul, S. 303–325).

U. *Schweikert*, Jean Paul. Stuttgart 1970 (= SM 91).

W. *Harich*, Jean Pauls Revolutionsdichtung. Versuch einer neuen Deutung seiner heroischen Romane. Berlin-Ost 1974; seitenidentische Lizenzausgabe: Reinbek 1974.

W. *Köpke*, Jean Pauls »Unsichtbare Loge«. Die Aufklärung des Lesers durch den ›Anti-Roman‹. In: Jb. JPG 10 (1975), S. 49–68.

M. *Anderle*, Jean Pauls »Leibgeber« zwischen Doppelgängertum und Ich-Verlust. In: GQ 49 (1976), S. 13–24.

G. *Schulz*, Jean Pauls »Siebenkäs«. In: Aspekte der Goethezeit. Hg. v. S. Corngold u. a. Göttingen 1977, S. 215–239.

D. *Hedinger-Fröhner*, Der utopische Gehalt des »Hesperus«. Bonn 1977.

J. *Campe*, Der programmatische Roman von Wielands »Agathon« zu Jean Pauls »Hesperus«. Bonn 1979.

H. *Verschuren*, Der »Hesperus« als Erfolgsroman. Ein Beitrag zur zeitgenössischen Jean Paul-Rezeption. In: Jb. JPG 14 (1979), S. 51–78.

W. *Köpke*, »Von den Weibern geliebt«: Jean Paul und seine Leserinnen. In:

Die Frau von der Reformation zur Romantik. Hg. v. B. Becker-Cantarino. Bonn 1980, S. 217–242.

P. *Sprengel* (Hg.), Jean Paul im Urteil seiner Kritiker. Dokumente zur Wirkungsgeschichte Jean Pauls in Deutschland. München 1980.

K. *Wölfel*, Über die schwierige Geburt des Gesprächs aus dem Geist der Schrift. In: Jb. JPG 15 (1980), S. 7–27.

G. *Müller*, Der verborgene Prinz. Variationen einer Fabel zwischen 1768 und 1820. In: Jb. JPG (1982), S. 71–89.

C. *Pietzcker*, Einführung in die Psychoanalyse des literarischen Kunstwerks am Beispiel von Jean Pauls »Rede des toten Christus«. Würzburg 1983; [2]1985.

A. *Kuzniar*, The Bounds of the Infinite. Self-Reflection in Jean Paul's »Rede des toten Christus«. In: GQ 57 (1984), S. 183–196.

3. Friedrich Hölderlin (1770–1843): »Hyperion«

Zur Ostermesse 1797 erschien bei Cotta der erste Band von »Hyperion oder Der Eremit in Griechenland«. Sein Verfasser, der Magister und Hauslehrer Friedrich Hölderlin, hatte allerdings spätestens seit 1792, während seines Aufenthalts im Tübinger Stift, mit dem Plan eines griechischen Romans gerungen und mindestens vier Fassungen geschrieben, bis ihm die adäquate Form für sein Vorhaben gelang. Das als Briefroman konzipierte »Fragment von Hyperion«, das im November 1794 in Schillers »Thalia« erschien, wurde dann zugunsten einer metrischen Fassung aufgegeben: während Hölderlin Fichtes Vorlesungen in Jena besuchte, entstand die Rahmenerzählung »Hyperions Jugend«, in der das selbstherrliche Ich einen Kampf gegen die Natur ankündigt. Nach Hölderlins fast fluchtartiger Rückkehr ins Haus der Mutter in Nürtingen erfolgte ein weiterer Versuch, sein Romanprojekt durchzuführen. Die Arbeit an der Form eines Briefromans wurde während Hölderlins Frankfurter Zeit fortgesetzt. Hier fand die Begegnung mit Susette Gontard statt, deren läuternde Wirkung auf Hölderlin in der Romanfigur der Diotima ein Denkmal gesetzt wurde; nun sind es die Schönheit und die Liebe, die zur Versöhnung von Romanheld und Natur führen sollen. Der zweite Band des Romans, ebenfalls in Frankfurt geschrieben, erschien im Herbst des Jahres 1799; ein Jahr vorher hat Hölderlin infolge eines Zerwürfnisses mit dem Bankier und Hausherrn Gontard seinen Posten als Hofmeister aufgeben müssen. Eine Neuauflage von »Hyperion« erfolgte erst 1822, zu welcher Zeit Hölderlin längst in der Isolation des Turms lebte.

In einem Brief vom 21. Juli, 1793 griff Hölderlin eine Bemerkung des Jugendfreunds Neuffer über die »*terra incognita* im Reiche der Poesie« auf und bezog sich auf seinen Romanversuch: »Vorgänger genug, wenige, die auf neues schönes Land geriethen, u. noch eine Unermessenheit zu'r Entdekung und Bearbeitung!« (StA III, 299). Jürgen Link sieht in der Struktur des Romans den einmaligen Versuch einer Synthese von antikem Versepos und modernen Prosaroman (S. 160). Jedoch selbst Hölderlins Freund Karl Phillip Conz nannte in seiner 1801 verfaßten Rezension das Ganze »mehr ein Pöem, als ein[en] Roman« (StA III, 324) – eine Ansicht, die Walter Silz in seiner kritischen Studie noch teilt. Erst mit Lawrence Ryans Arbeiten zu »Hyperion« hat sich ein Neuansatz in der Beschäftigung mit dem Roman bemerkbar gemacht: der »Hyperion« sei kein lyrischer Briefroman wie etwa »Werther«, sondern zeige die Entwicklung eines Erzählers zum Dichter durch den Prozeß des Erzählens. Wegen des hohen Grades der Selbstreflexion im Roman schlägt Ryan vor, daß man »Hyperion« vom »erstarrten Terminus« des Bildungsromans – seit Diltheys Deutung von »Hyperion« das Etikett, mit dem man den Roman oft versehen hat – befreie und ihn den frühromantischen Romantheorien und -versuchen zuordne (»Hyperion«: ein romantischer Roman?, S. 211). Ryans Ergebnisse, von Aspetsberger und Hamlin teilweise modifiziert oder ergänzt, bilden den Ausgangspunkt der heutigen »Hyperion«-Forschung.

Zu Beginn des Romans, wo sich der gerade in die Heimat zurückgekehrte Hyperion durch die in Deutschland entwickelte Kraft der Reflexion von der ihm früher vertrauten Natur abgeschnitten fühlt, erscheinen ihm die Aussichten alles andere als hoffnungsreich. Neben Getrenntsein von der Natur und dem Tod von Diotima und Alabanda, seinem Kampfgenossen im Befreiungskrieg gegen die Türken, schmerzt ihm das Bewußtsein, daß sein Vaterland noch politisch und geistig in Knechtschaft liegt. Sein Eingehen auf das Verlangen seines deutschen Freundes Bellarmin, er möge über sein bisheriges Leben Rechenschaft geben, ist nicht ohne psychische Gefahr für ihn. Mehrmals droht diese Vergegenwärtigung vergangener Freuden und Leiden, Hyperions labiles geistiges Gleichgewicht vollends zu zerstören (s. Gaskill 1981). Jedoch überwindet Hyperion solche beängstigenden Augenblicke und erreicht bei der Schilderung von Diotimas Tod eine Seelenruhe und eine Einsicht in die Bedeutung des Leidens für das Leben, die ihm während seiner Erlebnisse nur selten und auch dann nur augenblicklich vergönnt war. So erweist sich als wahr, was die sterbende Diotima in ihrem Abschiedsbrief prophezeite:

»Trauernder Jüngling! bald, bald wirst du glüklicher seyn. Dir ist dein Lorbeer nicht gereift und deine Myrthen verblühten, denn Priester sollst du seyn der göttlichen Natur, und die dichterischen Tage keimen dir schon« (StA III, 149).

Der Reifeprozeß des Erzählers ist demnach die Voraussetzung dafür, daß der Dichter sein Volk, d.h. die Leser des Romans, geistig bildet. Nicht zufällig ist Bellarmin, der Adressat der Briefe, ein Deutscher, den Hyperion bei seinem sonst so leidigen Aufenthalt unter den Deutschen kennen- und liebengelernt hat. Auf die symbolische Bedeutung dieses Namens hat Wolfgang Binder schon hingewiesen: »Bellarmin heißt für Hölderlin: der schöne Deutsche; schön im Sinne der Schönheitslehre des Romans, deutsch im Sinne des Heros der Deutschen, den so viele Arminius-Dichtungen des 18. Jahrhunderts feiern« (S. 211).

In diesem Zusammenhang gesehen stellt der Roman »Hyperion« nicht nur den Entwicklungsgang eines Menschen (Dilthey) und den Reifeprozeß eines Dichters (Ryan), sondern auch die erhoffte Bildung eines ideellen Lesers dar. Als Mittel dienen die Anreden an Bellarmin, die sehr wohl Hyperions zunehmende Reife veranschaulichen, aber gleichzeitig dem Leser nahelegen, was der Sinn des Romans sei – eine Erzählstrategie, die an Novalis' Verfahren in »Ofterdingen« erinnert, wo die zahlreichen Erzählungen und Gespräche eine ähnliche Funktion erfüllen. Insofern hat Ryan recht, wenn er auf die geistige Verwandtschaft dieser beiden Romane verweist. So wie Hyperion durch die Erzählung seiner Lebens- und Leidensgeschichte zur »Auflösung der Dissonanzen« (StA III, 5) in sich selbst gelangt, so soll der aufmerksame und teilnahmsvolle Leser auch den Standpunkt erreichen, den der Erzähler für sich errungen hat.

Um seiner Schilderung griechischer und kleinasiatischer Landschaften den Schein von Echtheit zu verleihen, hat Hölderlin zeitgenössische Reisebeschreibungen verwendet; die Darstellung des im Geburtsjahr Hölderlins unternommenen Aufstands der Griechen gegen die Türken folgt z.B. den antigriechischen Beifügungen des deutschen Übersetzers von Choiseul-Gouffiers »Voyage pittoresque de la Grèce« (Beißner, S. 103–106). Darüber hinaus hat der Schauplatz des Romans, wie bei »Ofterdingen«, vor allem einen metaphorischen, metahistorischen Sinn; hier läßt jedoch Hyperions Lobpreis vom alten Athen als Demokratie mit einem Sinn für Schönheit die Gegenwart, wo Besitzgier und träge Feigheit herrschen und die Menschen weitgehend einen Sinn für die Natur verloren haben, in einem umso grelleren Licht erscheinen.

Noch eine weitere Funktion der Verlagerung der Handlung nach Griechenland ist, daß sich Hölderlin dadurch mit der Französischen Revolution und deren Auswirkungen auf den südwestdeutschen Raum in verschlüsselter Form auseinandersetzte. Trotz den Bestrebungen von Pierre Bertaux und seinen Anhängern, in Hölderlin einen deutschen Jakobiner zu sehen (siehe z.B. das »Hölderlin«-Drama von Peter Weiss), neigt die Mehrzahl der heutigen Hölderlinforscher dazu, ihn einen liberalen Republikaner zu nennen, der zwar die Exzesse der Schreckensherrschaft verwarf, aber den Idealen der Revolution treu blieb (Prignitz, S. 211). So weist der unglückliche Ausgang des Feldzugs gegen die Türken – Hyperions Truppen plündern, ermorden die eigenen Landsleute und ergreifen beim ersten ernsthaften Widerstand die Flucht – auf Hölderlins Überzeugung hin, die Menschen müßten erst verändert werden, ehe ein freiheitlicher Staat gegründet werden könne. Wie so oft während der klassisch-frühromantischen Zeit ist »ästhetische Erziehung« die Lösung. »Nur eine in dieser Weise gebildete Persönlichkeit«, vermerkt Gregor Thurmair, »kann dafür sorgen, daß in Deutschland eine Umwälzung der gesellschaftlichen Verhältnisse stattfindet, die die Schrecken der Französischen Revolution vermeidet. Daß es sich bei dieser Vorstellung um einen stark individualistisch-moralischen Ansatz der Gesellschaftsveränderung handelt, versteht sich« (S. 91).

Freilich veranschaulicht die Vorrede zum Roman Hölderlins eigene Skepsis bezüglich seiner Erfolgschancen: »Ich verspräche gerne diesem Buch die Liebe der Deutschen. Aber ich fürchte, die einen werden es lesen, wie ein Compendium, und um das *fabula docet* sich zu sehr bekümmern, indeß die andern gar zu leicht es nehmen, und beede [sic] Theile verstehen es nicht« (StA III, 5). Ulrich Gaier deutet die Vorrede als Herausforderung des Lesers; besteht der Leser die Probe, so ist er, wie Bellarmin, nicht mehr unter diejenigen zu rechnen, die im Scheltbrief über die Deutschen im zweiten Band des Romans beschrieben werden (S. 90). Die ausbleibende Rezeption von »Hyperion« bestätigte, daß Hölderlins Skepsis wohlbegründet, daß nur ein kleiner Kreis von Lesern – z.B. Görres, Brentano, Achim und Bettina von Arnim – in der Lage war, sich mit seinem Roman auseinanderzusetzen. Selbst die wenigen zeitgenössischen Rezensionen waren in der Regel nichtsahnender oder sogar herablassender Natur, wie beispielsweise Mansos Abfertigung des zweiten Bandes von »Hyperion« in Nicolais »Allgemeiner Deutscher Bibliothek«: »und Hyperion redet noch immer eine erhabene bilderreiche, überirdische Sprache, die hohe, wunderbare, nie gehörte Dinge zu verkündigen scheint, aber im Grunde wenig verkündiget [sic]« (StA III, 322). Für die breite Masse der Romanleser, die vornehmlich einen spannenden Stoff oder eine rührselige Handlung bei ihrer Romanlektüre suchte, war ein Werk wie »Hyperion« von vornherein uninteressant. Erst in unserem Jahrhundert fand dieser Roman die ihm gebührende Resonanz: »Für den, der ihn zu lesen gelernt hat, ist Hölderlins ›Hyperion‹ eines der schönsten und reichsten Bücher der Weltliteratur« (Schulz, S. 403).

Ausgaben:

»Hyperion« wird zitiert nach Band III der »Großen Stuttgarter Ausgabe« (= StA). Hg. v. F. Beißner. Stuttgart 1957.
Als Leseausgabe wird empfohlen: *Fr. Hölderlin*, »Hyperion«. Mit einem Nachwort v. E. v. Reusner. Stuttgart 1980 (= UB 559).

Literatur:

M. Kohler, Internationale Hölderlin-Bibliographie. Stuttgart 1985 (zu »Hyperion«, S. 332–355).
Zur älteren Literatur über »Hyperion« siehe die Anmerkungen und Bibliographie bei *L. Ryan*, Friedrich Hölderlin. Stuttgart ²1967 (= SM 20), S. 45 f.
F. Beißner, Über die Realien des »Hyperion«. In: HJb. 8 (1954), S. 93–109.
W. Binder, Hölderlins Namensymbolik. In: HJb. 12 (1961/62), S. 95–204. Hier zitiert nach W. B., Hölderlin-Aufsätze, Frankfurt/M 1970, S. 134–260.
L. Ryan, Hölderlins »Hyperion«. Exzentrische Bahn und Dichterberuf. Stuttgart 1965.
P. Bertaux, Hölderlin und die Französische Revolution. Frankfurt/M 1969.
W. Silz, Hölderlin's »Hyperion«. A Critical Reading. Philadelphia 1969.
J. Link, »Hyperion« als Nationalepos in Prosa. In: HJb. 16 (1969–70), S. 158–194.
L. Ryan, Hölderlins »Hyperion«. Ein romantischer Roman? In: Über Hölderlin. Hg. v. J. Schmidt. Frankfurt/M 1970, S. 175–212.
F. Aspetsberger, Welteinheit und epische Gestaltung. Studien zur Ichform von Hölderlins Roman »Hyperion«. München 1971.
L. Frye, Seasonal and Psychic Time in the Structure of Hölderlin's »Hyperion«. In: Friedrich Hölderlin: An Early Modern. Hg. v. E. George. Ann Arbor 1972, S. 148–179.
C. Hamlin, The Poetics of Self-Consciousness in European Romanticism. Hölderlin's »Hyperion« and Wordsworth's »Prelude«. In: Genre 6 (1973), S. 142–177.
C. Prignitz, Die Bewältigung der Französischen Revolution in Hölderlins »Hyperion«. In: Jb. FDH 1975, S. 189–211.
G. Mayer, Hölderlins »Hyperion«. Ein frühromantischer Bildungsroman. In: HJb. 19–20 (1975/77), S. 244–257.

U. Gaier, Hölderlins »Hyperion«. Compendium, Roman, Rede. In: HJb. 21 (1978/79), S. 88–143.

A. Siek_mann, Die ästhetische Funktion von Sprache, Schweigen und Musik in Hölderlins »Hyperion«. In: DVjs. 54 (1980), S. 47–57.

G. Thurmair, Einfalt und einfaches Leben. Der Motivbereich des Idyllischen im Werk Friedrich Hölderlins. München 1980.

P. H. Gaskill, »Ich seh', ich sehe, wie das enden muss. . .« Observations on a Misunderstood Passage in Hölderlin's »Hyperion«. In: Modern Language Review 76 (1981), S. 612–618.

E. Blackall, The Novels of the German Romantics. Ithaca & London 1983 (zu »Hyperion«, S. 98–106).

G. Schulz, Die deutsche Literatur zwischen Französischer Revolution und Restauration. Erster Teil: 1789–1806. München 1983 (zu »Hyperion«, S. 403–411).

H. Gaskill, Hölderlin's »Hyperion«. Durham 1984.

S. Wackwitz, Friedrich Hölderlin. Stuttgart 1985 (= SM 215; zu »Hyperion«, S. 61–69).

M. Roche, Narration and *Ruhe* in Hölderlin's »Hyperion«. A Reinterpretation of the Novel's Conclusion. In: M. R., Dynamic Stillness. Philosophical Conceptions of *Ruhe* in Schiller, Hölderlin, Büchner, and Heine. Tübingen 1987, S. 63–120.

4. Ludwig Tieck (1773–1853): »Geschichte des Herrn William Lovell« und »Franz Sternbalds Wanderungen«

Obwohl Tiecks Märchennovellen »Der blonde Eckbert« (1797) und »Der Runenberg« (1802) zu den meist interpretierten Werken des literarischen Kanons in Deutschland gehören, stand sein erster Roman lange in ihrem Schatten. Sittlich entrüstet fragte Rudolf Haym 1870 bezüglich der »Geschichte des Herrn William Lovell«, die 1795/96 in drei Bänden bei Nicolai in Berlin erschien: »Was, noch einmal, kann die Seelengeschichte eines solchen Lump für ein tieferes Interesse haben?« (S. 45). Beanstandeten Kritiker im Zuge Hayms die Darstellung der Verbildung eines empfindsamen englischen Jünglings in einen Verführer und Verbrecher, so verfolgten Forscher wie Hassler, Brüggemann und Wüstling vornehmlich die »Quellen« des Stoffs: aus Richardsons »Clarissa« die polyperspektivische Briefromanform sowie den Verführertyp Lovelace, aus Restif de la Bretonne die Darstellung verdorbener Sitten in der Großstadt, aus »Werther« und seinem Gefolge den Hang des Protagonisten zu Schwermut und Grübelei, aus Schillers »Der Geisterseher« und dem Geheimbundroman die Ränke einer geheimen Gesellschaft.

Zweifelsohne war Tieck, der schon als achtzehnjähriger Gymna-

siast von seinem Lehrer Rambach beauftragt wurde, dessen Schauerroman »Die Eiserne Maske« zu Ende zu schreiben, für Sensationel-
les in der Literatur sehr empfänglich. Die Leichtigkeit, mit der er
später eigene Beiträge zu Wackenroders »Herzensergießungen eines
kunstliebenden Klosterbruders« (1796) schrieb, beweist wiederum,
wie schnell Tieck sich in die Gedanken und Schreibart anderer von
ihm geschätzter Autoren hineinversetzen konnte. Jedoch soll auch
nicht übersehen werden, daß Motive und Metaphern des »Eckbert«
und »Runenberg« bereits in »William Lovell« anzutreffen sind – wie
z. B. das Hin-und-her-Wandern des Helden, das quälende Gefühl
der Einsamkeit, Mordlust an eigenen Freunden, Bildern von Berg-
steigen und Absturzgefahr, und nicht zuletzt die Ambivalenz von
›Führergestalten‹. Wie Ingrid Kreuzer bemerkt, gleicht Tiecks
Schaffen »einem beständig variablen Experimentieren mit vorgege-
benen Bauelementen« (S. 12 f.; zu märchenhaften Elementen in
»William Lovell«, s. Kreuzer, S. 50–60). Egal, ob man »William
Lovell« als Ende der Empfindsamkeit oder als Anfang der Romantik
betrachtet, steht eines fest: der Roman spiegelt nicht nur die ungeheure Belesenheit seines frühreifen Autors, sondern auch eine See-
lenkrise von überindividueller Bedeutung wider (s. dazu Pikulik).

Obwohl Friedrich Schlegel im 418. »Athenäums«-Fragment »alles Nebenwerk und Gerüste« des Romans – d. h. die Intrigen, die
Lovell auf seinen Reisen von England über Paris nach Rom zu Fall
bringen – als »gemein oder mißglückt« rügte, pries er, daß »ein
durchaus neuer Charakter darin auf eine interessante Art dargestellt
und ausgeführt wird [...] Lovell ist wie seine nur etwas zu wenig
unterschiedene Variation Balder ein vollkommener Fantast in jedem
guten und in jedem schlechten, in jedem schönen und in jedem
häßlichen Sinn des Worts« (KFSA II, 244). Gegen Ende des Romans, nachdem Lovell bei seiner Rückkreise nach England seinen
ehemaligen Busenfreund, Eduard Burton, zu vergiften versucht und
dessen Schwester Emilie zuerst verführt und dann verlassen hat,
mokiert er sich in einem Brief an seinen Bundesgenossen Rosa über
die etwaige Darstellung seines Lebenslaufs in einem konventionellen
Roman: »Wie würde der Verfasser unaufhörlich meine guten Anlagen bedauern und über die Verderbtheit meiner Natur jammern,
und gar nicht ahnden, daß alles ein und eben dasselbe ist, daß ich von
je so war, wie ich bin, daß von je alles berechnet war, daß ich so sein
mußte« (WL S. 542). Die Wahl der Briefromanform ermöglichte es
hingegen Tieck, seinen Charakter aus sich selber darstellen zu lassen. Und da »William Lovell« im Unterschied zu »Werther« oder
»Hyperion« über 20 andere Figuren enthält, die nicht nur mit Lovell, sondern auch über ihn und miteinander korrespondieren, ent-

steht ein Geflecht von Meinungen und Handlungen, das die Vieldeutigkeit der Welt und die Untiefen der menschlichen Seele darstellt (s. dazu Weigand, S. 11–30).

Kennzeichnend für Lovells Charakter sind die mythologischen Anspielungen, die auf ihn bezogen sind. Im ersten Brief des Romans vergleicht Karl Wilmot – später Emiliens Bräutigam und zuletzt ihr Rächer im Duell – seinen Freund Lovell mit Ikarus. In einem Brief an Eduard Burton im 3. Buch des 1. Bandes gebraucht Lovell andere Bilder, um das Endergebnis seiner schwärmerischen Höhenflüge zu umschreiben: »Ein solches Wesen müßte das elendste unter Gottes Himmel sein: jede Freude flieht heimtückisch zurück indem er darnach greift, er steht, wie ein vom Schicksale verhöhnter Tantalus in der Natur da, wie Ixion wird er in einem unaufhörlichen martervollen Wirbel herumgejagt« (WL S. 124). Lovells melancholischer, später wahnsinnig gewordener Freund Balder stellt eine mögliche Entwicklung für ihn dar. Um dieser Gefahr zu entfliehen, verfällt Lovell ins andere Extrem und wird ein Anhänger von Rosas Philosophie, das Ich sei unumschränkter Herrscher der Welt. Im Grunde genommen bleibt jedoch sein Charakter unverändert, wie seine Worte an Rosa veranschaulichen, nachdem er die Beziehungen zu seinem Vater und zur Geliebten Amalie Wilmont abbricht: »Fliege mit mir, Ikarus, durch die Wolken, brüderlich wollen wir in die Zerstörung jauchzen, wenn unser Verlangen nach Genuß nur ersättigt wird« (WL S. 187). Der vom Anbeginn angelegte Zwiespalt in Lovells Charakter wird auch in seinem Namen angedeutet, mit dem gleichzeitigen Anklang an William Shakespeare und an Richardsons Lovelace (s. dazu Weigand, S. 130).

Im zweiten Band des Romans wird Lovell von Rosa bewogen, Zugang zur Geisterwelt zu suchen, den der geheimnisumwitterte Greis Andrea Cosimo verspricht. Nachdem Andrea Lovells Zweifel beseitigt hat, verkündet dieser: »Überzeugungen muß der Mensch haben, um sein Dasein ertragen zu können, um nicht vor sich selbst und dem Abgrunde den er in seinem Innern entdeckt zurückzuschaudern« (WL S. 378). Wie H. A. Korff über diese Stelle treffend bemerkt: »aus dem absoluten Unglauben wird der Aberglaube geboren« (S. 55). Einen ähnlichen Vorgang hatte Schiller in seinem »Geisterseher« geschildert, wo er sich mit dem in adligen Kreisen steigenden Glauben ans Übernatürliche am Vorabend der Französischen Revolution auseinandersetzte. Anstelle des sozialkritischen Impulses bei Schiller tritt am Ende von Tiecks Roman etwas Neues auf. Sein Magier ist nicht mehr ein exotischer »Armenier«, ja nicht einmal Italiener, sondern ein Engländer namens Waterloo, der gegen Lovells Vater um die Hand der Mutter erfolglos intrigierte und nun Rache an Vater und Sohn ausübt. Die Enthüllung dieser Tatsache befriedigt zwar ein Bedürfnis der Leser der Gespenster- und Geheimbundromane – alles Wunderbare in der Handlung wird rational wegerklärt – aber nur um den Preis einer noch größeren Unsicherheit, die dann später E. T. A. Hoffmanns Erzählwerk zugrundeliegen wird: das Unheimliche hat seine Wurzeln im Alltäglichen, Gewöhnlichen (vgl. Thalmann, S. 104–107).

Die Parallelen zwischen Lovells Erlebnissen und Andreas Leben, wie es im für Lovell bestimmten Testament geschildert wird, weisen auf eine Typologie der Lebensführung hin, die an Eichendorffs Gedicht »Die zwei Gesellen« erinnert. Entweder man unterliegt dem Zauber des Neuen und Unbekannten, oder man bleibt innerhalb der Schranken der gegebenen Ordnung, heiratet und gründet eine Familie (vgl. Münz, S. 189f.). Musterbeispiel für die zweite Möglichkeit ist Mortimer, Lovells anfänglicher Reisebegleiter, der früh nach England zurückkehrt und Lovells Stelle bei Amalie Wilmont einnimmt. Aber sogar Balder wird durch die Ehe vorübergehend von seinem Wahnsinn geheilt. Und Adriano und Franzesko, zwei ehemalige Anhänger von Andrea, sehen zuletzt im Heiraten das beste Schutzmittel gegen geheime Gesellschaften. Freilich verraten die Worte Franzeskos, die Tieck aus den revidierten Ausgaben von 1813/14 und 1828 gestrichen hat, wie nah verwandt mit Philistertum dieser zweite mögliche Lebensweg auch ist: »Das ganze menschliche Leben, alle Plane [sic], alle Romane und alles was gedacht und geträumt wird, läuft am Ende denn doch auf eine einfache, ganz prosaische Heirat hinaus« (WL S. 589). Man denkt dabei unwillkürlich an Hegels Beschreibung vom Ende der »Lehrjahre« im modernen Roman: »Mag einer auch noch so viel sich mit der Welt herumgezankt haben, umhergeschoben worden seyn, zuletzt bekommt er meistens doch sein Mädchen und irgend eine Stellung, heiratet, und wird ein Philister so gut wie die Anderen auch: (SW XIII, S. 217).

Im Neudruck des »William Lovell« aus dem Jahre 1828 war der älter gewordene Tieck bestrebt, diese Botschaft dadurch positiver zu formulieren, daß er sie in Mortimers Worte an den inzwischen auch verheirateten Eduard legte: »Also, mein Freund, bekenne ich mich hiermit zu dem großen, vielfach verachteten Orden der Mittelmäßigen, der Ruhigen, der Dürftigen. Im Mäßigsein, im Resigniren liegt jenes, was die Enthusiasten nicht Glück nennen wollen, und dem ich doch keinen anderen Namen zu geben weiß. Das Schwelgen an den Kräften des Gemüthes ist die unerlaubteste aller Verschwendungen, die Schlimmste aller Verderbtheiten« (Schriften VII, S. 275). Haym und viele andere Kritiker haben nicht wahrgenommen, daß diese

Aussage nicht in der Erstfassung steht (s. Lillymann, S. 22–24). Neben der Umformulierung der ursprünglichen drei Bände und neun Bücher in zwei Bände und zehn Bücher hat Tieck anstößige Stellen in den Verführungsszenen weitgehend gemildert oder getilgt, die Intrigen um Andrea reduziert und das Problematische an Lovells Charakter stärker betont (zum Vergleich der drei Fassungen, s. Hassler). Wer einen vollen Einblick in das Entstehen von Themenkomplexen, die für die gesamte deutsche Romantik von Bedeutung sind, erhalten will, soll den Roman in seiner ursprünglichen Gestalt lesen, wie er in der Ausgabe von Walter Münz nun vorliegt.

In »Franz Sternbalds Wanderungen. Eine altdeutsche Geschichte«, 1798 in zwei Teilen bei Unger in Berlin erschienen, versuchte Tieck, die in »Lovell« geschilderte Dichotomie zwischen Außenseiter und gesellschaftsverbundenem Bürger zu lösen. Dieses Mal führt die Reise nach Rom den Protagonisten nicht in den Schlingen eines Betrügers, sondern zum Erlebnis von Michelangelos Gemälden in der Sixtinischen Kapelle. Daß der Malergeselle Sternbald gleich danach Marie, die lang gesuchte Unbekannte, wiederfindet, deutet an, die Liebe wird nicht seiner Kunst ein Ende machen, wie er einmal gefürchtet hat (S S. 202), sondern ihr eine vertiefte Basis schaffen. So scheinen sich die Worte von Albrecht Dürer, der seinen Lieblingsschüler aus Nürnberg ziehen ließ, zu bewahrheiten: »Wenn Franz auch eine Zeitlang in Verwirrung lebt und durch sein Lernen in der eigentlichen Arbeit gestört wird, [. . .] so wird er doch gewiß dergleichen überleben und nachher aus diesem Zeitpunkt einen desto größeren Nutzen ziehen« (S S. 122; zu Berührungspunkten zwischen »Sternbald« und den »Lehrjahren« sowie den »Herzensergießungen«, s. Angers Nachwort, S S. 556–564).

Durch die Interpretation der Vorrede und der Widmungsworte des Erzählers schließt Lillymann, Tieck wollte mit »Sternbald« andere »Jünger der Kunst« (S S. 9) dazu ermuntern, trotz gelegentlicher Gemütsschwankungen und Verzagtheiten weiterzustreben, wie Sternbald es tut (S. 61–64). Vor allem im ersten Teil des Romans verteidigt Sternbald die Kunst gegen Vorwürfe, sie sei nutzlos: »Ich sage es noch einmal, das wahrhaft Hohe darf und kann nicht nutzen« (S S. 179); im Gespräch mit dem malenden Eremiten Antonio im zweiten Teil wird eine Theorie der Kunst als Allegorie entworfen, worin die göttliche Chiffrenschrift der Natur ihrerseits als »sanftes Rätsel« (S S. 254) dem ernsthaft Suchenden dargelegt wird (vgl. hinzu Fink, S. 57–59).

Über den »Nutzen« und die Bedeutung von »Sternbald« selber, wo Tiecks Name zum ersten Mal in seiner schriftstellerischen Karriere auf der Titelseite genannt wurde, gehen allerdings die Meinungen der Leser und Kritiker seit dem Erscheinen des Romans auseinander. War er für Friedrich Schlegel »der erste Roman seit Cervantes [sic] der romantisch ist, und darüber weit über Meister«, so gestand Caroline Schlegel ihrem Schwager, sie sei bei der Lektüre eingeschlafen (»Dokumente und Zeitgenössische Urteile«: S S. 510, 508). Goethes Worte an Schiller, »es ist unglaublich, wie leer das artige Gefäß ist« (»Dokumente«: S S. 505) bezeugen eine Distanz, die in aktiven Unwillen überging, sobald die im Roman vertretenen Ansichten über Malerei auf Runge, Friedrich und vor allem die neukatholischen »Nazarener« anregend wirkten. Genau so groß war der Einfluß von Tiecks stimmungsschaffender Landschaftsmalerei und den vielen Liedeinlagen im Roman auf Brentanos und Eichendorffs Erzählstil. Darüberhinaus hat die ›Waldhornromantik‹ in »Sternbald« ihren Ursprung; so oft erklingen diese Hörner – bei der Jagd, beim Andenken an Marie oder beim Anblick einer mondbeleuchteten, sehnsuchtschwangeren Landschaft –, daß sich Sternbald einmal fragt: »Müssen mich diese Töne durch mein ganzes Leben verfolgen?« (S S. 240). Gerade ein solches Beispiel zeigt jedoch, daß dies Tieck nicht immer als Verdienst gerechnet wurde; vor allem Haym, Gundolf und Staiger haben in ihm die Verflachung und Verwässerung der Romantik gesehen (s. hinzu Angers Nachwort: S S. 545–547).

Daß »Sternbald« vielfältig auf romantische Dichter, Maler und Musiker wirkte, ja sogar dem Dürer-Kult des 19. Jahrhunderts wichtige Impulse verlieh (Ribbat, S. 60), steht außer Frage. Weiterhin sind im Charakter von Sternbald Eigenschaften anzutreffen – u. a. Desinteresse an Geld, Bevorziehung von Wanderschaft und Kontemplation über ortgebundenes, tätiges Handeln, Liebe zu einer Frau, die Muse und Madonna zugleich ist –, die eine Familienähnlichkeit mit Figuren aus anderen Romanen der Zeit zwischen 1790 und 1800 aufweisen (s. hierzu Schulz). Aber ob Tiecks Roman selber mehr als rein literaturhistorische Bedeutung beansprucht, ist im Widerstreit der kritischen Meinungen schwer auszumachen.

Paradoxerweise spricht am meisten für »Sternbald«, daß er unvollendet geblieben ist. Den geplanten dritten Teil des Romans, in dem Sternbald neben Marie auch Vater und Bruder finden und am Grab Dürers in Nürnberg mit seinem Freund und Briefpartner Sebastian wieder vereinigt werden sollte, hat Tieck trotz mehrfacher Anläufe nie geschrieben. Er hatte wohl geplant, »Nürnberg und Rom, Protestantismus und Katholizismus, Ich und Welt, Idealität und Realität, Zeit und Ewigkeit in ihrer wechselseitigen Durchdringung« zu gestalten (Behler, S. 283). In seiner jetzigen Form wie auch in seinen Einzelteilen (s. Ribbat) ist »Sternbald« jedoch eher eine Allegorie für die Unversöhnbarkeit solcher Gegensätze und hiermit ein Zeichen der Ambivalenz und Ambiguität, die Tiecks beste Werke kennzeichnet.

Ausgaben:

»Geschichte des Herrn William Lovell« (= WL) wird nach der Originalausgabe von 1795/96 zitiert, nach der Studienausgabe von W. Münz. Stuttgart 1986 (= UB 8328).

»Franz Sternbalds Wanderungen« (= S) wird nach der Erstausgabe von 1798 zitiert, und zwar in der Studienausgabe von A. Anger. Stuttgart 1979 (= UB 8715).

Zu den revidierten Fassungen s. *Ludwig Tieck's* Schriften. Berlin 1828–54: »Lovell« (1828) in Bd. VI u. VII; »Sternbald« (1844) in Bd. XVI. Nachdruck: Berlin 1966.

Literatur:

Zu weiteren Literaturhinweisen, s. WL S. 722–724; S S. 540–542.

R. *Haym*, Die romantische Schule. Ein Beitrag zur Geschichte des deutschen Geistes. Berlin 1870.

K. *Hassler*, Ludwig Tiecks Jugendroman »William Lovell« und der »Paysan perverti« des Restif de la Bretonne. Greifswald 1902.

F. *Brüggemann*, Die Ironie als entwicklungsgeschichtliches Moment. Ein Beitrag zur Vorgeschichte der deutschen Romantik. Jena 1909.

F. *Wüstling*, Tiecks William Lovell. Ein Beitrag zur Geistesgeschichte des 18. Jahrhunderts. Halle 1912; Nachdruck: Tübingen 1973.

H. A. *Korff*, Geist der Goethezeit. Teil III. Leipzig ²1949 (zu Tiecks Romanen, s. S. 51–86).

J. *Sammons*, Tieck's »Franz Sternbald«: The Loss of Thematic Control. In: Studies in Romanticism 5 (1965/66), S. 30–43.

H. *Geulen*, Zeit und Allegorie im Erzählvorgang von Ludwig Tiecks Roman »Franz Sternbalds Wanderungen«. In: GRM, n.s. 18 (1968), S. 281–298.

M. *Thalmann*, Die Romantik des Trivialen. Von Grosses »Genius« bis Tiecks »William Lovell«. München 1970.

D. *Arendt*, Der »poetische Nihilismus« in der Romantik. Studien zum Verhältnis von Dichtung und Wirklichkeit in der Frühromantik. Bd. II. Tübingen 1972 (zu »William Lovell«, S. 330–384).

G.-L. *Fink*, L'ambiguité du message romantique dans »Franz Sternbalds Wanderungen« de Ludwig Tieck. In: Recherches Germaniques 4 (1974), S. 16–70.

W. *Münz*, Individuum und Symbol in Tiecks »William Lovell«. Materialien zum frühromantischen Subjektivismus. Bern & Frankfurt 1975.

K. *Weigand*, Tiecks »William Lovell«. Studie zur frühromantischen Antithese. Heidelberg 1975.

W. J. *Lillyman*, Reality's Dark Dream. The Narrative Fiction of Ludwig Tieck. Berlin & New York 1979.

E. *Ribbat*, Ludwig Tieck: »Franz Sternbalds Wanderungen« (1798). In: Romane und Erzählungen der deutschen Romantik. Hg. v. P. M. Lützeler. Stuttgart 1981, S. 59–74.

E. *Behler*, Der Roman der Frühromantik. In: Handbuch des deutschen Romans. Hg. v. H. Koopmann. Düsseldorf 1983, S. 273–301.

I. *Kreuzer*, Märchenform und individuelle Geschichte. Zu Text- und Handlungsstrukturen in Werken Ludwig Tiecks zwischen 1790 und 1811. Göttingen 1983.

L. *Pikulik*, Die Frühromantik in Deutschland als Ende und Anfang. Über Tiecks »William Lovell« und Friedrich Schlegels Fragmente. In: Die literarische Frühromantik. Hg. v. S. Vietta. Göttingen 1983, S. 112–128.

A. *Corkhill*, Perspectives on Language in Ludwig Tieck's Epistolary Novel »William Lovell«. In: GQ 58 (1985), S. 173–183.

R. *Paulin*, Ludwig Tieck. A Literary Biography. Oxford 1985 (zu »William Lovell« und »Sternbald«, S. 44–87).

E. *Meuthen*, «... Denn er selbst war hier anders.« Zum Problem des Identitätsverlusts in Ludwig Tiecks »Sternbald«-Roman. In: Jb. DSG 30 (1986), S. 383–403.

R. *Paulin*, Ludwig Tieck. Stuttgart 1987 (= SM 185), S. 29–31 (»Lovell«) und 44–46 (»Sternbald«).

5. *Friedrich Schlegel (1772–1829):* »*Gespräch über die Poesie*« und »*Lucinde*«

Durch seine »Woldemar«-Rezension, seine Charakteristik »Über Goethes Meister« und seine Fragmente im »Athenäum« über Jean Paul und Tieck (s. hierzu Mennemeier, S. 264–303) hatte Friedrich Schlegel bereits sein lebhaftes Interesse an Fragen zur Romantheorie und -praxis bekundet. Als Gipfelpunkt seiner kritischen Bestrebungen auf diesem Gebiet gilt sein »Gespräch über die Poesie«, das 1800 in den beiden letzten Heften des »Athenäums« erschien. Die einzelnen Abschnitte werden von verschiedenen Sprechern vorgetragen und dann im Freundeskreis diskutiert, wie es der frühromantischen Neigung zum »Symphilosophieren« bei ihren Treffen in Dresden im Spätsommer 1798 oder in Jena im November 1799 entsprach. Jedoch gehören die Ideen in den Kernstücken des »Gesprächs« – der »Rede über die Mythologie« und dem »Brief über den Roman« – zu Schlegels ureigenen Anschauungen und können bis in die früheren Frag-

mentsammlungen und die unveröffentlichten Notizbücher zurück-
verfolgt werden (s. Eichner).

Da für Schlegel die Poesie sich nicht auf Dichtkunst beschränkte,
sondern in den Kräften des Universums überall anzutreffen war,
ging es ihm darum, im modernen Menschen ein Bewußtsein dieser
unendlichen Fülle der Natur zu erwecken. Dieses Verlangen führte
ihn zu einer Forderung, die die Verfasser des sogenannten »System-
programms des transzendentalen Idealismus« bereits erhoben hatten (s. dazu D. Behler, S. 21), nämlich zu dem Ruf nach einer neuen
Mythologie, die im Unterschied zu derjenigen der noch mit der
Natur verbundenen Griechen ein Produkt des Geistes sein sollte.
Bedeutende Wegweiser für eine neue mythologische Auffassung der
Natur erblickte Schlegel außer im Pantheismus eines Spinoza in der
damaligen Physik – d. h. in jener spekulativen Naturphilosophie,
wie Schelling und vor allem Novalis, sein enger Freund und Mitarbeiter am »Athenäum«, sie betrieben. Eine andere wichtige Voraussetzung bildete Fichtes Reflexionsphilosophie, als Beispiel der
Schöpfungskraft des menschlichen Geistes, aber noch keineswegs
die Ideallösung, die vielmehr in einer Synthese von Idealismus und
Realismus bestehen sollte: »Einen großen Vorzug hat die Mythologie. Was sonst das Bewußtsein ewig flieht, ist hier dennoch sinnlich
geistig zu schauen, und festgehalten, wie die Seele in dem umgeben-
den Leibe, durch den sie in unser Auge schimmert, zu unserm Ohre
spricht« (KFSA II, 318). Wenn schließlich in »jenem großen Witz
der romantischen Poesie« (ebd., S. 318) von Cervantes und Shakespeare ein Beispiel für die Vereinigung von Gegensätzen in einem
absichtlich rätselhaften Stil gesehen wird, deutet Schlegel an, daß der
von ihm anvisierte romantische Roman als Vehikel zur Verwirklichung der neuen Mythologie zu dienen hat. Der Hinweis auf die
Arabeske, einen Zentralbegriff im »Brief über den Roman« (s. Polheim 1966, S. 134–197), an dieser Stelle als »älteste und ursprüngliche Form der menschlichen Fantasie« (KFSA II, 319) bezeichnet,
demonstriert ebenfalls die enge Verbindung von »Rede« und
»Brief«: die Arabeske – in der Malerei ein mutwilliges Spielen mit
reiner Verzierung – wurde für Schlegel zum Sinnbild für das künst-
lich gebildete Chaos der romantischen Poesie.

Der »Brief über den Roman« unternimmt dann den Versuch,
sowohl den romantischen Roman von modernen Abarten abzugrenzen als auch auf vielversprechende, obwohl unvollkommene Tendenzen in der zeitgenössischen Romanproduktion hinzuweisen.
Zur Trivialprosa der Zeit werden »alle schlechten Bücher [...] von
Fielding bis zu Lafontaine« (ebd., S. 330) gerechnet, die in Schlegels
Augen bloß von Spannung der Neugier leben und als Quellen von

Information über das Alltagsleben durch Reisebeschreibungen, Briefsammlungen und Memoiren leicht ersetzt werden können. Wesentlich höher schätzt hingegen der Verfasser des »Briefes« die Werke von Diderot, Sterne und Jean Paul, die keine Geschichte im herkömmlichen Sinn des Wortes erzählen, die Individualität ihrer Autoren zur Schau stellen und durch ihren zuweilen bizarren Humor und witzigen, d.h. kombinatorischen Geist die Fantasie ihrer Leser anregen. Dennoch haben »solche Grotesken und Bekenntnisse« (S. 330) keinen absoluten Wert; als »noch die einzigen romantischen Erzeugnisse unsers unromantischen Zeitalters« (S. 330) sollen sie vielmehr im Leser ein Verständnis für »den göttlichen Witz, die Fantasie eines Ariost, Cervantes, Shakespeare« (S. 331) ermöglichen.

Hielt Rudolf Haym Goethes »Wilhelm Meister« für das Modell, nach dem Schlegel seine Ideale einer romantischen Poesie herausarbeitete (S. 250 f.), so macht der »Brief über den Roman« deutlich, daß für Schlegel die obengenannten Dichter die großen Vorbilder darstellen. Die Formel, »ein Roman ist ein romantisches Buch« (S. 335), macht die Ritterepen von Ariost und Tasso sowie die Dramen Shakespeares, sobald sie gelesen werden, zu Romanen. Zu den Werken von Cervantes hatte Schlegel anläßlich seiner Besprechung des ersten Bandes von Tiecks »Don Quixote«-Übersetzung (1799–1801) bereits verkündet: »Laßt uns die populäre Schreiberei der Franzosen und Engländer vergessen, und diesen Vorbildern nachstreben!« (S. 283; zur Bedeutung von Cervantes für Schlegel, s. Belgardt und Mennemeier). Im Brief heißt es über die Frage der Bestandteile eines Romans: »ich kann mir einen Roman kaum anders denken, als gemischt aus Erzählung, Gesang und andern Formen. Anders hat Cervantes nie gedichtet« (S. 336). Aber selbst diese Stilmischung ist sekundär im Vergleich zu der Vereinigung einer fantastischen Form mit einem sentimentalen Stoff, wobei für Schlegel das Sentimentale mit dem Gefühl der Liebe zusammenhängt: »der Geist der Liebe muß in der romantischen Poesie überall unsichtbar sichtbar schweben; das soll jene Definition sagen« (S. 333 f.). Wie Helmut Schanze anmerkt: »Schlegel nimmt die alte Definition des Romans als ›Liebesgeschichte‹ ganz ernst« (S. 67).

Obwohl Borcherdt fälschlich im »Brief über den Roman« eine nachträgliche Rechtfertigung Schlegels für die Form seiner »Lucinde« sieht (S. 433), besteht ein enger gedanklicher Zusammenhang, ja sogar eine strukturelle Ähnlichkeit zwischen Schlegels »Brief« und seinem Romanversuch, der 1799 bei Fröhlich, dem Berliner Verleger der letzten zwei Jahrgänge des »Athenäums«, erschien. So wie die Ausführungen über Arabesken und Bekenntnisse einen Rahmen bilden für die Kernstelle des »Briefs«, die Erörterungen über das Romantische in seinem Verhältnis zum Roman (s. Immerwahr), so wird im Roman das bekenntnishafte Mittelstück, die »Lehrjahre der Männlichkeit«, auf jeder Seite von jeweils 6 Arabesken gleichsam umarmt (s. Hudgins, S. 46). Scheinbar planlos greifen Briefe, Dialog, Reflexionen, Charakterskizzen und Fantasien ineinander; erst nach und nach erahnt der aufmerksame Leser Beziehungen zwischen den einzelnen Teilen (vgl. Blackall, S. 39–42).

Gleich zu Beginn des Romans erklärt der Erzähler Julius seiner Geliebten Lucinde, warum er sich »das Recht einer reizenden Verwirrung« zueignet: »da der Stoff, den unser Leben und Lieben meinem Geiste und meiner Feder gibt, so unaufhaltsam progressiv und so unbiegsam systematisch ist. Wäre es nun auch die Form, so würde dieser in seiner Art einzige Brief dadurch eine unerträgliche Einheit und Einerleiheit erhalten und nicht mehr können, was er doch will und soll: das schönste Chaos von erhabnen Harmonien und interessanten Genüssen nachbilden und ergänzen« (»Julius an Lucinde«; KFSA V, 9). Durch den Verzicht auf eine konventionell erzählte Geschichte zugunsten »progressive digressions« in der Tradition von Sterne und eines absichtlichen künstlichen Chaos soll der wahrhafte Zustand der Welt offenbart werden (vgl. Polheim 1969/70, S. 65–71). Schlegel beabsichtigte keine pikante Liebesgeschichte – wer so etwas erwartet, wird an »Lucinde« arg enttäuscht werden –, sondern die Verkündigung einer neuen Religion der geistig-sinnlichen Liebe: »Nicht der Haß, wie die Weisen sagen, sondern die Liebe trennt die Wesen und bildet die Welt, und nur in ihrem Licht kann man diese finden und schauen. Nur in der Antwort seines Du kann jedes Ich seine unendliche Einheit ganz fühlen« (»Metamorphosen«; S. 61).

Seinen schlechten Ruf als Pornographie gewann Schlegels Roman dadurch, daß die Zeitgenossen in dem »Du« und »Ich« der Romangestalten den Autor selber sahen sowie seine Freundin Dorothea Veit, die Tochter Moses Mendelssohns, die sich 1797 von ihrem Mann getrennt hatte und bis zur Heirat im Jahre 1804 mit Schlegel in freier Liebe zusammenlebte. Das große Ärgernis bestand allerdings weniger in diesem außerehelichen Liebesverhältnis, sondern vornehmlich darin, daß Schlegels literarische Darstellung es als wahre Ehe pries im Gegensatz zu den gängigen, bürgerlich sanktionierten Verbindungen: »da liebt der Mann in der Frau nur die Gattung, die Frau im Mann nur den Grad seiner natürlichen Qualitäten und seiner bürgerlichen Existenz, und beide in den Kindern nur ihr Machwerk und ihr Eigentum« (»Treue und Scherz«; S. 33). Eine weitere Provokation liefert die »Idylle über den Müßiggang« durch ihre Verhöhnung der Arbeitsmoral am Beispiel des geketteten Prometheus, dessen Geschöpfen jegliche Spur von Individualität fehlt (S. 28f.). Trotz Ehrenrettungen des Werkes von Seiten Schleiermachers (1800) und Gutzkows (1835) wurde die »Lucinde« im 19. Jahrhundert sowohl aus moralischen als auch aus ästhetischen Gründen verurteilt (selbst Tieck war sie ein Ärgernis). Erst in unserem Jahrhundert machten die Darstellungen von Kluckhohn und Korff auf die ethischen Komponenten in Schlegels Philosophie der Liebe aufmerksam, während Paulsen und Polheim einen Sinn für die ästhetischen Reize des Romans entwickeln halfen (zur Rezeptionsgeschichte, s. E. Behler, S. 98–110).

Bei aller Würdigung solcher Einsichten haben neuere Kritiker angeblich emanzipatorische Botschaften des Romans in Zweifel gezogen. So findet Barbara Becker-Cantarino die »Lichtbringerin« Lucinde »ganz in den traditionellen Rollen von Geliebter, Frau und Mutter dargestellt« (S. 133; 136). Die Rubrik »Bekenntnisse eines Ungeschickten«, die zwischen dem Prolog und dem Romantext steht, deutet Richard Littlejohns nicht als Schlegels Zugeständnis seines Nichtkönnens als Dichter, sondern als Charakteristik der männlichen Natur im allgemeinen (S. 609); die Bilder von Feuer und Wärme im Roman deuten demzufolge auf einen Heilsprozeß im Mann an, der durch die gefühlsbetonte Natur der Frau zustandekommt. Trotzdem soll nicht übersehen werden, daß Schlegel in Vorgängen wie der Vertauschung von konventionellen Rollen im Liebesakt »eine wunderbare sinnreich bedeutende Allegorie auf die Vollendung des Männlichen und Weiblichen zur vollen ganzen Menschheit« (»Dithyrambische Fantasie über die schönste Situation«; S. 13) erblickte. So hatte Schlegel auch vor, im geplanten zweiten Teil des Romans durch Hinzufügung von »Weiblichen Ansichten« ein Gleichgewicht zu den »Lehrjahren der Männlichkeit« herzustellen.

Wie so oft bei Friedrich Schlegel waren die Pläne größer als das Ergebnis. Obwohl er bis 1803 noch von einer Fortsetzung sprach, ist er nicht weiter als bis zu einer Reihe von Gedichten und unzusammenhängenden Prosabruchstücken geraten. Selbst im ersten Teil der »Lucinde«, zwischen November 1798 und Mai 1799 geschrieben, spürt Wolfgang Paulsen in den Arabesken nach den »Lehrjahren« ein Nachlassen in der Qualität (S. 183f.). Dagegen meint Ernst Behler, der Altmeister der Friedrich Schlegel-Forschung, »der gravierendste Schönheitsfehler des Werks« sei der Zusatz »Erster Teil« unter seinem Titel: »in sich selbst ist dieser Roman aber so abgeründet, wie man es sich nur wünschen kann« (S. 116f.). Egal, ob die »Lucinde« als Fragment im herkömmlichen oder im Schlegelschen Sinne zu betrachten ist, steht eines fest: an Aktualität und Anregung zum Weiterdenken hat Schlegels Romanexperiment nichts verloren, wie Gisela Dischners Neuausgabe mit Materialien auch beweist.

Ausgaben:

»Gespräch über die Poesie« wird zitiert nach: Kritische Friedrich-Schlegel-Ausgabe (= KFSA), Bd. II. Hg. und eingel. v. H. Eichner. München, Paderborn & Wien 1967.

»Lucinde« wird zitiert nach: KFSA Bd. V. Hg. und eingel. v. H. Eichner. München, Paderborn & Wien 1962.

Als Leseausgabe von »Lucinde« wird empfohlen: *G. Dischner* (Hg.), Friedrich Schlegels »Lucinde« und Materialien zu einer Theorie des Müßiggangs. Hildesheim 1980.

Literatur:

Zu weiterer Literatur über Friedrich Schlegels »Lucinde« sowie seine Literaturtheorie zur Zeit des »Athenäums«, s. *K. Peter*, Friedrich Schlegel. Stuttgart 1978 (= SM 171), S. 44–50.

R. Haym, Die romantische Schule. Berlin 1870.

P. Kluckhohn, Die Auffassung der Liebe in der Literatur des 18. Jahrhunderts und in der deutschen Romantik. Halle 1922.

H. A. Korff, Geist der Goethezeit, Bd. III. Leipzig 1940, [2]1949 (zu »Lucinde«, s. S. 88–101).

W. Paulsen, Friedrich Schlegels »Lucinde« als Roman. In: GR 21 (1946), S. 173–190.

H. H. Borcherdt, Der Roman der Goethezeit. Urach & Stuttgart 1949 (zu »Lucinde«, S. 421–435).

H. Eichner, Friedrich Schlegel's Theory of Romantic Poetry. In: PMLA 71 (1956), S. 1018–1041.

W. Bausch, Theorien des epischen Erzählens in der deutschen Frühromantik. Bonn 1964.

K. K. Polheim, Die Arabeske. Ansichten und Ideen aus Friedrich Schlegels Poetik. München, Paderborn & Wien 1966.

H. Schanze, Friedrich Schlegels Theorie des Romans. In: Deutsche Romantheorien. Hg. v. R. Grimm. Frankfurt/M 1968, S. 61–80.

R. Immerwahr, Die symbolische Form des »Briefes über den Roman«. In: ZfdPh. 88 (1969/70), Sonderheft, S. 41*–60*.

K. K. Polheim, Friedrich Schlegels »Lucinde«. In: ZfdPh. 88 (1969/70), Sonderheft, S. 61*–90*.

R. Belgardt, Romantische Poesie. Begriff und Bedeutung bei Friedrich Schlegel. The Hague 1969.

F. N. Mennemeier, Friedrich Schlegels Poesiebegriff dargestellt anhand der literaturkritischen Schriften. Die romantische Konzeption einer objektiven Poesie. München 1971.

E. Hudgins, Nicht-epische Strukturen des romantischen Romans. The Hague 1975.

B. Becker-Cantarino, Schlegels »Lucinde«. Zum Frauenbild der Frühromantik. In: CG 10 (1976/77), S. 128–139.

R. Littlejohns, The »Bekenntnisse eines Ungeschickten«. A Reexamination of Emancipatory Ideas in Friedrich Schlegel's »Lucinde«. In: MLR 72 (1977), S. 605–614.

G. Mattenklott, Der Sehnsucht eine Form. Zum Ursprung des modernen Romans bei Friedrich Schlegel, erläutert an der »Lucinde«. In: Zur Modernität der Romantik. Hg. v. D. Bänsch. Stuttgart 1977, S. 143–166.

D. Behler, The Theory of the Novel in Early German Romanticism. Bern 1978.

E. Behler, Friedrich Schlegel. »Lucinde«. In: Romane und Erzählungen der deutschen Romantik. Neue Interpretationen. Hg. v. P. M. Lützeler. Stuttgart 1981, S. 98–124.

E. Blackall, The Novels of the German Romantics. Ithaca & London 1983 (zu Friedrich Schlegels Romantheorie und -praxis, s. S. 21–43).

G. Schulz, Die deutsche Literatur zwischen Französischer Revolution und Restauration. Erster Teil: 1789–1806. München 1983 (zu »Lucinde«, S. 411–421).

H. Dierkes, Friedrich Schlegels »Lucinde«, Schleiermacher und Kierkegaard. In: DVjs. 57 (1983), S. 431–449.

C. Hotz-Steinmeyer, Friedrich Schlegels »Lucinde« als Neue Mythologie. Geschichtsphilosophischer Versuch einer Rückgewinnung gesellschaftlicher Totalität durch das Individuum. Frankfurt/M 1985.

6. Der Frauenroman im Umfeld der Klassik und Frühromantik

Friedrich Schlegels »Lucinde« mag eine Frau als Titelgestalt haben; Erzähler und Hauptcharakter bleibt trotzdem der Mann, für den die sinnlich-geistige Begegnung mit der Geliebten die entscheidende Episode in *seiner* Menschwerdung bildet (s. dazu Becker-Cantarino) – ein Vorgang, der bei vielen anderen Romanen der Zeit zu finden ist. In ihrer Studie über »Die imaginierte Weiblichkeit« rechnet Silvia Bovenschen solche Bildmodelle zu den ergänzungstheoretischen: »Die Frauen sollen die Männer ›ergänzen‹ [...], indem sie das einzelne männliche Individuum stützen, abschirmen, indem sie ›drinnen walten‹ und bestimmte Strukturen – speziell die des Hauses – so strukturieren, daß der Mann zur materiellen und geistigen

Produktion freigesetzt ist« (S. 26). Demnach waren die Frühromantiker von Schillers Beschreibung des Weiblichen in seinem »Lied von der Glocke« nicht so weit entfernt, wie sie meinten. Solche Denkstrukturen entsprechen Entwicklungen innerhalb der bürgerlichen Kleinfamilie des 18. Jahrhunderts, wobei der Mann an der ökonomischen, gegebenenfalls politischen Öffentlichkeit teilnahm, während das Agieren der Frau auf die häusliche Intimsphäre reduziert wurde (s. dazu Habermas, S. 60–75).

Andererseits führte diese Beschränkung auf das Häusliche und das Gefühlvolle dazu, daß die Frauen im Laufe des Jahrhunderts nicht nur zu begeisterten Romanleserinnen wurden (s. dazu Engelsing, S. 296–338), sondern auch im wachsenden Maße zu Romanschreiberinnen. Vor allem der Briefroman in der Nachfolge von Richardson – mit seiner Darstellung einer Lebenssphäre, die die Leserinnen aus persönlicher Erfahrung kannten, und mit Heldinnen wie Pamela und Clarissa, mit denen sie sich identifizieren konnten – schuf eine Gattung, die briefschreibenden Frauen der gebildeten Oberschicht die Erlernung der Romantechnik erleichterte. Hinzu kam, daß der Roman noch als zweitrangige Gattung galt und also die Hemmungen, ›Literatur‹ zu schreiben, für Frauen nicht so groß waren als etwa im Fall des Dramas (vgl. Bovenschen, S. 200–220). So war der erste bedeutende deutsche Frauenroman, »Die Geschichte des Fräuleins von Sternheim« (1771), ein Briefroman. Erst nach der Veröffentlichung wurde die Identität der Verfasserin gelüftet: Wielands Jugendfreundin Sophie La Roche (1731–1807). So überzeugend wirkte ihre Evozierung der tapfer erkämpften Tugend einer adligen Dame, daß man La Roche zeit ihres Lebens mit ihrer Romanheldin gleichsetzte. »Ihr Roman setzte dem ›Familienroman‹ oder, wie er richtiger zu nennen wäre, dem ›Bewährungsroman‹, für lange Zeit Maßstäbe. Er hat erwiesenermaßen kaum weniger belebend auf die deutsche Romandichtung gewirkt als etwa der ›Agathon‹ oder ›Die Leiden des jungen Werther‹« (Flessau, S. 57; zu Sophie La Roche und ihren Nachfolgerinnen, s. auch Kimpel, S. 109–114).

Die Nachwirkungen der »Geschichte des Fräuleins von Sternheim« lassen sich bis in den größten Erfolgsroman des ausgehenden Jahrhunderts verfolgen, nämlich »Elisa, oder das Weib, wie es seyn sollte‹ von Karoline von Wobeser (1769–1807). Wie »Sternheim« anonym veröffentlicht, genoß »Elisa« nach ihrem Erscheinen im Jahre 1795 bei Gräff in Leipzig noch fünf autorisierte Neuauflagen und wurde ins Englische und Französische übersetzt. Sowohl Titel als auch Vorwort des Romans bekunden die gut-aufklärerische Absicht der Verfasserin, in Elisa ein Vorbild für alle deutschen Hausfrauen zu schaffen: »Warum sollten Sie [d. h. die »Mitbürgerinnen«] das nicht in Ihrer Sphäre werden, was der Mann in der seinigen ist? Blicken Sie um sich, sehen Sie, wie groß Ihr Einfluß ist! Sie sind ein Mitglied der großen Kette, an welcher alles zum Guten mitwirken soll! Ihr Platz ist nicht unwichtig, führen Sie ihn aus!« (S. x).

Der Form nach ein Gemisch aus auktorialem Roman, Dialogroman und Briefroman, verbindet »Elisa« rein didaktische Passagen mit Szenen, wo empfindsame Rührung beabsichtigt ist, z. B. als Elisa sich bereit erklärt, im Stillen die Schulden der Mätresse ihres Mannes zu bezahlen, und ihn dadurch zur Reue und Bekehrung bringt (S. 272–274); für die zweite Auflage von 1797 wurde diese Szene durch Beifügung eines Kupferstichs besonders hervorgehoben. Die vielfachen Prüfungen, denen Elisa ausgesetzt wird, sollen veranschaulichen, daß Tugend, Standhaftigkeit und Zufriedenheit mit der eigenen Lage wichtiger als Glück und Liebe sind: trotz einer unglücklichen Ehe mit einem rauhen, ungeliebten Mann bewahrt Elisa ihre Seelenruhe und übt eine läuternde Wirkung auf den Ehemann, ihre Kinder und die ganze Umgebung aus durch ihre umsichtige Verwaltung des Haushalts und ihre Fürsorge für Armenkinder und Greise. In dem Sinne war »Elisa« nicht als autonomes Kunstwerk konzipiert, sondern – wie andere ›moralische‹ Romane der Zeit – als Mittel zum Zweck. So versteht Albert Ward das lebhafte zeitgenössische Interesse an dem Roman als primär durch seinen Stoff bedingt: »Here was a woman [...] who was not only justifying but actually extolling the sovereign authority of the husband in the home« (S. 139). Wegen dieser Rechtfertigung der bestehenden familiären Ordnung haben viele männliche Kritiker des Romans bezweifelt, daß »Elisa« von einer Frau geschrieben worden sei (s. Touaillon, S. 301 f.).

Aus ganz anderen Gründen hielten Friedrich, A. W. und Caroline Schlegel den ersten Teil von »Agnes von Lilien«, der 1796 und 1797 anonym in Schillers »Horen« erschien, zunächst für ein Werk Goethes (s. Schillers Brief an Goethe vom 6. 12. 1796; GA XX, S. 284): neben Reminiszenzen aus »Wilhelm Meister« wie den italienischen Kindern Bettina und Battista strahlte vor allem die Hauptgestalt und Erzählerin eine Harmonie und Selbstsicherheit aus, die Goethes weiblichen Idealgestalten eigen sind. Auch bekommt die junge Agnes von ihrem Pflegevater eine Erziehung, die körperliche Übung, Handarbeit, Zeichnen und das Studium moderner und klassischer Sprachen einschließt. Als Nordheim, den Agnes seit der ersten Begegnung innig liebt, erfährt, daß sie Homer im Original liest, versichert er: »ich hoffe nicht, daß Sie mich für einen der Männer ansehen, die die Krücken der weiblichen Unwissenheit gern zu ihrem eigenen Fortkommen brauchen« (S. 71). Im Gegensatz zu Elisa, die auf ihren Geliebten verzichtet und denjenigen heiratet, den ihre Mutter für sie bestimmt hat, leistet Agnes gegen alle höfischen Intrigen sanft aber entscheidend Widerstand, befreit ihren Vater aus der Gefangenschaft des fürstlichen Großvaters und heiratet am Schluß ihren geliebten Nordheim in dem Zimmer, wo sie ihn zum ersten Mal gesehen hat. Seelengröße triumphiert über die menschlichen Schwächen, die laut der Überzeugung der deutschen Klassik der Hauptgrund für das Übel auf der Welt sind.

Erst als »Agnes von Lilien« 1798 in Buchform bei Unger in Berlin veröffentlicht wurde, stellte sich heraus, daß Schillers Schwägerin Karoline von Wolzogen (1763–1847) die Verfasserin war. Im Unterschied zu ihrer Romanheldin war ihr Leben seit dem Tod des geliebten Vaters nicht so glücklich verlaufen: »Die Aufopferung Elisas für ihre Schwester gab es nicht nur im Roman: auch Karoline von Wolzogen opferte sich für Mutter und Schwester auf und heiratete den ungeliebten, aber wohlhabenden Herrn von Beulwitz« (Köpke, S. 99 f.). Auch später hat sich Schiller nicht für sie, sondern für ihre Schwester Charlotte von Lengefeld entschieden. Erst 1794 kam es im Weimar zu einer zweiten Ehe mit Wilhelm von Wolzogen, dessen diplomatische Dienste ihr eine Kenntnis vom Hofleben ermöglichte, die »Agnes von Liliens« detaillierte Darstellung von adligen Kreisen weit über die stereotypen Klagen gegen Residenzstädte in »Elisa« und anderen zeitgenössischen Romanen erhebt.

Karoline von Wolzogen, die 1830 die erste Schiller-Biographie schrieb, leistete ihrem Schwager durch »Agnes von Lilien« einen doppelten Dienst, indem ihr Roman nicht nur eine interessierte Leserschaft für die späteren Stücke der »Horen« wiedergewann, sondern auch Schillers Theorie des Weiblichen veranschaulichte. Silvia Bovenschen hat gegen die Annahme, daß schreibende Frauen automatisch mit hergebrachten Denkmodellen brechen, Einspruch erhoben: »Nachweislich haben viele der schreibenden Frauen sich weniger an der Besonderheit ihrer eigenen kulturellen Situation orientiert als vielmehr an den normativen poetischen und poetologischen Vorgaben ihres jeweiligen männlich geprägten kulturellen Umfeldes« (S. 42). Eine Stelle im Roman, wo Agnes auf Nordheims Idealisierung ihrer Person reagiert, demonstriert, wie selbst in diesem Roman ein »ergänzungstheoretischer« Mechanismus vorhanden ist:

»Laß mich es aussprechen, was du bist, sagte Nordheim, indem seine Augen sich mit Thränen füllten. – Fühle mein Glück in der hohen Gestalt deines Wesens und zwinge so deine holde Bescheidenheit, auf deinem Bilde zu verweilen.

Gleichwie vor einer Verklärten schwand die Erde vor mir, und ein Himmel des reinsten Genusses öffnete sich. Ewiges Wesen! seufzte ich, gib mir das Vermögen, die Gestalt des Inneren zu bewahren, die das Glück meines Geliebten macht« (S. 200f.).

In dem Brief an Goethe vom 30. 6. 1797, wo Schiller sich wohlwollend-herablassend über Hölderlins Dichtung äußert, steht ein ähnlicher Kommentar zu weiblichen Teilnehmern an den »Horen«: »Ich muß mich doch wirklich darüber wundern, wie unsere Weiber jetzt, auf bloß dilettantischem Wege, eine gewisse Schreibgeschicklichkeit sich zu verschaffen wissen, die der Kunst nahe kommt« (GA XX, S. 369). Unmittelbarer Anlaß dazu war der Anfang des Briefromans »Amanda und Eduard« von Sophie Mereau, der 1797 im letzten Jahrgang der »Horen« erschien. Im Unterschied zum Roman seiner Schwägerin, dessen Existenz ihn selber überraschte, war Schiller seit 1791 mit Sophie Mereaus Gedichten und Übersetzungen bekannt, die er in seiner »Thalia« und in den »Horen« auch veröffentlichte. Weit mehr als andere Frauen ihrer Generation führte Sophie Mereau (1770–1806) ein ausgeprägtes literarisches Leben. 1794, ein Jahr nach ihrer Verheiratung mit dem Jenaer Universitätsbibliothekar und Juraprofessor Friedrich Mereau, erschien ihr erster Roman, »Das Blüthenalter der Empfindung«, bei Perthes in Gotha. Neben Gedichten, Übersetzungen und ihren beiden Romanen gab sie auch einen Almanach heraus, »Kalathiskos« (1801–1802), an dem ihr künftiger zweiter Ehemann Clemens Brentano mitarbeitete. Aber auch er hegte keine besonders hohe Meinung von ihren poetischen Arbeiten (s. dazu Touaillon, S. 533f.). Schreibende Frauen galten als Ausnahme, als »Naturtalente«, die nicht mit derselben Elle zu messen waren wie der für ihre männlichen Kollegen. So soll Friedrich Schlegel seine harte Kritik an Unzulänglichkeiten in der Fortsetzung zu »Agnes von Lilien« in den »Horen« (KFSA II, S. 46) bereut haben, sobald er erfuhr, daß Goethe ihn doch nicht geschrieben hatte (Schiller an Goethe vom 16. 5. 1797; GA XX, S. 352).

Freilich ist Schillers freudige Überraschung bei der Lektüre der ersten Briefe aus »Amanda und Eduard« verständlicher, wenn man berücksichtigt, wie dürftig »Das Blüthenalter der Empfindung« war. Hermann Moens rechtfertigt seine Neuausgabe dieses Romans nicht zuletzt dadurch, daß er, »gerade in seiner Unausgewogenheit und relativen Konventionalität, als Beispiel für eine ganze Literatur dieser Epoche gelten kann« (Nachwort, S. 2). Die Begeisterung für Amerika, als das Land der Freiheit, und für die Frühphase der Französischen Revolution unter Mirabeau, die Anprangerung des Katholizismus als Religion des Aberglaubens und der Heuchelei, die Kritik des männlichen Erzählers an der Rechtlosigkeit der Frau

innerhalb der bürgerlichen Ordnung – alle diese Reflexionen über-
frachten die kaum existente Handlung mit ihren schablonenhaften
Charakteren und abgenutzten Motiven aus der Trivialliteratur.

»Amanda und Eduard«, der 1803 als Briefroman in 2 Teilen bei
Willmans in Frankfurt/M erschien, ist rein formal gesehen keine
Sensation; Sophie Mereau fungiert als »Herausgeberin« und tritt nur
zum Schluß des Romans auf, um unerledigte Handlungselemente
schnell zu Ende zu führen. Aber Amandas erfolglose Versuche, das
Vertrauen ihres älteren Ehemanns Albret (»Werther«-Nachklänge?)
zu gewinnen, und ihre Sehnsucht nach einem liebenden Partner
verleihen ihr und den männlichen Hauptcharakteren eine Substanz,
die den Figuren im »Blüthenalter« sämtlich fehlten. Hier führt
Amanda selber das Wort, wenn es um die Verteidigung ihrer Menschenwürde gegenüber dem Ehemann geht: »›Warum‹, rief ich
schmerzhaft aus, ›wähltest du ein fühlendes Weib zur Gefährtin
deines Lebens, wenn du sie nicht zu würdigen vermagst?‹« (Teil I,
S. 99). Dabei werden autobiographische Erfahrungen verarbeitet,
aber auch in »Amanda und Eduard« erblickt man die Selbstzensur,
die die literarische Öffentlichkeit von einer Frau erwartet: »anders
als ihre Autorin beachtet Amanda genau die von der Konvention
gezogenen Grenzen; sie läßt sich weder scheiden noch gibt sie sich
ihrem Liebhaber hin, obwohl sie doch ihren Eduard heftig liebt und
ihre Ehe alles andere als glücklich ist« (Köpke, S. 102). Andererseits
resigniert Amanda nicht, wie Elisa; dadurch, daß sie anderen Romangestalten ihre Liebe zu Eduard anvertraut, werden Mißver-
ständnisse zwischen ihr und ihm aufgeklärt und eine Hochzeit nach
Albrets Tod ermöglicht: »Was ich so tief empfand und als richtig
erkannte: daß Wahrheit jedes Verhältnis rein erhält und auch das
Verworrenste leicht und natürlich löset, das will ich nun auch üben
und durch die That beweisen« (Teil II, S. 134). So nimmt Sophie
Mereau mit »Amanda und Eduard« stilistisch und thematisch eine
mittlere Position zwischen »Elisa« und »Lucinde« ein, so wie die
Stanze, die Amanda an Eduard einige Stunden vor ihrem frühzeiti-
gen Tod schreibt, an die erlösende Rolle der todgeweihten Frau in
»Hyperion« und »Heinrich von Ofterdingen« erinnert:

»Ich lasse Dich – doch bald siehst Du mich wieder,
Die trennt kein Tod, die wahres Leben band,
im Irisbogen, steig ich zu Dir nieder,
in Frühlingssprossen biet’ ich Dir die Hand
und rühren Dich der Saiten goldne Lieder,
es ist mein Geist, der Dir dies Spiel erfand.
So wird Dein Schutzgeist nie von Dir sich trennen,
und wenn du stirbst, wirst Du mich froh erkennen« (Teil II, S. 203).

Sophie Mereau erlebte selber keinen so verklärten Tod. Brentano suchte in ihr keinen Mitarbeiter in der Poesie – dafür hatte er Achim von Arnim –, sondern vor allem eine kindergebärende Hausfrau. Nach der Eheschließung im Jahre 1803 starben ihre ersten zwei Kinder noch in der Wiege; am 31. 10. 1806 starb sie selber bei der Totgeburt eines dritten Kindes.

Im Unterschied zu Sophie Mereau hegte Dorothea Veit (1763–1839) auch vor ihrer Ehe zu Friedrich Schlegel keine literarischen Ambitionen. Auf dem Titelblatt ihres Romans »Florentin«, dessen erster und einziger Teil 1801 bei Bohn in Lübeck und Leipzig erschien, stand lediglich »herausgegeben von Friedrich Schlegel«. Dorothea verstand ihre Arbeit rein pragmatisch als Mittel, Geld zu verdienen und dadurch eine Grundlage für Friedrichs literarische und philosophische Studien zu schaffen. Wenn man diese Absicht berücksichtigt, ist es kein Wunder, daß Schiller in Dorotheas Roman »die Gespenster alter Bekannten spuken« sah (Brief an Goethe vom 16. 3. 1801; GA XX, S. 846). Für den Markt konzipiert, mußte »Florentin« an beliebte Romanmotive der Zeit anknüpfen wie etwa: den Helden auf der Suche nach seiner Vergangenheit, das idyllische Landgut, den Konflikt zwischen Treue zum Freund und Liebe zu dessen Verlobten, die Tante als ›schöne Seele‹ usw.

Indessen mußte Schiller, sicherlich kein Freund der Schlegels, auch zugeben, Dorotheas Roman habe ihm »doch eine bessere Vorstellung von der Verfasserin gegeben, und er ist ein neuer Beweis, wie weit die Dilettanterei wenigstens in dem Mechanischen und in der hohlen Form kommen kann« (ebd.; GA XX, S. 846). J. Hibberd findet hingegen auf formaler Ebene einen Durchbruch: »the commonplaces of the popular novel (›Trivialroman‹) of the time, ghostly apparitions, chance occurences and mysterious relationships, previously used to satisfy the reader's appetite for sensation, here express – as in ›Sternbald‹, but more pervasively – the typically Romantic view of the world as a place that is at once strange and mysterious and yet curiously familiar« (S. 195). Obwohl Bruchstücke zum zweiten Teil von »Florentin« existieren (s. dazu Eichner), hat Dorothea Schlegel ihn nie ausgeführt. In einer ungedruckten »Zueignung an den Herausgeber« begründete sie ihre Wahl eines offenen Schlusses, der Florentins Unentschiedenheit entspricht und hiermit *den* romantischen Zug im Roman bildet (s. Blackall, S. 47 f.): »Wie Du hierüber urteilen wirst, bin ich begierig zu erfahren; was mich aber selbst betrifft, so muß ich Dir nur gestehen, ich bin nie ganz beruhigt, wenn mir der Dichter nichts hinzu zu denken oder zu träumen läßt. So kann ich mich mit einer einzigen Geschichte recht lange beschäftigen und freuen, indem ich ihr bald diesen bald jenen Ausgang gebe« (S. 240).

Aber Hochzeit oder Tod – die zwei traditionellen Enden eines Romans – genügen ihr nicht mehr.

Christine Touaillon, die Pionierarbeit auf dem Gebiet des deutschen Frauenromans des 18. Jahrhunderts geleistet hat, möchte »Florentin« keinen Platz innerhalb dieser Tradition zuerkennen (S. 577). In der Regel wird dieser Roman, wenn überhaupt, dann im Zusammenhang mit den vielfachen Erinnerungen an »Ardinghello«, »William Lovell«, »Sternbald« und »Wilhelm Meister« behandelt (s. dazu Deibl). Ein anderer Weg – den Pierre Fauchereys materialreiche Konstruktion der idealtypischen Elemente des weiblichen Schicksals im englischen, französischen und deutschen Roman des 18. Jahrhunderts erst ermöglicht hat – wäre ein Vergleich von Motiven in »Florentin« mit Entsprechungen in anderen Frauenromanen der Zeit, um damit das mögliche Vorhandensein von gemeinsamen Interessen und Beschäftigungen nachzuprüfen. Wulf Köpke hat z. B. auf die Bedeutung des Landguts für Elisa hingewiesen (ihr Mann bevorzugt hingegen die Residenz, wo sein Spieltrieb das Familienvermögen nahezu aufreibt): »Der idyllische Wunschtraum des späteren 18. Jahrhunderts vom unabhängigen Landgut ist für die Frau zugleich der Wunsch, die schwindende Autorität im Haushalt festzuhalten, und gibt dem Bedürfnis Ausdruck, diese Autorität durch empfindsame Sozialarbeit moralisch zu unterbauen« (S. 97). In diesem Zusammenhang überrascht es nicht, daß der unruhige, auf Wanderschaft nach Amerika bedachte Florentin innerhalb der ersten zehn Seiten des Romans einer ländlichen Idylle begegnet, die ganz das Werk der Gräfin Elenore ist: »Es war ihm jetzt schauderhaft, an seine Einsamkeit zu denken, die ihm vor wenigen Stunden noch so lieb war« (S. 99; zu dieser Antinomie im Roman vgl. Hibberd). Ob Dorothea insgeheim hoffte, ihren ungestümen Friedrich dereinst auch so zu besänftigen?

Bei der Beschäftigung mit den Schriftstellerinnen der Goethezeit – und mit Frauen wie Caroline Schlegel, die geistreiche Briefe, aber keine Romane geschrieben hat, oder Bettina von Arnim, die ihre Briefbücher erst nach dem Tod ihres Mannes veröffentlichte – fällt ein Paradox auf. Während ihrer Lebzeiten übten Frauen wie Karoline von Wolzogen, Sophie Mereau und Dorothea Schlegel Anziehungskraft auf bedeutende Künstler aus wegen ihrer eigenen Geistesgaben; heutzutage sind sie hauptsächlich wegen ihrer Beziehungen zu Männern wie Schiller, Brentano und Friedrich Schlegel noch ein Gegenstand der Literaturwissenschaft. Noch desolater steht es um Schriftstellerinnen wie Therese Forster-Huber (1764–1829) oder Auguste Fischer-Venturini (1764–1842), deren Werke zwar von Touaillon noch anerkannt wurden, aber – mindestens nach Vermont, USA – nicht lieferbar waren. Ein Forschungsgebiet liegt hier weitgehend brach – hoffentlich nicht mehr lange.

Ausgaben:

Sophie La Roche, »Geschichte des Fräuleins von Sternheim. Hg. v. B. Becker-Cantarino. Stuttgart 1984 (= UB 7934).

Sophie Mereau, »Das Blüthenalter der Empfindung«. Faksimiliedruck der Ausgabe von 1794. Hg. mit Nachwort und Auswahlbibliographie v. H. Moens. Stuttgart 1982.

–, »Amanda und Eduard. Ein Roman in Briefen. Herausgegeben von Sophie Mereau. Frankfurt 1803.

Dorothea Veit-Schlegel, »Florentin«. In: Deutsche Literatur in Entwicklungsreihen. Reihe 17, Band 7. Hg. v. Hg. v. P. Kluckhohn. Leipzig 1933, S. 89–244.

Wilhelmine Karoline von Wobeser, »Elisa, oder das Weib, wie es seyn sollte«. Hier zitiert nach der 2. Ausgabe, Leipzig 1797.

Karoline von Wolzogen, »Agnes von Lilien«. Hier zitiert nach der Ausgabe mit Einleitung v. R. Bozberger. Stuttgart 1884.

Literatur:

F. Deibl, Dorothea Schlegel als Schriftstellerin im Zusammenhang mit der romantischen Schule. Berlin 1905; Nachdruck, New York 1970.

C. Touaillon, Der deutsche Frauenroman des 18. Jahrhunderts. Wien & Leipzig 1919; Nachdruck mit einem Vorwort v. E. Gajek, Bern, Frankfurt & Las Vegas 1979.

N. Halperin, Die deutschen Schriftstellerinnen in der zweiten Hälfte des 18. Jahrhunderts. Versuch einer soziologischen Analyse. Quakenbrück 1935.

J. Habermas, Strukturwandel der Öffentlichkeit. Darmstadt & Niewied 1962; [10]1979.

H. Eichner, »Camilla«. Eine unbekannte Fortsetzung von Dorothea Schlegels »Florentin«. In: Jb. FDH (1965), S. 314–368.

K.-I. Flessau, Der moralische Roman. Studien zur gesellschaftskritischen Trivialliteratur der Goethezeit. Köln & Graz 1968.

C. Kahn-Wallerstein, Die Frau im Schatten. Schillers Schwägerin Karoline von Wolzogen. Bern & München 1970.

P. Faucherey, La destinée féminine dans le roman européen du dixhuitième siècle 1713–1807. Essai de gynécomythie romanesque. Paris 1972.

R. Engelsing, Der Bürger als Leser. Lesergeschichte in Deutschland 1500–1800. Stuttgart 1974.

A. Ward, Book Production, Fiction, and the German Reading Public 1740–1800. Oxford 1974.

J. Hibberd, Dorothea Schlegel's »Florentin« and the Precarious Idyll. In: GLL, N.S. 30 (1976/77), S. 198–207.

D. Kimpel, Der Roman der Aufklärung (1660–1774); 2. völlig neubearbeitete Auflage. Stuttgart 1977 (= SM 68).

S. Bovenschen, Die imaginierte Weiblichkeit. Exemplarische Untersuchungen zu kulturgeschichtlichen und literarischen Präsentationsformen des Weiblichen. Frankfurt 1979.

W. Köpke, Die emanzipierte Frau in der Goethezeit und ihre Darstellung in der Literatur. In: Die Frau als Heldin und Autorin. Neue kritische Ansätze zur deutschen Literatur. Hg. v. Wolfgang Paulsen. Bern & München 1979, S. 96–110.

B. Becker-Cantarino, Priesterin und Lichtbringerin. Zur Ideologie des weiblichen Charakters in der Frühromantik. In: Die Frau als Heldin und Autorin (ebd.), S. 111–124.

P. Petschauer, Sophie von Laroche. Novelist between Reason and Emotion. In: GR 57 (1982), S. 70–77.

E. Blackall, The Novels of the German Romantics. Ithaca & London 1983 (zu »Florentin«, S. 44–50).

H. Meise, Die Unschuld und die Schrift. Deutsche Frauenromane im 18. Jahrhundert. Berlin & Marburg 1983.

H. Peitsch, Die Revolution im Familienroman. Aktuelles politisches Thema und konventionelle Romanstruktur in Therese Hubers »Die Familie Seldorf«. In: Jb. DSG 28 (1984), S. 248–269.

M. Maurer, Das Gute und das Schöne. Sophie von La Roche (1730–1807) wiederentdeckt? In: Euph. 79 (1985), S. 111–138.

A. Schweitzer/S. Sitte, Tugend – Opfer – Rebellion. Zum Bild der Frau im weiblichen Erziehungs- und Bildungsroman. In: Frauen – Literatur – Geschichte. Schreibende Frauen vom Mittelalter bis zur Gegenwart. Hg. v. H. Gnüg u. R. Möhrmann. Stuttgart 1985, S. 144–165.

H. Kastinger Riley, Die weibliche Muse. Sechs Essays über künstlerisch schaffende Frauen der Goethezeit. Columbia 1986 (zu La Roche und Mereau, S. 27–88).

7. Novalis (1772–1801): »Heinrich von Ofterdingen«

Anfang Dezember 1799 begann der kursächsische Salinenassessor Friedrich von Hardenberg die Arbeit an seinem zweiten Romanversuch, »Heinrich von Afterdingen«: der Anfang eines naturphilosophischen Romans, »Die Lehrlinge zu Sais«, den Hardenberg 1798/99 während seines Studiums an der Bergakademie zu Freiberg geschrieben hatte, sollte nach dem Abschluß dieses Romans über den sagenhaften Minnesänger wieder aufgegriffen werden (Brief an Tieck vom 23. February 1800; NS IV, 322f.). Vier Monate später war der erste Teil, »Die Erwartung«, fertig; nicht ›romantische‹

Vorliebe für das Unvollendete, sondern der Ausbruch der Tuberkulose im Herbst 1800, an der Hardenberg im März des folgenden Jahres starb, brachte es mit sich, daß der geplante zweite Teil des Romans, »Die Erfüllung«, Fragment blieb. 1802 mit dem noch heute gebräuchlichen Titel »Heinrich von Ofterdingen« erschienen und unter Verwendung des Pseudonyms Novalis – des Neuland Bestellenden – hat der Roman 1805 eine zweite, 1815, 1826, 1837 und 1846 noch vier weitere Auflagen erlebt.

Zu Hardenbergs Lebzeiten war ein Druck des Romans bei J. F. Unger, dem Verleger der »Lehrjahre«, mit den gleichen Lettern und im gleichen Format geplant. Aufgrund Novalis' scharfer Polemik gegen den Inhalt von »Wilhelm Meister« hat die geistesgeschichtlich orientierte Forschung in »Ofterdingen« einen ebenso scharfen Gegensatz zum »klassischen« Roman, einen »Anti-Meister« gesehen (vgl. Dilthey, S. 332). Aber genau wie Ofterdingens Lehrmeister Klingsohr Goethesche Züge in stilisierter Form besitzt (Schulz, S. 101), so verfolgte Novalis in der Gestaltung seines Romans Goethesche Stilprinzipien (May S. 171; Beck, S. 36–40). Wie bei den »Lehrjahren« gibt es z. B. zu Beginn des Romans eine Spannung zwischen den Schranken der bürgerlichen Umgebung und dem Streben des jungen Helden nach Freiheit und Liebe. In »Ofterdingen« geht es jedoch um die »Erfüllung« dieser Erwartungen – einen Handlungsverlauf, den Max Lüthi als konstitutiv für das europäische Volksmärchen festgestellt hat (S. 24). In der Ankündigung des ersten Teils an Friedrich Schlegel verwies Novalis selbst auf die märchenhaften Bestandteile seines Werkes: »Der Roman soll allmälich in Märchen übergehn« (Brief vom 5. April, 1800; NS IV, 330). Beabsichtigt war eine Identifikation von Roman- und Märchenfiguren, die eine metaphysische Weltfamilie außerhalb von Zeit und Raum herstellen sollte – ein anderes Beispiel, wie Novalis Formaspekte der »Lehrjahre« (hier die Figurenreihen, die bei Goethe Ausdruck verschiedener menschlicher Möglichkeiten sind) zu seinen eigenen Zwecken umformte.

H.-J. Mähl versteht den Sinn des Romangeschehens als »Vergegenwärtigung des Wegs, der überall, jetzt und immer, zur Verwirklichung des goldenen Zeitalters führen kann« (S. 417). Voraussetzung dafür ist die latente Harmonie zwischen Innen- und Außenwelt, Mensch und Natur – eine Überzeugung, zu der Novalis durch seine naturphilosophischen Studien gekommen war und die sein Roman darstellen sollte (Mahoney, S. 52). Funktion der zahlreichen Erzählungen und Gespräche im Roman ist es, diese Einsicht in Heinrich zu wecken. Gleichzeitig dienen die Einlagen dazu, daß der Roman sich selbst deutet, was anhand des geheimnisvollen Buches in der Höhle des Einsiedlers, in dem Heinrich seine Geschichte vorgebildet sieht, am deutlichsten zum Ausdruck kommt (NS I, 265). Daß der Schluß dieses Buches fehlt, deutet darauf hin, daß Heinrich diese Geschichten in seiner Wirklichkeit, durch die Anwendung seiner Dichtergabe, noch auszuführen hat. Dichtung ist also für Novalis kein Selbstzweck, sondern Mittel zur Aktivierung schon vorhandener Potentialitäten in der Natur und den Menschen.

In seinen Notizen zur Zeit der Arbeit an »Ofterdingen« definierte Novalis die Poesie als »Gemütherregungskunst«: »Man sucht mit der Poesie, die gleichsam nur das mechanische Instrument dazu ist, innre *Stimmungen,* und Gemählde oder *Anschauungen* hervorzubringen« (NS III, 639). Wolfgang Kayser hat darauf hingewiesen, daß sich die Adjektive in »Ofterdingen« »fast immer auf seelische Zustände oder Wirkungen« beziehen (S. 307f.). Bei einer Stilanalyse des nächtlichen Gangs zu einer Höhle im 5. Kapitel des ersten Teils (NS I, 251f.) zeigt H.-J. Mähl, daß der eigentliche Handlungsvorgang der Gang in Heinrichs Innere ist, was aber dann zur Folge hat, daß die gegenständliche Welt transparent wird (S. 420–422); man erkennt plötzlich die tiefere Bedeutung, die sich früher hinter der Erscheinung verbarg, aber nun mittels der Gegenstände in Erscheinung tritt. In diesem Sinne konnte Novalis sein Vorhaben im Roman als »*Übergangs Jahre* vom Unendlichen zum Endlichen« (Brief an Caroline Schlegel vom 29. Februar 1799; NS IV, 281) bezeichnen – einen Ansatz, den Johannes Mahr in seiner Deutung von »Ofterdingen« weiterverfolgt. Der ruhige Verlauf der Erzählung, parataktischer Satzbau, und häufige Wiederkehr einfacher Wörter verleihen dem Ganzen eine Gewißheit, daß Liebe und Poesie in der Tat die Grundkräfte des Weltalls sein müssen; der Leser soll durch die »einlullende Melodie« der Sprache (Samuel, S. 281) in denjenigen traumartigen Zustand versetzt werden, in dem sich der junge Held zu Beginn des Romans durch die Erzählungen des Fremden befindet (NS I, 195).

In seiner Zeitschrift »Europa« (1803) nannte Friedrich Schlegel den Roman seines verstorbenen Freundes ein treffliches Beispiel für den »Übergang vom Roman zur Mythologie«, für eine »esoterische Poesie«, die unter anderen »davon ausgeht, das der Poesie entgegengesetzte Element des gemeinen Lebens zu poetisiren und sein Entgegenstreben zu besiegen« (Bd. I, H. 1, S. 55f.). Sieht man in Schlegels Deutung von »Ofterdingen« noch eine Betonung poetologischer Ziele aus der »Athenäum«-Zeit – man denke etwa an Schlegels eigene »Rede über die Mythologie« –, so zeigt die Rezeption des Romans, daß dieser Wille zur Weltveränderung im allgemeinen nicht vermerkt wurde. So stößt 1803 in der weitgehend positiven

Besprechung des Romans durch die »Neue Allgemeine Deutsche Bibliothek« vor allem das Klingsohr-Märchen auf Unverständnis – eine Reaktion, die auch für die Rezension in der »Allgemeinen Literaturzeitung« vom 12. September 1803 zutrifft (in: NS I, 191 f.); wem der ›esoterische‹ Zusammenhang zwischen dem Märchen und Hardenbergs natur- (Wetzels, Burwick) und geschichtsphilosophische Spekulationen (Hegener) nicht bekannt war, dem mußte freilich vieles unverständlich bleiben.

Zur Zeit der späteren Romantik war der Mythos von Novalis als ätherischem Heiligen rasch im Wachsen begriffen, was durch Tiecks verklärenden, mit biographischen Tatsachen sorglos umgehende Lebensbericht (1815; in: NS IV, 551–560) noch verstärkt wurde. Diese Auffassung erfuhr ihr satirisches Pendant in Heines »Romantischer Schule« (1833–1835), wo am Beispiel eines Mädchens, das sich bei der Lektüre des »Ofterdingen« die Schwindsucht holt, das Krankhafte an den poetischen Schönheiten des Novalis dargestellt werden soll (SS III, 439–445). Bis in die sechziger Jahre dieses Jahrhunderts hat dieses Novalisbild vom verträumten Dichter der blauen Blume – sei es positiv, sei es negativ gemeint – noch weiterhin gewirkt, bis die Einleitungen und Anmerkungen zu der historisch-kritischen Ausgabe die kühnen philosophischen Voraussetzungen dieser anscheinend so schlichten Dichtung offenbarten und hiermit einen Neuanfang in der Novalisforschung verursachten.

Ausgaben:

»Heinrich von Ofterdingen« wird zitiert nach: *Novalis*, Schriften (= NS). Bd. I: Das dichterische Werk. Hg. v. P. Kluckhohn u. R. Samuel. Stuttgart 1960, ²1976.

Als Leseausgabe wird empfohlen: *Novalis*, »Heinrich von Ofterdingen«. Textrevision u. Nachwort v. W. Frühwald. Stuttgart 1965 (= UB 8939).

Literatur:

Zu weiteren Angaben, s. NS I (²1976), S. 623 f. u. S. 637 f.

K. *May*, Weltbild und innere Form der Klassik und Romantik im »Wilhelm Meister« und »Heinrich von Ofterdingen« (1929). In: K. M., Form und Bedeutung. Stuttgart 1957, S. 161–177.

W. *Kayser*, Einheitlicher Stil (»Ofterdingen«). In: Das sprachliche Kunstwerk. Bern 1948, ¹⁴1969, S. 304–310.

R. *Samuel*, Novalis. »Heinrich von Ofterdingen«. In: Der deutsche Roman. Hg. v. B. v. Wiese. Bd. I. Düsseldorf 1963, S. 252–300.

G. *Schulz*, Die Poetik des Romans bei Novalis. In: Jb. FDH 1964,

S. 120–157; hier zitiert nach: Deutsche Romantheorien. Hg. v. R. Grimm. Frankfurt/M 1968, S. 81–110.

M. Lüthi, Märchen. Stuttgart ⁷1979 (= SM 16).

H.-J. Mähl, Die Idee des goldenen Zeitalters im Werk des Novalis. Heidelberg 1965 (zu »Ofterdingen«, S. 397–423).

J. Mahr, Übergang zum Endlichen. Der Weg des Dichters in Novalis' »Heinrich von Ofterdingen«. München 1970.

W. Wetzels, Klingsohrs Märchen als Science Fiction. In: MDU 65 (1973), S. 167–175.

J. Hegener, Die Poetisierung der Wissenschaften bei Novalis. Bonn 1975 (zu »Ofterdingen«, S. 138–175).

H.-J. Beck, Friedrich von Hardenberg – »Oeconomie des Styls«. Die »Wilhelm Meister« Rezeption in »Heinrich von Ofterdingen«. Bonn 1976.

R. Leroy/E. Pastor, Die Initiation des romantischen Dichters. Der Anfang von Novalis' »Heinrich von Ofterdingen«. In: Romantik. Ein literaturwissenschaftliches Studienbuch. Hg. v. E. Ribbat. Königstein 1979, S. 38–57.

D. Mahoney, Die Poetisierung der Natur bei Novalis. Bonn 1980.

U. Stadler, Die theuren Dinge. Studien zu Bunyan, Jung-Stilling und Novalis. Bern & München 1980 (zu »Ofterdingen«, S. 116–224).

ders., Novalis. »Heinrich von Ofterdingen«. In: Romane und Erzählungen der deutschen Romantik. Neue Interpretationen. Hg. v. P. M. Lützeler. Stuttgart 1981, S. 141–162.

J. Schreiber, Das Symptom des Schreibens. Roman und absolutes Buch in der Frühromantik (Novalis/Schlegel). Frankfurt/M 1983 (zu »Ofterdingen«, S. 182–266).

N. Saul, History and Poetry in Novalis and the Tradition of the German Enlightenment. London 1984 (zu »Ofterdingen«, S. 151–183).

B. Hauer, Die Todesthematik in »Wilhelm Meisters Lehrjahre« und »Heinrich von Ofterdingen«. In: Euph. 79 (1985), S. 182–206.

Fr. Burwick, The damnation of Newton. Goethe's Color Theory and Romantic Perception. Berlin & New York 1986 (zu Novalis: S. 102–138).

U. Ritzenhoff (Hg.), Erläuterungen und Dokumente. Novalis, »Heinrich von Ofterdingen«. Stuttgart 1987 (= UB 8181).

8. Clemens Brentano (1778–1842): »Godwi«

Clemens Brentanos einziger Roman, »Godwi oder das steinerne Bild der Mutter«, 1800/1801 in zwei Bänden bei Wilmans in Bremen unter Brentanos Pränomen »Maria« erschienen, erfuhr vom Augenblick seiner Veröffentlichung an keine günstige Aufnahme. Friedrich Schlegel, dessen Romantheorie hierin »bis an die Grenze des Absurden verwirklicht« wurde (von Wiese, S. 247), hat sein Widmungsexemplar lange Zeit nicht gelesen, es dann aber mit folgendem derbem Distichon versehen und nach Unterschriften zu diesem

Verdikt gesucht:»Hundert Prügel vorn A – die wären Dir redlich zu gönnen,/ Fr. Schl. bezeugts, andre Vortrefliche auch« (FBA XVI, 606 f.). Von Brentano selber in seine »Gesammelten Schriften« nicht zugelassen, erlebte »Godwi« erst 1906 einen Neudruck. Noch heutzutage genießt Brentanos »verwilderter Roman«, wie sein Untertitel lautet, den zweifelhaften Ruf, »kaum oder nur aus literaturhistorischem Pflichtgefühl lesbar« zu sein (David, S. 160). In der Tat wird man ohne Kenntnis anderer avantgardistischer Romane der Epoche wohl schwerlich Zugang zu diesem Werk finden können. Im Kontext der Frühromantik gesehen gewährt jedoch »Godwi« faszinierende Einblicke sowohl in seinen jugendlichen Verfasser als auch in eine literarische Bewegung im Begriff der Auflösung.

Durch Herkunft und Lebensumstände war Clemens Brentano mit dem deutschen literarischen Leben von Empfindsamkeit bis Spätromantik eng verknüpft. Großmutter mütterlicherseits war Sophie La Roche, Jugendfreundin Wielands und Verfasserin der »Geschichte des Fräuleins von Sternheim« (1771/1772); die Veröffentlichung sowohl dieses Briefromans als auch des »Godwi« hat Wieland gefördert. Goethes Freundschaft mit Brentanos Mutter Maximiliane und die Eifersucht des älteren Gatten, des Großkaufmanns Peter Brentano, waren entscheidende Impulse für die Niederschrift des »Werther« im Frühjahr 1774; als Medizinstudent in Jena wohnte Brentano eine Zeitlang zusammen mit Theodor Arnold Kestner, dem Sohn der anderen Vorlage für Werthers Lotte. Während seines Jenaer Aufenthalts von 1798 bis 1800 lebte Brentano in dem Kreis um Friedrich Schlegel und Ludwig Tieck; in Caroline Schlegels Salon lernte er Sophie Mereau, seine erste Frau, kennen, deren Züge in der Gestalt der Lady Molly Hodefield in »Godwi« erkennbar sind. Andere Charaktere im ersten Band des Romans wie der harfenspielende Greis Werdo Senne oder das dichtende Kind Eusebio, sowie der ursprüngliche Kontrast zwischen dem herumvagabundierenden Godwi und dem im Handelshaus zurückgebliebenen Römer verraten den Einfluß von »Wilhelm Meister Lehrjahren«; in der Nachrede zum Roman, den »Nachrichten von den Lebensumständen des verstorbenen Marias«, die August Winkelmann, ein Kommilitone aus der Jenaer Zeit verfaßte, wird die Goethe-Verehrung jener Kreise dokumentiert (FBA XVI, 564). Während der Schlußphase seiner Arbeit am zweiten Band des Romans schloß Brentano 1801 eine innige Freundschaft mit seinem künftigen Schwager und poetischen Mitarbeiter, Achim von Arnim; ein von Arnim verfaßter Beitrag zu »Godwi« blieb allerdings ungedruckt (FBA XVI, 602–605).

Hatte Alfred Kerr (in letzter Zeit Horst Dieter Heyer) die biogra-

phischen Elemente in »Godwi« aufgedeckt – z. B. das gespannte
Verhältnis zum Vater, die Sehnsucht nach der toten Mutter, die
bereits im Titel des Romans angedeutet wird, oder die Schilderung
der Schwester Bettina in der Gestalt der Annonciata –, so war es das
Verdienst Paul Böckmanns, auf die grundlegende Bedeutung frühromantischer Formprinzipien in »Godwi« verwiesen zu haben.
Während der erste Band Tiecks polyperspektivischem Briefroman
»William Lovell« ähnelt, macht zu Beginn des zweiten Bandes der
Dichter Maria das Bekenntnis »Ich habe leider diese Briefe mit dem
meinigen vermischt« (FBA XVI, 273) und bricht hiermit mit der
Tradition des Briefromans, vermeintlicher Bürge für die Wahrheit
der darin geschilderten Umstände zu sein. Maria wird anschließend
zur Figur seines eigenen Romans, indem er zu Godwi reist, um die
Vorgeschichte und das Schicksal der Charaktere aus dem ersten
Band zu erfahren (zu Entsprechungen bei Jean Paul, s. Kerr,
S. 68–70). Wenn es sich erweist, daß Römer, Godwi, Godwis Vater,
Lady Hodefield, Werdo Senne und seine Tochter Otilie usw. alle
irgendwie miteinander verwandt und verbunden sind, wird dieses
Klischee der zeitgenössischen Literatur dadurch parodiert, daß Maria längst kein Interesse mehr an der Fabel zeigt. Während Godwi
über eine Reise dieser Personen nach Italien berichtet, unterbricht
ihn Maria mit dem Ruf: »Glückliche Reise, [...] kommt um Gottes-
willen nicht wieder –!« (FBA XVI, 483). Zu guter Letzt stirbt Maria,
so daß der Roman von Godwi selber zu Ende geschrieben werden
muß. Wie Paul Böckmann bemerkt: »Nicht die Personen und Ereignisse werden wichtig, nicht die objektive Schilderung von Menschen
und Dingen steht im Mittelpunkt, sondern die Spiegelungen aller
Romaninhalte in einzelnen Individualitäten, die selbst nur wieder
durch solche Spiegelungen sichtbar werden können« (S. 138). Entspricht dieses Verfahren einem Kernsatz von Friedrich Schlegels
Auffassung von der romantischen Poesie als einer endlosen Verviel-
fachung der poetischen Reflexion (KFSA II, 182), so ist es kein
Wunder, daß der zweite Band des »Godwi« ein »Gespräch über das
Romantische« enthält, wo Maria die Meinung vertritt: »Alles, was
zwischen unserm Auge und einem entfernten zu Sehenden als Mittler steht, uns den entfernten Gegenstand nähert, ihm aber zugleich
etwas von dem seinigen mitgiebt, ist romantisch« (FBA XVI, 314).
    Daß Brentano indes kein blinder Nachahmer der frühromanti-
schen Poetik war, sondern den Prämissen seiner etwas älteren Jenaer
Lehrmeister skeptisch gegenüberstand, erweist seine Gestaltung der
Mann-Frau-Beziehungen im Roman. Otilie, die dritte in einer auf-
steigenden Linie von Godwis Freundinnen im ersten Band, scheint
zunächst auch eine Kulmination von Frauentypen wie Sternbalds

Marie oder Ofterdingens Mathilde zu sein. Das poetische Liebesgespräch zwischen Heinrich und Mathilde in »Ofterdingen« (NS I, 287–290) wird dadurch überboten, daß Godwi und Otilie auf weite Strecken zueinander in Versen reden (FBA XVI, 148–188). Gerade diese Illusion einer hehren Liebe wird jedoch im zweiten Band des Romans zerstört. Otilie und Godwi verneinen mit Nachdruck, daß sie einander lieben, gerade an der Stelle, wo im Trivialroman ein ewiges Bündnis der Herzen zu erwarten wäre (S. 481). Marias Geständnis, er sei selber verliebt, als er die Briefe des ersten Teils bearbeitete (S. 273 f.), macht wahrscheinlich, daß Otilie als Wunschprojektion aufzufassen ist. Diese Vermutung wird bekräftigt, wenn Godwi und Maria Otilie als Romanfigur analysieren und sie »sublime schlecht« finden (S. 379). Und wenn Maria schließlich erwähnt, er hätte einen Verführungsversuch eingebaut, »hätte mir der Buchdrucker nicht so zugesetzt, daß ich nicht Zeit hatte, sie zu verführen« (S. 380), so wird sowohl auf das Künstliche der Figur als auch auf die ökonomischen Bedingungen ihrer Entstehung als Marktprodukt hingewiesen. Daß Brentano an dieser Stelle nicht versäumt, einige Seitenhiebe gegen »eine neue Art Mythologie« (S. 380) zu machen – nämlich Otilies Glauben an die stillen Lichtern (S. 181), die sich als eine Handlaterne erweisen (S. 479) –, zeugt von einem erheblich gesunkenen Vertrauen an die Macht der Poesie (s. dazu Mennemeier, S. 30).

Violette, Godwis Geliebte im zweiten Teil des Romans, kommt hingegen aus einer Ahnenreihe, die Philine aus den »Lehrjahren« und die Kurtisane Lisette aus der »Lucinde« mit einschließt. Korff nennt das Denkmal, das Godwi nach ihrem Tod errichten läßt, »die höhere Idee seiner Dirnenromantik« (S. 212). Wie im Fall des steinernen Bildes der Mutter ist jedoch dieses Kunstwerk weniger Apotheose als vielmehr Ersatz für die im Leben schmerzlich vermißte Harmonie: »Brentanos Roman entlarvt nun mit aller Radikalität das Illusionäre und Utopische des Versuchs, eine neue Lebenstotalität zu gewinnen, die Vereinzelung des Subjekts in einer neuen Allverbundenheit zu überwinden. Violetta (sic) stirbt in Wahnsinn und läßt Godwi vereinsamt zurück« (Eilert, S. 134 f.; s. dazu auch Meixner, S. 449–452).

Obwohl »Godwi« schnell in Vergessenheit geriet, enthält er einige von Brentanos berühmtesten Gedichten – wie z. B. »Sprich aus der Ferne«, »Ein Fischer saß im Kahne«, »Lore Lay« und »Die lustigen Musikanten« –, die losgelöst von ihrem ursprünglichen Kontext ein Eigendasein führen. In einer höchst interessanten Studie hat Ursula Matthias gezeigt, daß nicht nur die Bild- und Denkmalbeschreibungen im Roman, sondern nahezu alle Gedichteinlagen die oben beschriebene Diskrepanz zwischen dem Streben nach Transzendenz und dem Bewußtsein des Versagens reflektieren. So verlieren die oft zitierten Verse:

»Alles ist freundlich wohlwollend verbunden,
Bietet sich tröstend und trauernd die Hand,
Sind durch die Nächte die Lichter gewunden,
Alles ist ewig im Innern verwandt« (FBA 16, 185)

ihren optimistischen Klang, wenn man bedenkt, daß sie Otilies Reaktion auf Godwis (gut begründete) Skepsis gegenüber der Existenz der stillen Lichter (S. 181–184) darstellen. Die von Friedrich Schlegel geforderte Mischung der Gattungen gebraucht Brentano zu ganz anderen Zwecken als vor ihm Tieck und Novalis: »Die Vermittlung von Wirklichkeit und Poesie, von Novalis mit großer Anstrengung versucht, wird bei Brentano dementiert« (Matthias, S. 85).

So ist Marias Krankheit und Tod am Schluß des Romans kein unmotiviertes Vexierspiel mit dem Leser, sondern ein Reflex von Brentanos Auffassung von der Lage des Dichters in einem Zeitalter der Entfremdung und Isolation: »Es ist mir traurig zu Muthe, ich muß die Begebenheiten der überfließenden Gesundheit in Mensch und Natur beschreiben, und mir löst sich dieser Gegensatz immer mehr; ich schreibe mechanisch nieder, um meine Begräbnißkosten herauszubringen« (FBA XVI, 495). Verkündete Novalis 1798 im Elan der entstehenden Frühromantik: »Poësie ist die große Kunst der Construction der transscendentalen Gesundheit. Der Poët ist also der transsendentale Arzt« (NS II, 535), so ist drei Jahre später in »Godwi« der Dichter ein Kranker, vom Tode Gezeichneter. Der Weg zu Thomas Mann ist nicht mehr weit (vgl. dazu Fetzer).

Ausgabe:

C. *Brentano*, »Godwi oder das steinerne Bild der Mutter. Ein verwilderter Roman von Maria.« Frankfurter Brentano Ausgabe (= FBA), Bd. XVI. Hg. v. W. Bellmann. Stuttgart 1978.

Literatur:

Zu weiteren Literaturhinweisen, s. H. *Kastinger Riley*, Clemens Brentano, Stuttgart 1985 (= SM 213), S. 107 f.
A. *Kerr*, »Godwi«. Ein Kapitel deutscher Romantik. Berlin 1898.
P. *Böckmann*, Die romantische Poesie Brentanos und ihre Grundlage bei

Friedrich Schlegel und Tieck. Ein Beitrag zur Entwicklung der Formensprache der deutschen Romantik. In: Jb. FDH 1934–1935, S. 56–176.

H. A. Korff, Geist der Goethezeit. Teil III. Leipzig ²1949 (zu »Godwi«, S. 208–214).

F. N. Mennemeier, Rückblick auf Brentanos »Godwi«. Ein Roman ohne Tendenz. In: Wirkendes Wort 16 (1966), S. 24–33.

C. David, Clemens Brentano. In: Die deutsche Romantik. Hg. v. H. Steffens. Göttingen 1967, S. 159–179.

H. Meixner, Denkstein und Bildersaal in Clemens Brentanos »Godwi«. Ein Beitrag zur romantischen Allegorie. In: Jb. DSG 11 (1967), S. 435–468.

B. v. Wiese, Brentanos »Godwi«. Analyse eines »romantischen« Romans. In: B. v. W., Von Lessing bis Grabbe. Düsseldorf 1968, S. 191–247.

G. Storz, Beobachtungen an Brentanos »Godwi«. In: Festschrift für Friedrich Beißner. Hg. v. U. Gaier und W. Volke. Bebenhausen 1974, S. 436–446.

H. D. Hayer, Brentanos »Godwi«. Ein Beispiel des frühromantischen Subjektivismus. Bern & Frankfurt 1977.

J. Fetzer, Nachklänge Brentanoscher Musik in Thomas Manns »Doktor Faustus«. In: Clemens Brentano. Hg. v. Detlev Lüders. Tübingen 1980, S. 33–46.

M. Brown, »Godwi« und die Krise der deutschen Romantik. In: Goethezeit. Festschrift für Stuart Atkins. Hg. v. G. Hoffmeister. Bern & München 1981, S. 301–312.

H. C. Eilert, Clemens Brentano. »Godwi«. In: Romane und Erzählungen der deutschen Romantik. Hg. v. P. M. Lützeler. Stuttgart 1981, S. 125–140.

U. Matthias, Kontextprobleme der Lyrik Clemens Brentanos. Eine Studie über die Verseinlagen im »Godwi«. Frankfurt & Bern 1982.

G. Schulz, Brentanos »Godwi«. In: G. S., Die deutsche Literatur zwischen Französischer Revolution und Restauration. Erster Teil: 1789–1806. München 1983 (zu »Godwi«, S. 431–438).

9. Jean Paul: »Titan«, »Flegeljahre« und »Vorschule der Ästhetik«

In den Jahren nach seinem ersten Weimarer Aufenthalt im Juni 1796 kam Jean Paul allmählich mit der ganzen geistigen Elite Deutschlands in Kontakt; neben Goethe, Schiller, Herder und Wieland unterhielt er Verbindungen mit Jacobi, Fichte, den Brüdern Schlegel, Novalis, Tieck und führenden Gestalten der Berliner Salonkultur wie Rahel Varnhagen und Henriette Herz. In seinem vierbändigen Roman »Titan«, den sein alter Verleger Matzdorff zwischen 1800 und 1803 alljährlich auf den Markt brachte, setzte sich Jean Paul mit den Haupttendenzen seines Zeitalters auseinander. So wie

Goethes »Wilhelm Meisters Lehrjahre« ihrerseits eine Zusammenfassung der bisherigen europäischen Romantradition darstellten, so wollte Jean Paul in seinem Hauptwerk sowohl die eigenen früheren Romane als auch diejenigen seiner klassisch-romantischen Zeitgenossen einbeziehen und damit übertreffen. Nahezu zehn Jahre beschäftigte er sich mit diesem Projekt; die ersten Studien reichen bis zum »Genie«-Heft vom 31. 12. 1792 zurück – das heißt, zu einer Zeit, als seine »Unsichtbare Loge« noch nicht erschienen war. Mit Recht deutet Wolfgang Harich »Titan« als die Fortsetzung und Vollendung der Thematik und Problematik von »Hesperus« und »Der unsichtbaren Loge«; ebenfalls sieht Joseph Kiermeier in Albano – dem Romanhelden, der am Schluß des »Titan« regierender Fürst von Hohenfließ wird – die endgültige Exemplifizierung des platonischen »Weisen auf dem Thron«, den er im Extrablatt über den hohen Menschen in »Der unsichtbaren Loge« vorgeprägt findet.

In der »Vorschule der Ästhetik«, wo Jean Paul seine Romantypologie der hohen (»italienischen«), mittleren (»deutschen«) und niederen (»niederländischen«) Schulen darlegte, gab er zu bedenken, daß alle drei Arten gewöhnlich in einem Roman – vor allem in einem seiner Romane – zu finden sind; die letzten drei Bände des »Titan« rechnete er hingegen ausschließlich zur italienischen Manier (JPW V, 255). Italienisch ist nicht nur der Ton, sondern auch der Schauplatz des Eingangskapitels, wenn Albano Isola Bella, die Szene seiner Kindheit, beim Sonnenaufgang erblickt: wie im Fall von Hölderlins »Hyperion« wird ein Bezug zwischen Romanheld und Sonnengott hergestellt. Jedoch enthält der Titel »Titan« eine Mehrdeutigkeit; er könnte sich genauso gut auf einen himmelstürmenden Titanen beziehen (vgl. dazu Korff, S. 130).

In den ersten Stadien der Romanpläne sollte die Hauptgestalt negative Züge der Genialität enthalten, wie sie Jacobi besonders in der zweiten Fassung von »Eduard Allwill« (1792) zeichnete (s. dazu Geissendoerfer). Im Zuge der Arbeit erwuchs jedoch die Idee eines fmatzenhaften Spiegelbildes zu Albano; die Figur von Roquairol trat ins Leben. In seiner Analyse von Roquairol als »Kind und Opfer des Jahrhunderts« (JPW III, 262) beschrieb Jean Paul die Folgen einer ›ästhetischen Erziehung‹ losgelöst von ethischen Grundsätzen:

»Alle herrliche [sic] Zustände der Menschheit, alle Bewegungen, in welche die Liebe und die Freundschaft und die Natur das Herz erheben, alle diese durchging er früher in Gedichten als im Leben, früher als Schauspieler und Theaterdichter denn als Mensch, früher in der Sonnenseite der Phantasie als in der Wetterseite der Wirklichkeit; daher als sie endlich lebendig in seiner Brust erschienen, konnt' er besonnen sie ergreifen, regieren, ertöten und gut ausstopfen für die Eisgrube der künftigen Erinnerung« (ebd., S. 263).

Damit traf Jean Paul noch mehr als die Weimarer Klassik, so wie er sie verstand, die entstehende Romantik; Jean Paul zufolge hat Clemens Brentano in Roquairol sich selbst wiedererkannt (s. dazu Rehm, S. 240–242).

Wie bereits im Klinger-Kapitel vermerkt, bestehen frappierende Übereinstimmungen in der Handlung und Figurenkonstellation zwischen »Titan« und Klingers »Geschichte eines Teutschen der neuesten Zeit«, die Jean Paul 1798 in Leipzig las und die ihrerseits eine Reaktion auf die vermeintliche »Aristokratie der Kultur« in den »Lehrjahren« darstellt (vgl. S. 42f. dieser Studie). So ist Roquairol schon als Kind von der Gestalt Werthers mächtig angezogen; am Ende des Romans begeht er als ›Knalleffekt‹ zu einem selbstverfaßten Trauerspiel Selbstmord, nachdem er die Gräfin Linda, Albanos Braut, getäuscht und verführt hat. Aber trotz aller Anerkennung des sittlichen Ernstes seines Vorgängers beanstandet Jean Paul, »daß Klingers Poesien den Zwiespalt zwischen Wirklichkeit und Ideal, anstatt zu versöhnen, nur erweitern, und daß jeder Roman desselben, wie ein Dorfgeigenstück, die Dissonanzen in eine schreiende letzte auflöse« (»Vorschule«; V, 100). So näherte er sich nolens volens im »Titan« Goethes »Wilhelm Meister«, indem die wichtigen Figuren im Roman entweder Albano entwickeln helfen oder aber verabsolutierte Tendenzen seines Selbst darstellen, die zu überwinden sind:

»Es steht daher nicht nur der zarten frommen Liane die heroisch-titanische Linda gegenüber, sondern auch Roquairol, dem Abgebrannten des Lebens – Schoppe, der Abgebrannte des Geistes. Zwei weibliche und zwei männliche Grenzfälle des Menschlichen bilden die vier Himmelsrichtungen, in die der Held des Buches hinausgelockt wird von seinen Neigungen, um doch auf jedem dieser Wege schließlich einzukehren in die feste Mitte des eigenen gediegenen Wesens« (Korff, S. 163).

Wie Wilhelm am Schluß der »Lehrjahre« Natalie, die wirkliche »schöne Seele« des Romans heiraten soll, so findet Albano in Idoine die ideale Vereinigung der Vorzüge seiner früheren Geliebten Liane und Linda. Daß Albano darüber hinaus nicht nur das Fürstentum von Hohenfließ erhält, sondern in Siebenkäs einen Ersatz in gemilderter Form für seinen verstorbenen Freund und Mentor Schoppe, verleiht dem Schluß des Romans einen Zug ins Märchenhafte, der die bescheideneren Ergebnisse der »Lehrjahre« übertrifft in die Richtung einer frühromantischen Utopie. Bezeichnenderweise ist allerdings der Held kein weltentrückter Künstler, sondern ein politisch Handelnder. Wenn auch Albanos heroische Begeisterung für die französische Revolution keine Umsetzung in der Tat erlebt, sondern Gegenstand des Bewußtseins bleibt (s. Schlaffer), so verkörpert seine Gestalt die Hoffnung, man könnte die Ideale der Revolution nach Deutschland hinüberretten, während in Frankreich Napoleon das Direktorium stürzte und aus Verteidigungskriegen Eroberungsfeldzüge wurden.

Die Entstehungsgeschichte vom »Titan« dokumentiert, daß Jean Paul seiner eigenen Maxime folgte, der Charakter des Romanhelden sei als erstes zu schaffen: »Die Geschichte ist nur der Leib, der Charakter des Helden die Seele darin, welche jenen gebraucht, obwohl von ihm leidend und empfangend« (JPW V, 268; zum Verhältnis der Theorie der »Vorschule« zur Praxis im »Titan«, s. Bosse). Gleichwohl war er sich spätestens seit der »Unsichtbaren Loge« der Bedeutung einer zugkräftigen Fabel bewußt, wenn er nicht nur das gebildete, sondern auch das allgemeine Lesepublikum ansprechen wollte. Im Fall vom »Titan« wurde die Handlung von der Maschinerie des Schauerromans getragen; Gartes morphologische Untersuchung dieser Gattung entdeckt nahezu alle wesentlichen Elemente eines Schauerromans in den Landschaften, Botschaften, Figuren und Geschehnissen des »Titan«. Von besonderem Reiz ist die Tatsache, daß Gaspard – Albanos vermeintlicher Vater und geheimer Lenker des Spuks, der Albano zu einer Ehe mit seiner Tochter Linda treiben soll – die Physiognomie Schillers trägt, denn dessen »Geisterseher« steht noch mehr als die Turmgesellschaft im »Meister« zu diesem Aspekt des »Titan« Pate.

Indes wäre es falsch, im »Titan« eine Pastiche aus anderen Romanen der Goethezeit sehen zu wollen. Was sowohl den »Titan« als auch Jean Pauls andere Romane unverkennbar prägt, ist der empfindsam-humoristische Erzähler. Mögen die Exkurse, im Vergleich zu denen der früheren Romane, spärlicher sein – dafür sorgt ihre Versetzung in den »Komischen Anhang zu Titan« –, und bleibt die Figur des Erzählers dieses Mal außerhalb der Romanhandlung als solcher, so vermittelt er doch ununterbrochen zwischen seinen Gebilden und dem Leser: »Geschehen und Charaktere des Romans werden zum Schauspiel aus dem Winkel eines Blickes, der diesem Schauspiel enthoben und doch erst in ihm verankert und durch es begrenzt ist« (Ortheil, S. 270). Dieses Bewußtsein einer Zugehörigkeit zur dargestellten Welt zeichnet den Erzähler des »Titan« vor allem von seinem vielleicht größten Charakter aus – Leibgeber-Schoppe, dem Satiriker und Fichteaner, der in seiner Verachtung des Irdischen schließlich dem Wahnsinn verfällt und an der Konfrontation mit seinem Körper in der Gestalt seines Freundes Siebenkäs stirbt:

»›Du bist der alte Ich – nur her mit deinem Gesicht an meins und mache das dumme Sein kalt‹, rief Schoppe mit letzter Mannes-Kraft. ›Ich bin Siebenkäs‹, sagte das Ebenbild zärtlich und trat ganz nahe. – ›Ich auch, Ich gleich Ich‹, sagt’ er noch leise, aber dann brach der überwältigte Mensch zusammen« (III, 800).

Schoppes letzte Worte sind nicht nur ein Hinweis auf die Tathandlung des Absoluten Ichs in Fichtes »Wissenschaftslehre«, die Jean Paul, Jacobi folgend, als philosophischen Egoismus auffaßte und die er in der »Clavis Fichtiana seu Leibgeberiana« (III, 1013–1056) bereits parodiert hatte; sie beziehen sich heimlich auf Jean Pauls Kindheitserlebnis »ich bin ein Ich« (VI, 1061), und stellen also eine latente Gefahr für den Autoren selber dar. So besitzt der tödliche Absturz des weltverachtenden Luftschiffers Gianozzo im »Komischen Anhang zu Titan« Signalcharakter sowohl für Leibgeber, an den das »Seebuch« gerichtet ist, als auch für Jean Paul, dessen Diminutiv »Hänschen« auf italienisch »Gianozzo« heißt. Wenn »Werther« für Goethe das Buch war, das »Brandraketen« in ihm auslöste, so oft er es in die Hand nahm: »Es wird mir unheimlich dabei, und ich fürchte, den pathologischen Zustand wieder durchzuempfinden, aus dem es hervorging« (Gespräch mit Eckermann am 2. Januar 1824; HA VI, 534f.), so notierte sich Jean Paul 1816 »Warum ich nicht im Titan lesen darf«: »Es ist noch ein versperrtes Leben [ein Traumleben] in mir; und darum ergreift es mich, weil es heraus will, wenn er anklopft« (zitiert nach Rehm, S. 234 f.).

Die Zwillingsbrüder Walt und Vult in den »Flegeljahren«, seinem nächsten Roman, dessen erste drei Bände 1804 bei Cotta in Tübingen erschienen sind – ein vierter Band folgte ein Jahr später –, stellen in scheinbar milderer Form zwei Pole von Jean Pauls Wesen dar. Walt ist phantasiebegabt, gläubig und fromm, aber völlig weltfremd; Vult hingegen ist wild, satirisch veranlagt und ein Verächter der gesellschaftlichen Enge, die ihn im vierzehnten Lebensjahr zur Flucht aus dem Elternhaus trieb. Walts Bewußtsein vom Bruch zwischen Wunschträumen wie seiner Idylle vom »Glück eines schwedischen Pfarrers« (JPW II, 587–591) und der kahlen Wirklichkeit der Residenzstadt Haßlau (!) kommt vor allem in seinen Prosagedichten, oder »Streckversen«, zum Vorschein; Vult wird als Verfasser von Jean Pauls literarischem Erstling, den »Grönländischen Prozessen« (1783) angegeben. Bei ihrem Wiedersehen schlägt Vult vor, daß die Brüder einen Doppelroman schreiben, »Hoppelpoppel oder das Herz«, der von der Vereinigung ihrer konträren Talente nur gewinnen kann: »Ich lache darin, du weinst dabei oder fliegst doch – du bist der Evangelist, ich das Vieh darhinter – jeder hebt den andern« (II, 655). Hermann Meyer betrachtet diesen Plan als eine Reflexion auf die »Kontrastharmonie« (S. 63) der Romanstruktur als Ganzes.

Der Ausgangspunkt der Fabel, daß Walt Universalerbe des reichen Kauzes Van der Kabel wird, falls er die Testamentsbedingungen erfüllt, erweckt im Leser die Hoffnung, daß der gute, aber naive Walt zur Lebenstüchtigkeit erzogen wird, wozu Vult wiederum behilflich sein könnte. Jedoch sind Walts Erbämter so skurriler Art, daß sie im Endeffekt den »erziehungsgläubigen Weimarer Bildungsroman« parodieren (G. Mayer, S. 67). Darüber hinaus wird zusehends deutlicher, daß die beiden Brüder nicht zueinander passen. Wie Albano und Roquairol lieben sie dieselbe Frau. Durch einen Betrug, der an Roquairols Betragen im »Titan« mahnt, erfährt Vult endgültig, daß Winas Zuneigung dem Bruder gilt (s. dazu Neumann, S. 89–95). In seinem Abschiedsbrief an Walt heißt es» »Gehabe Dich wohl, Du bist nicht zu ändern, ich nicht zu bessern« (II, 1059). Entgegen H. Meyers harmonisierender Deutung hält Waltraud Wiethölter das Zwillingszeichen für »das Symbol einer vom Ich inszenierten, imaginären Einheit, hinter der sich in Wirklichkeit eine Duplizität verbirgt« (S. 176). Marie-Luise Gansberg versteht diese Duplizität ideologiekritisch als den Widerspruch zwischen Freiheitstraum und tatsächlichem Handeln im Bewußtsein der deutschen bürgerlichen Intelligenz um 1800, während Peter Maurer sie als Zeichen der Gespaltenheit des Daseins deutet, wie sie Jean Paul erlitt und mit Hilfe seines Humorbegriffs dichterisch verarbeitete (zur humoristischen Struktur der »Flegeljahre«, s. auch G. Mayer).

Nach dem Abschluß des dritten Bandes der »Flegeljahre« unterbrach Jean Paul seine Arbeit an diesem Roman und widmete sich 1803/04 der Ausarbeitung seiner »Vorschule der Ästhetik«, deren geistige Mitte die Ausführungen über den Humor bilden:

»Der Humor, als das umgekehrte Erhabene, vernichtet nicht das Einzelne, sondern das Endliche durch den Kontrast mit der Idee. Es gibt für ihn keine einzelne Torheit, keine Toren, sondern nur Torheit und eine tolle Welt; er hebt – ungleich dem gemeinen Spaßmacher mit seinen Seitenhieben – keine einzelne Narrheit heraus, sondern er erniedrigt das Große, aber – ungleich der Parodie – um ihm das Kleine, und erhöhet das Kleine, aber – ungleich der Ironie – um ihm das Große an die Seite zu setzen und so beide zu vernichten, weil vor der Unendlichkeit alles gleich ist und nichts« (JPW V, 125).

Wie vor ihm Friedrich Schlegel meinte Jean Paul »Das Unentbehrlichste am Roman ist das Romantische« (V, 250), welches er als »das Schöne ohne Begrenzung, oder das *schöne* Unendliche« (V, 88) definierte. Im Gegensatz aber zum »poetischen Nihilisten« der

Frühromantik, der Jean Paul zufolge »lieber ichsüchtig die Welt und das All vernichtet, um sich nur freien *Spiel*-Raum im Nichts auszuleeren« (V, 31), forderte Jean Paul vom wahrhaften Dichter, »begrenzte Natur mit der Unendlichkeit der Idee [zu] umgeben« (V, 43). Wenn auch Jean Paul die besondere Schwierigkeit eines Romans der deutschen Schule in der Vereinigung von bürgerlicher Alltäglichkeit mit romantischer Unendlichkeit sah (V, 254 f.), kann man umgekehrt argumentieren, daß gerade die detaillierte Beschreibung der kleinstädtischen Wirklichkeit in »Siebenkäs« und den »Flegeljahren« dem heutigen Leser zugänglicher ist als die Exaltiertheit seiner »italienischen« Romane.

Bezeichnenderweise parodierte Jean Paul in den »Flegeljahren« seinen eigenen »Hesperus« dadurch, daß der Musiker Vult einmal als blinder Flötist auftritt, um die falsche Empfindsamkeit seiner Zuhörer herauszufordern. Die Berechnung geht nicht fehl: Raphaela, die Tochter des neureichen Hofagenten Neupeters, weiß schon im voraus, wie sie reagieren wird: »Wenn ich den Unglücklichen höre, zumal im Adagio, ich freue mich darauf, ich weiß, da ›sammeln sich alle gefangenen Tränen um mein Herz‹; ich denke an den blinden Julius im Hesperus, und Tränen begießen die Freudenblumen« (II, 729). Das ›gebildete‹ bürgerliche Publikum benutzt Literatur und Kunst lediglich zu Repräsentationszwecken (vgl. dazu Neumann, S. 42–47). Die vom Dichter früher erhofften emanzipatorischen Wirkungen der Kunst bleiben aus.

Der vierte Band der »Flegeljahre«, der im Herbst 1805 erschien, beschreibt die vergeblichen Bemühungen der Brüder, einen Verleger für ihren Doppelroman zu finden. Beispielsweise sendet der Berliner Kritiker Garlieb Merkel, der als Parteigänger der Spätaufklärung nicht nur Jean Paul, sondern auch Goethe und die Romantiker heftig und wiederholt angriff, das Manuskript »mit wahrer Verachtung« zurück (II, 1031). Ein ähnliches Schicksal erfuhren sowohl »Titan« als auch die »Flegeljahre«, die beide buchhändlerische Mißerfolge waren. Im Unterschied zu den früheren Romanen kam keine zweite, verbesserte Auflage vom »Titan« heraus; die »Flegeljahre« blieben unvollendet. Erst mit seinem Alterswerk »Der Komet« (1820/22) versuchte es Jean Paul unter ganz veränderten gesellschaftlichen Bedingungen, wieder einen Roman zu schreiben.

Ausgabe:

Jean Paul, Werke. Hg. v. N. Miller und G. Lohmann, mit Nachworten v. W. Höllerer. München 1959/63 (JPW). Römische Zahlen beziehen sich auf die Bandnummern, in denen »Titan«, »Flegeljahre«, »Vorschule der Ästhetik« und andere Schriften von Jean Paul erscheinen.

Literatur:

Zu weiteren Jean Paul-Bibliographien, s. die Angaben auf S. 70 f. dieser Studie.

K. Freye, Jean Pauls »Flegeljahre«. Materialien und Untersuchungen. Berlin 1907; Nachdruck: New York & London 1967.

E. Berend, Jean Pauls Ästhetik. Berlin 1909; Nachdruck: Hildesheim 1978.

R. Rohde, Jean Pauls Titan. Untersuchungen über Entstehung, Ideengehalt und Form des Romans. Berlin 1920; Nachdruck: New York 1967.

L. Stern, »Wilhelm Meisters Lehrjahre« und Jean Pauls »Titan«. In: Zeitschrift für Ästhetik und allgemeine Kunstwissenschaft 16 (1921), S. 35–68; Wiederabdruck in: Jean Paul. Hg. v. U. Schweikert. Darmstadt 1974, S. 33–73.

T. Geissendoerfer, Jacobi's Allwill and Jean Paul's Titan. In: JEGP 27 (1928), S. 361–370.

H. Garte, Kunstform Schauerroman. Eine morphologische Begriffsbestimmung des Sensationsromans im 18. Jahrhundert von Walpoles »Castle of Otranto« bis Jean Pauls »Titan«. Leipzig 1935.

H. A. Korff, Geist der Goethezeit. Bd. III. Leipzig 1940; [2]1949 (zu »Titan« und den »Flegeljahren«, S. 128–205).

E. Staiger, Jean Paul. »Titan«. Vorstudien zu einer Auslegung. In: E. S., Meisterwerke deutscher Sprache aus dem 19. Jahrhundert. Zürich 1943, [3]1957, S. 39–81.

W. Rehm, Roquairol. Eine Studie zur Geschichte des Bösen. In: Orbis Litterarum 8 (1950), S. 161–258; hier zitiert nach dem Wiederabdruck in W. R., Begegnungen und Probleme, Bern 1957, S. 155–242.

H. Meyer, Jean Pauls »Flegeljahre«. In: H. M., Zarte Empirie, Stuttgart 1963, S. 57–112.

G. Mayer, Die humorgeprägte Struktur von Jean Pauls »Flegeljahren«. In: ZfdPh. 83 (1964), S. 409–426.

P. H. Neumann, Jean Pauls »Flegeljahre«. Göttingen 1966.

M.-L. Gansberg, Welt-Verlachung und »das rechte Land«. Ein literatursoziologischer Beitrag zu Jean Paul's »Flegeljahren«. In: DVjs. 42 (1968), S. 373–398.

B. Böschenstein, Jean Pauls Romankonzeption. In: Deutsche Romantheorien. Hg. v. R. Grimm. Frankfurt 1968, S. 111–126.

H. Bosse, Theorie und Praxis bei Jean Paul. §74 der »Vorschule der Ästhetik« und Jean Pauls erzählerische Technik, besonders im »Titan«. Bonn 1970.

R. *Scholz*, Welt und Form des Romans bei Jean Paul. Bern & München 1973.

H. *Schlaffer*, Epos und Roman. Tat und Bewußtsein. Jean Pauls »Titan«. In: H. S., Der Bürger als Held. Frankfurt 1973, S. 15–50.

W. *Harich*, Jean Pauls Revolutionsdichtung. Berlin-Ost 1974; Seitenidentische Lizenzausgabe: Reinbek 1974.

U. *Schweikert* (Hg.), Jean Paul. Darmstadt 1974 (enthält u. a. die Aufsätze von Stern, Staiger, Meyer, Böschenstein und Gansberg).

G. *Mayer*, Jean Pauls ambivalentes Verhältnis zum Bildungsroman. In: Jb. JPG 11 (1976), S. 51–77.

V. U. *Müller*, Narrenfreiheit und Selbstbehauptung. Spielräume des Humors im Werk Jean Pauls. Stuttgart 1979.

J. *Kiermeier*, Der Weise auf den Thron! Studien zum Platonismus Jean Pauls. Stuttgart 1980.

P. *Maurer*, Wunsch und Maske. Eine Untersuchung der Bild- und Motivstruktur von Jean Pauls »Flegeljahren«. Göttingen 1981.

W. *Wiethölter*, Jean Paul. »Flegeljahre« (1804/05). In: Romane und Erzählungen der deutschen Romantik. Neue Interpretationen. Hg. v. P. M. Lützeler. Stuttgart 1981, S. 163–193.

H.-J. *Ortheil*, Der enzyklopädische Roman Jean Pauls. In: Handbuch des deutschen Romans. Hg. v. H. Koopman. Düsseldorf 1983, S. 260–272.

G. *Müller*, Jean Pauls Ästhetik und Naturphilosophie. Tübingen 1983.

W. *Köpke*, Jean Pauls Auseinandersetzung mit Werther und Wilhelm Meister im »Titan«. In: Goethe im Kontext. Hg. v. W. Wittkowski. Tübingen 1984, S. 69–82.

10. Bonaventura: »Nachtwachen«

Als der Verleger F. Dienemann 1804 im dritten Jahrgang seines obskuren »Journals von neuen deutschen Original Romanen« »Nachtwachen« eines gewissen »Bonaventura« veröffentlichte, konnte er nicht ahnen, daß er damit das wohl größte und hartnäckigste Rätselraten der neueren deutschen Literaturgeschichte ermöglichte. Bis in die Gegenwart haben sich die Forscher oft mehr für die Lösung der Frage interessiert, wer dieser Bonaventura sei, als für die Erschließung des Gehalts und der Struktur der »Nachtwachen«. Jean Paul, der das Buch mit Vergnügen las – nicht zuletzt, weil er in den sechzehn Nachtwachen eine Nachahmung der vierzehn Luftfahrten seines »Gianozzo« im komischen Anhang zum »Titan« erblickte –, sah in Bonaventura einen Decknamen Schellings, der unter diesem Pseudonym Gedichte für Tiecks und A. W. Schlegels »Musenalmanach von 1802« geschrieben hatte. Soweit man im 19. Jahrhundert von diesem Text überhaupt Notiz nahm, so geschah dies unter der Annahme, er sei eine literarische Jugendsünde

Schellings gewesen. Nachdem aber Haym und Dilthey ihre Bedenken darüber geäußert hatten, erfolgte zu Beginn dieses Jahrhunderts die Suche nach weiteren Kandidaten. Neben anerkannten Größen jener Zeit wie Caroline Schlegel-Schelling, E. T. A. Hoffmann (s. neuerdings Hunter-Lougheed), Brentano und Jean Paul selber (vgl. dazu Mielke), sind auch zweit- und drittrangige Schriftsteller vorgeschlagen worden, wie z.B. Friedrich Gottlob Wetzel (1779–1819), Ignaz Ferdinand Arnold (1777–1831), oder auch Ernst August Klingemann (1777–1831), ein Studiengenosse Brentanos in Jena, dessen kurzlebige Zeitschrift »Memnon« (1800) wie eine unfreiwillige Parodie des »Athenäums« wirkte (zu Klingemann, s. Schillemeit und Fleig; zur Verfasserfrage überhaupt, vgl. Paulsens Nachwort zu den »Nachtwachen«, S. 163–170). Die Klingemann-These erklärt zwar die Vertrautheit des Verfassers der »Nachtwachen« mit Theorie und Praxis der Frühromantik sowie Jean Pauls Schriften, nicht jedoch, wie eine Gestalt wie Klingemann auf einmal und nicht wieder ein Werk schreiben konnte, das einem Vergleich mit seinen literarischen Vorbildern durchaus standhält.

Eine der neuesten Hypothesen zur Autorschaft der »Nachtwachen« betrifft Johann Karl Wezel (1747–1819), Verfasser von satirischen Romanen wie »Tobias Knaut« (1773–1776) und »Belphegor« (1776), der seit 1785 keinen Verleger für seine Schriften mehr finden konnte und sich später von Leipzig in sein Heimatstädtchen Sondershausen zurückziehen mußte, wo er als wahnsinnig galt (s. dazu Meyer). Außer auffallenden Parallelen zwischen Wezels Lebenslauf und dem Kreuzgangs, des Erzählers der »Nachtwachen«, spricht für die Verfasserschaft Wezels, daß Jörg Schönert bereits thematische Bezüge zwischen »Belphegor« und den »Nachtwachen« aufgezeigt hat. Die Bestätigung dieser Hypothese brächte ein weiteres Beispiel von Querverbindungen zwischen ›Aufklärung‹ und ›Goethezeit‹, so wie sie die Jean Paul-Forschung der letzten Jahre geliefert hat. Jedoch lehrt das Schicksal aller bisherigen Hypothesen, die nach anfänglicher Zustimmung immer wachsendem Zweifel begegnet sind, daß auch die Wezel-These nicht die letzte, allgemein akzeptierte sein wird (zur Darlegung und Kritik der neuesten Theorien zur Verfasserschaft der »Nachtwachen«, s. Kavanagh).

Fruchtbarer als derartige Spekulationen scheint hingegen der Ansatz von Dieter Arendt zu sein: »Eine Interpretation, die grundsätzlich mit der Ablenkung vom Pseudonym zur Frage nach dem Verfasser beginnt, geht fehl, denn das Pseudonym kann ein bedeutendes Werk-Element sein« (S. 497). Bereits im ersten Satz der »Nachtwachen« erwähnt der Erzähler Kreuzgang seine »abentheuerliche Vermummung« als Nachtwächter (S. 5) – eine Rolle, die er mit seinem

»Bruder Poet« (S. 6), dem hungernden Stadtdichter, gemein hat. Dieser und andere Alter-Egos im Werk erinnern an Brentanos Spiegelungen seines Ichs in »Godwi«, wo der Dichter Maria zwar nicht identisch mit dem Autor ist, aber in romantischer Manier auf ihn hinweisen soll. In den »Nachrichten von den Lebensumständen des verstorbenen Marias« heißt es sogar: Das Geheimniß [sc. von Marias Dasein] selbst schläft in deiner Brust, Clemens Brentano! Du hattest Maria's ganzes Vertrauen« (FBA XVI, 564). Die »Nachtwachen« enthüllen jedoch ein ganz anderes Geheimnis. Nachdem der Dichter Selbstmord begangen hat, weil kein Buchhändler seine Tragödie »Der Mensch« drucken wollte, gibt Kreuzgang den »Prolog des Hanswursts« heraus, wo der Topos von der Welt als Schauspiel eine neue Wendung erhält: »Gegen die Maskeneinführung habe ich mich nicht gesperrt, denn je mehr Masken übereinander, um desto mehr Spaß, sie eine nach der andern abzuziehen bis zur vorletzten satirischen, der hippokratischen und der letzten verfestigten, die nicht mehr lacht und weint – dem Schädel ohne Schopf und Zopf, mit dem der Tragikomiker am Ende abläuft« (S. 76).

Richard Brinkmann bewertet das entlarvende Nachtwächteramt als eine Umkehrung der Nacht-Metaphysik des Novalis (S. 141). Ebenfalls nennt Dorothee Sölle-Nipperdey Kreuzgangs Tätigkeit eine perversio der Aufklärung: »Die Aufklärung im Sinn Kants macht den Menschen zu einem Mündigen und Freien. Die Aufklärung des Nachtwächters erweist den Menschen als eine Marionette, die an unsichtbaren Drähten gelenkt wird« (S. 69). Das Marionettenmotiv taucht bereits in den vierten und fünften Nachtwachen auf, wo dieselbe Geschichte zweimal erzählt wird – zuerst als steifes, ungeschicktes Marionettenspiel, dann als die psychologisch motivierte Erzählung von einem spanischen Edelmann, der aus Eifersucht und enttäuschter Liebe die Frau seines Bruders durch ihren eigenen Gatten ermorden läßt. Kreuzgang macht deutlich, daß er die erste Art der Darstellung bei weitem vorzieht (S. 41), da sie dem wirklichen Chaos in der Welt besser entspricht (S. 48). Wiederum werden Hauptideen der Romantik – hier Friedrich Schlegels philosophische Begründung der Arabeske im »Gespräch über die Poesie« (KFSA II, 319) – zu entgegengesetzten Zwecken benutzt, denn aus dem Chaos der »Nachtwachen« entsteht keine harmonische Welt. Jeffrey Sammons erblickt im Werk eine kreisförmige Struktur, deren fünfmalige Wiederholung zu einer immer düsteren Aussage führt, bis am Schluß das Wort »Nichts« die letzten drei Sätze beschließt (S. 143).

Auch zu Jean Paul, einem der wenigen Zeitgenossen, von denen wir wissen, daß sie die »Nachtwachen« bei ihrem Erscheinen gelesen haben, gibt es bei aller Überschneidung der Motive (vgl. dazu Michel, S. xix-xxvii) auch gravierende Unterschiede in der Akzentuierung. Unverkennbar ist die Verwandtschaft zwischen Kreuzgangs Angstvision in der Nacht, wo seine Geliebte im Tollhaus stirbt – »Kein Gegenstand war ringsum aufzufinden, als das große schreckliche Ich, das an sich selbst zehrte« (S. 122) – mit der »Rede des toten Christus« (JPW II, 266–271) oder den Schlußworten von Leibgeber-Schoppes »Clavis Fichtiana«: »In der finstern unbewohnten Stille glüht keine Liebe, keine Bewunderung, kein Gebet, keine Hoffnung, kein Ziel – Ich so ganz allein, nirgends ein Pulsschlag, kein Leben, nichts um mich und ohne mich nichts als nichts« (JPW III, 1056). Jedoch freut sich Kreuzgang, als er aufwacht, nicht darüber, daß es einen liebenden Gott gibt, sondern daß der Mensch sterblich ist: »Gottlob, es gibt einen Tod, und dahinter liegt keine Ewigkeit« (S. 123; allerdings glaubt seine »Ophelia« an den Beginn des wahren Ichs, nachdem sie ihre irdische Rolle ablegt). Schoppes Ich-Sucht entpuppt sich zuletzt als eine Suche nach Gott (JPW III, 801); hinter Stellen in den »Nachtwachen« wie dem »Monolog des wahnsinnigen Weltschöpfers« (S. 80–83) steckt zwar eine Satire gegen den Fichteschen Idealismus, aber auch die Vorstellung, daß die Schöpfung verpfuscht ist. »Auch dem ›poetischen Nihilisten‹, der das Endliche vernichtet, damit das Unendliche erscheine – auch ihm zeigt sich Gott nicht (Sölle-Nipperdey, S. 107).

Ohne daß man Korffs These von den »Nachtwachen« als Verzerrung und somit als Aufhebung des Subjektivismus der Romantik (S. 227f.) zu akzeptieren braucht, ist ihm doch zuzustimmen, daß dieses Werk das Ende einer Epoche darstellt. Im Krönungsjahr Napoleons geschrieben – auf den sich die Rede vom egoistischen »Sonnenadler« (S. 98f.) wohl bezieht – bleiben weder Französische Revolution noch das muffige, morsche gesellschaftliche System in Deutschland von Kreuzgangs satirischen Angriffen verschont (s. dazu Hoffmeister, S. 207f.). Und der Verlag, in dem die »Nachtwachen« erschienen sind, war einer derjenigen, die wegen der Krise im Büchermarkt nach Napoleons Feldzug gegen Preußen eingegangen sind. So wird 1805–1806 eine ökonomische und geistesgeschichtliche Zäsur in der Romanproduktion sichtbar. Erst die »Wahlverwandtschaften« leiten ein neues Stadium im Roman der Goethezeit ein. (Neuester Stand der Verfasserfrage: Ruth Haag scheint die Kontroversen über die Identität von »Bonaventura« definitiv beendet zu haben durch die Entdeckung eines Manuskripts im Nachlaß Klingemanns, wo er die »Nachtwachen« als sein eigenes Werk angibt.)

Ausgabe:

Bonaventura, »Nachtwachen«, Hg. mit Anmerkungen und einem Nachwort v. W. Paulsen. Stuttgart 1984 (= UB 8926).

Literatur:

Zur weiteren Sekundärliteratur, s. die Bibliographie in Paulsens Ausgabe der »Nachtwachen«, S. 160–162.

H. *Michel*, Einleitung zu seiner Ausgabe der »Nachtwachen«. Deutsche Literaturdenkmale des 18. und 19. Jahrhunderts, Bd. 133. Berlin 1904, S. v–lxix.

H. A. *Korff*, Geist der Goethezeit. Teil III. Leipzig 1949 (zu den »Nachtwachen«, S. 214–228).

D. *Sölle-Nipperdey*, Untersuchungen zur Struktur der Nachtwachen von Bonaventura. Göttingen 1959.

W. *Paulsen*, Bonaventuras »Nachtwachen« im literarischen Raum. In: Jb. DSG 9 (1965), S. 447–510.

J. *Sammons*, »Die Nachtwachen von Bonaventura«. A Structural Interpretation. London/The Hague/Paris 1965.

R. *Brinkmann*, »Nachtwachen von Bonaventura«. Kehrseite der Frühromantik? In: Die deutsche Romantik. Hg. v. H. Steffens. Göttingen 1967, S. 134–158.

J. *Schönert*, Fragen ohne Antwort. Zur Krise der literarischen Aufklärung im Roman des späten 18. Jahrhunderts. Wezels »Belphegor«, Klingers »Faust« und die »Nachtwachen« des Bonaventura. In: Jb. DSG 14 (1970), S. 183–229.

D. *Arendt*, Der »poetische Nihilismus« in der Romantik. Bd. II. Tübingen 1972 (zu den »Nachtwachen«, S. 483–536).

J. *Schillemeit*, Bonaventura. Der Verfasser der »Nachtwachen«. München 1973.

R. *Terras*, Juvenal und die satirische Struktur der Nachtwachen von Bonaventura. In: GQ 52 (1979), S. 18–31.

G. *Hoffmeister*, Bonaventura. »Nachtwachen«. In: Romane und Erzählungen der deutschen Romantik. Neue Interpretationen. Hg. v. P. M. Lützeler. Stuttgart 1981, S. 194–210.

W. *Pfannkuche*, Idealismus und Nihilismus in den »Nachtwachen« von Bonaventura. Frankfurt & Bern 1983.

K. *Brzović*, »Nachtwachen von Bonaventura«: A Critique of Order. In: MDU 76 (1984), S. 380–395.

K.-H. *Meyer*, Johann Karl Wezel und die »Nachtwachen von Bonaventura«. In: Neues aus der Wezel-Forschung 2 (1984), S. 62–86 (s. dazu die Besprechung von G. Hoffmeister in: GQ 58 [1985], S. 115–118).

A. *Mielke*, Zeitgenosse Bonaventura. Stuttgart 1984.

R. *Hunter-Lougheed*, »Die Nachtwachen von Bonaventura«: Ein Frühwerk E. T. A. Hoffmanns? Heidelberg 1985.

H. Fleig, Literarischer Vampirismus. Klingemanns »Nachtwachen von Bonaventura«. Tübingen 1985.

R. J. Kavanagh, Bonaventura Unmasked – Again? In: GLL, N. S. 40 (1987), S. 97–116.

R. Haag, Noch einmal: Der Verfasser der »Nachtwachen von Bonaventura«. In: Euph. 81 (1987), S. 286–297.

V. Romane der napoleonischen Zeit und der Restauration

1. Goethe: »Die Wahlverwandtschaften«

Die geringe Resonanz, die Jean Pauls spätere Romane sowie die avantgardistischen Experimente der Frühromantik fanden, ging Hand in Hand mit einem generellen Abkühlen des Interesses an Romanen im deutschen Lesepublikum. Stieg die allgemeine Buchproduktion in den Jahren 1801–1805 um 4% auf 4181 an, so hinkte die Anzahl belletristischer Produkte um 11% hinter dem Durchschnittswachstum her. Aber vor allem die Wirren der Kriegsjahre zwischen 1806 und 1813 trafen den deutschen Buchhandel, insbesondere die Belletristik, sehr hart. 1813 sank die Buchproduktion mit 2323 Artikeln um 44% hinter dem Stand von 1805 zurück; die Herstellung von Romanen, Schauspielen und Gedichtbänden lag sogar um 22% hinter diesem Durchschnittsrückgang (s. dazu Goldfriedrich, S. 10–14). Statt Bücher kaufte man immer mehr Monatsschriften und Journale – was u. a. eine Erklärung für Jean Pauls Hinwendung zu Erzählungen und journalistischer Arbeit während dieser Zeit liefert.

Napoleons Siege gegen Österreich bei Austerlitz (1805) und gegen Preußen bei Jena und Auerstädt (1806) haben, neben merkantilen Auswirkungen auf den Buchhandel, auch einen Einschnitt im deutschen Geistesleben verursacht. Preußens Erklärung der Neutralität im Vertrag von Basel aus dem Jahre 1795 hatte die Vorbedingungen für die bildungspolitischen Bestrebungen der Klassik und Frühromantik geschaffen. In einem Brief an Knebel vom 24. 12. 1824 beschrieb Goethe das Ende seiner Zusammenarbeit mit Schiller durch dessen Tod im Jahre 1805 im epochalen Zusammenhang mit der Invasion der Franzosen im darauffolgenden Jahr: »Jene Weise sich zu bilden, die sich aus der langen Friedens-Epoche des Nordens entwickelte und steigerte, ward gewaltsam unterbrochen, alles von Jugend und Kindheit auf ward genötigt sich anders zu bilden, da es denn auch in einer tumultuarischen Zeit an Verbildung nicht fehlte« (GA XXI, 619f.). So entstand in den Jahren 1806–1808 in Heidelberg eine neue Gruppe von romantischen Schriftstellern, die sich für eine Erneuerung von Patriotismus und religiöser Gesinnung einsetzten. Auch Friedrich Schlegel, der 1808 öffentlich zum Katholizismus konvertierte, distanzierte sich vom Ästhetizismus der »Athenäums«-Zeit, wo Poesie und Philosophie die geistige Revolution einführen sollten, die in der Politik ausblieb. In einer Rezension von Adam Müllers »Vorlesungen über die deutsche Wissenschaft und Literatur«, die 1808 in den »Heidelbergischen Jahrbüchern« erschien, forderte Schlegel: »Diese ästhetische Träumerei, dieser unmännliche pantheistische Schwindel, diese Formenspielerei müsse aufhören; sie sind der großen Zeit unwürdig und nicht mehr angemessen« (KFSA III, 156f.). Folgerichtig nahm Schlegel 1809 eine Stelle im österreichischen Dienst als Publizist im Krieg gegen Napoleon an.

Im Gegensatz zu seinen jüngeren romantischen Zeitgenossen beteiligte sich Goethe nicht an der ideologischen Kampagne gegen die französische Oberherrschaft. Obwohl nur Christianes mutiges Dazwischenschreiten während der französischen Besetzung von Weimar am 14. 10. 1806 ihn vor marodierenden Soldaten rettete – wofür er seine langjährige Geliebte als Zeichen der Dankbarkeit heiratete –, betrachtete er Napoleon als Überwinder der Unruhen der Französischen Revolution und als Garant für die Wiederherstellung des Friedens in Mitteleuropa. Infolge seiner Überzeugung, »daß irgendeine große Revolution nie Schuld des Volkes ist, sondern der Regierung« (Gespräch mit Eckermann vom 4. 1. 1824; GA XXIV, 550), mußte jedoch die vernichtende Niederlage Preußens als Zeichen erscheinen, daß der deutsche Adel nicht in der Lage sei, mit der veränderten Lage in Europa Schritt zu halten (s. Vaget, S. 156–161). Ohne daß Goethe es direkt sagt, deutet die innere Chronologie der »Wahlverwandtschaften« – 1808 angefangen und im Herbst des Jahres 1809 bei Cotta in Tübingen erschienen – darauf hin, daß Eduard, der männliche Hauptcharakter des Romans, am preußischen Feldzug gegen Napoleon teilnimmt (s. Atkins, S. 3). Aber keine patriotische Gesinnung liegt hinter dieser Tat, sondern die rein private Überzeugung, sein Überleben werde ein Wink des Schicksals, daß er und Ottilie, die Nichte seiner Frau Charlotte, füreinander bestimmt seien (II, 12; HA VI, 446f.). Wie in anderen wichtigen Lebensbereichen bleibt er auch im Kriegswesen, der traditionellen Hauptaufgabe des Adels, Dilettant; nicht nur seine Jugend, auch sein Mannesalter werden durch »militärische Halbheiten« (I, 18; S. 359) gekennzeichnet.

Bereits der erste Satz des Romans zeigt Eduard bei seiner anderen Tätigkeit im Roman – der Gartenarbeit. Stefan Blessin erblickt in

den Landgut- und Gartenprojekten der vier adligen Hauptcharaktere einen allerdings vergeblichen Versuch, sich mit der Natur zu
erneuern und Anschluß an die kommende bürgerliche Zeit zu erreichen (S. 98). Dagegen zeigt Siegmar Gerndt, daß der Aufbau eines
Landschaftsgartens im englischen Stil eine Mode darstellt, die längst
nicht mehr aktuell war und hiermit ein Verweilen in vorrevolutionä-
ren Denk- und Lebensweisen suggeriert: »Der Roman ›Die Wahlverwandtschaften‹ zeigt eine Gesellschaft, die die Zeichen der Zeit
nicht erkennen kann oder will und schuldhaft in einer Scheinwelt, in
einem Pseudo-Paradies verharrt, dessen sichtbares Symbol der anscheinend so freie, in Wirklichkeit jedoch hermetisch geschlossene
Landschaftsgarten ist« (S. 166). Darüber hinaus hat das Dilettieren
mit der Natur durchaus tödliche Konsequenzen: das Kind von
Eduard und Charlotte ertrinkt in dem durch Verbindung dreier
Teiche zustandegekommenen See. So steht das Wasser für das potentiell Destruktive sowohl in der menschlichen Brust als auch in der
Natur (s. dazu Dickson, S. 340 f.).

In einer eigens verfaßten Anzeige der »Wahlverwandtschaften«
am 4. 9. 1809 in Cottas »Morgenblatt für gebildete Stände« gab
Goethe eine Begründung für den Romantitel – einen Begriff aus der
Chemie, den der Schwede Torbern Bergman 1775 in seiner Schrift
»De attractionibus electivis« geprägt hatte:

»Es scheint, daß den Verfasser seine fortgesetzten physikalischen Arbeiten
zu diesem seltsamen Titel veranlaßten. Er mochte bemerkt haben, daß man
in der Naturlehre sich sehr oft ethischer Gleichnisse bedient, um etwas von
dem Kreise menschlichen Wissens weit Entferntes näher heranzubringen;
und so hat er auch wol in einem sittlichen Falle, eine chemische Gleichnißre-
de zu ihrem geistigen Ursprunge zurückführen mögen, um so mehr, als doch
überall nur eine Natur ist, und auch durch das Reich der heitern Vernunft-
Freyheit die Spuren trüber leidenschaftlicher Nothwendigkeit sich unaufhaltsam hindurchziehen, die nur durch eine höhere Hand, und vielleicht
auch nicht in diesem Leben, völlig auszulöschen sind« (bei Härtl, S. 51).

In dem bedeutenden Gespräch über Wahlverwandtschaften innerhalb des Romans verspricht der Hauptmann, er werde »verschiedene Versuche« (I, 4; S. 273) vorführen, sobald sein chemisches Kabi-
nett ankomme. Was er und seine beiden Gesprächspartner nicht
ahnen, ist, wie mit Ottilies Ankunft sie die Rollen übernehmen, die
im Gespräch die Buchstaben A, B, C und D markieren (I, 4; S. 276;
I, 5; S. 281). Charlotte (A) gesellt sich zu dem Hauptmann (C),
während Ottilie (D) sich so sehr an Eduard (B) anpaßt, daß sogar
ihre Schriftzüge mit den seinigen identisch werden (I, 12; S. 323).
Der novellistische Kern des Romans – die Liebesnacht, die Eduard
und Charlotte dadurch entweihen, daß sie sich jeweils den heimlich

Geliebten als Partner vorstellen – hat zur Folge, daß ihr Kind die Gesichtszüge des Hauptmanns und Ottilies Augen bekommt (II, 13; S. 455). Der Taufname »Otto« deutet wiederum auf die Konvergenz aller vier Charaktere, denn Eduard und der Hauptmann heißen eigentlich Otto (II, 8; S. 420). Heinz Schlaffer sieht sogar in diesem Namen ein weiteres Buchstabenspiel, das das Verhältnis der männlichen und weiblichen Partner in der chemischen Gleichnisrede verdeckt enthält (S. 92). Anstatt als »Heiland dieses Hauses« zu dienen (II, 8; S. 422), wie der fatale »Mittler« es ihm prophezeite, zeugt das Kind vielmehr von der zerrütteten Ehe seiner Eltern.

Dagegen sieht William J. Lillymann in der elementaren Anziehungskraft, die Eduard und Ottilie aufeinander ausüben, eine bewußte Verarbeitung von Aristophanes' Rede über die Liebe in Platons »Symposium«. Selbst nach dem Tod des Kindes, das für Ottilie die Möglichkeit einer Ehe mit Eduard vernichtet, heißt es, wenn die beiden schweigend nebeneinander sitzen oder stehen: »Dann waren es nicht zwei Menschen, es war nur ein Mensch in bewußtlosen, vollkommenen Behagen, mit sich selbst zufrieden und mit der Welt« (II, 17; S. 478). Ottilies Tragik liegt in dem unaufhebbaren Konflikt zwischen ihrem Entschluß, Eduard zu entsagen, und dem Bedürfnis, bei ihm zu bleiben – oder, um mit Goethe zu reden, in der Spannung zwischen »Vernunft-Freiheit« und »Spuren trüber leidenschaftlicher Notwendigkeit«.

In seiner Deutung der »Wahlverwandtschaften« als »das nicht erreichte Soziale« versteht Werner Schwan Ottilies Verstummen und Tod als das Resultat der fehlenden Kommunikation unter den Romancharakteren (S. 195); für ihn wie für Walter Benjamin stellt die Novelle von den »Wunderlichen Nachbarskindern« (II, 10; S. 434–442) das heitere Gegenbild zum Roman dar, eben weil jene Charaktere das eigene Schicksal in die Hand nehmen: »Es ist der Tag der Entscheidung, der in den dämmerhaften Hades des Romans hereinscheint« (Benjamin, S. 104). Im markanten Gegensatz sowohl zu dieser Auffassung als auch zu Benno von Wieses Standpunkt, die hochentwickelte Gesellschaft des Romans sei himmelweit verschieden von der urtümlichen Form der Gemeinschaft in der Novelle (HA VI, S. 700f.), sieht Jürgen Jacobs den gravierenden Unterschied in der Tatsache, daß die Nachbarskinder nicht verheiratet sind und daß daher die wahlverwandtliche Anziehung noch gesellschaftliche Anerkennung finden kann (S. 166f.). Darüber hinaus soll nicht vergessen werden, daß diese glücksverheißende Erzählung einer Episode aus der Jugend des Hauptmanns im merkwürdigen Kontrast steht zu dessen gedämpftem, resigniertem Verhalten im Roman. Ohne daß Goethes Text die Vermutung beweisen läßt, die

Braut des Hauptmanns sei ertrunken, wie Friedrich Kittler meint (S. 268), kann auf jeden Fall festgestellt werden, die ausschmückende Phantasie des Erzählers der Novelle habe sich an das Wunschdenken der Menge angepaßt: »es bleibt zuletzt meist alles und nichts, wie es war« (II, 11; S. 442). Die Wunder, die Ottilies Leiche angeblich bewirkt, dienen als weitere Beispiele der Legendenbildung: »Jedes Bedürfnis, dessen wirkliche Befriedigung versagt ist, nötigt zum Glauben« (II, 18; S. 488). So funktioniert Goethes Dichtung letzten Endes wie die Kapelle: die Leichen von Ottilie und Eduard werden aufbewahrt bis zu jenem »freundliche[n] Augenblick [...], wenn sie dereinst wieder zusammen erwachen« (II, 18; S. 490).

In der Gegenüberstellung von Novelle und Romanhandlung wird das Prinzip der »gegenseitigen Spiegelung« (s. dazu Steinbiß) sichtbar, das für »Wilhelm Meisters Wanderjahre« so wichtig werden soll. Aber im Unterschied zu diesem Roman, für den »Die Wahlverwandtschaften« ursprünglich als Teilstück konzipiert wurden, besteht keine Aussicht auf eine irdische Lösung des Dilemmas. Und im Gegensatz zu »Wilhelm Meisters Lehrjahren«, wo Mignons Exequien von einer dreifachen Hochzeit gefolgt werden, erfährt man hier nicht einmal das weitere Schicksal von Charlotte und dem zum Major avancierten Hauptmann. Trotz einer Strenge der Komposition, einer dicht ausgearbeiteten Dingsymbolik (vgl. Benno von Wieses Kommentar zum Text: HA VI, 678–708) und eines Formwillens im Satzbau, die alle in formeller Hinsicht eine Fortsetzung und Erhöhung der »Lehrjahre« darstellen, steht die Trauer und Resignation der »Wahlverwandtschaften« wie eine Scheidewand zwischen diesem Werk und dem Optimismus von Goethes klassischer Epoche, wie er in den »Lehrjahren« zum Vorschein kommt.

In einem Brief an Reinhard vom 31. 12. 1809 bekundete Goethe ein angebliches Desinteresse an der unmittelbaren Reaktion des deutschen Lesepublikums auf seinen Roman: »Die ›Wahlverwandtschaften‹ schickte ich eigentlich als ein Circular an meine Freunde, damit sie meiner wieder einmal an manchen Orten und Enden gedächten. Wenn die Menge dieses Werkchen nebenher auch liest, so kann es mir ganz recht seyn« (Härtl, S. 100). Dennoch verfolgte er durch diese Freunde die lebhafte und kontroverse Aufnahme, die sein Roman erfuhr. So berichtete Marianne von Eybenberg am 24. 2. 1810 aus Wien: »Nie habe [ich] so enthusiastisch, so gescheut und so dumm und absurd über etwas sprechen hören als über diesen Roman und nie sind die Buchhändler so bestürmt worden, – es war wie vor einem Bäckerhause, in einer Hungersnoth – die ersten 4 Sendungen waren so vergriffen, dass sie nicht einmal Zeit hatten, es in den Zeitungen setzen zu lassen« (Härtl, S. 139). Daß die Wiener

Nachdrucker sich sofort an die »Wahlverwandtschaften« heranmachten (s. Varnhagen von Enses im »Morgenblatt« veröffentlichten Brief an Cotta; Härtl, S. 113), gibt noch beredteres Zeugnis für die Aktualität von Goethes Roman.

Sowohl im Briefwechsel der Zeit als auch in den Rezensionen der führenden Literaturorgane reicht die Skala der Reaktionen von Bewunderung bis hin zu Abscheu und Ekel. Nannte F. H. Jacobi privat den Schluß des Romans »die Himmelfahrt der bösen Lust« (Härtl, S. 113), befand er sich damit in Übereinstimmung mit seinem einstigen Kritiker Friedrich Schlegel, der nicht mehr die Heiligkeit außerehelicher Liebesverhältnisse verkündete: »Sind Liebe und Ehe mit einem Worte nie vereint, und sollte es nicht des Dichters würdiger seyn, diesen, wenn gleich seltnen, doch in der Menschennatur wirklichen Verein darzustellen, als das gemeine Elend, da Liebe und Ehe sich ewig fliehen, die Liebe zerstörend ist und die Ehe gemein? –« (anonym veröffentlicht im »Österreichischen Beobachter« vom 21. 5. 1810; Härtl, S. 157). Dagegen betonte Abekens Rezension im »Morgenblatt« vom 22.–24. 1. 1810 die moralische Stärke von Charlotte und Ottilie (Härtl, S. 127); diese Besprechung, von Goethe und Riemer im Sonderdruck an Freunde weiter verteilt, bekam eine fast kanonische Gültigkeit und übte einen wesentlichen Einfluß auf Forscher wie Walzel und François-Poncet aus. Andererseits stellten Solgers Ausführungen über das Schicksalhafte (Härtl, S. 199–202) die Weichen für Gundolfs und Hankamers Betonung des Dämonischen im Roman. Von der Skepsis der angelsächsischen Forschung gegenüber jenem Begriff angeregt, haben die jüngsten Arbeiten von Vaget, Schwan und Wellbery mit Nachdruck betont, daß die Katastrophen im Roman das Werk menschlicher Handlungen sind: »Die schicksalhafte Verstrickung der wahlverwandten Menschen entspringt keiner außergeschichtlichen Macht. Sie wird vielmehr gezeitigt durch die Macht der Geschichte selbst, von der dieser gründlichst durchkonstruierte Roman ein Modell abgibt« (Wellbery, S. 312).

Ausgabe:

»Die Wahlverwandtschaften« werden nach Band VI der Hamburger Ausgabe (= HA) zitiert; Angaben von Buch und Kapitel des Romans sind den Seitenangaben vorangestellt.
Als Leseausgabe wird empfohlen: »Die Wahlverwandtschaften«. Mit einem Nachwort v. E. Beutler. Stuttgart 1956 (= UB 7835).

Literatur:

Zu weiteren Angaben, s. *H. Pyritz u.a.*, Goethe-Bibliographie. Bd. I. Heidelberg 1965, S. 765–768. Bd. II: 1955–1965. Heidelberg 1968, S. 237–240.

O. *Walzel*, Goethes »Wahlverwandtschaften« im Rahmen ihrer Zeit. In: Goethe-Jb. 27 (1906), S. 166–206. Leicht gekürzte Fassung in: *E. Rosch* (Hg.), Goethes Roman »Die Wahlverwandtschaften«. Darmstadt 1975, S. 35–64.

A. *François-Poncet*, Les Affinités Electives de Goethe. Paris 1910.

F. *Gundolf*, Goethe. Berlin 1916 (Zu den »Wahlverwandtschaften«, S. 548–576).

W. *Benjamin*, Goethes »Wahlverwandtschaften«. In: Neue deutsche Beiträge, H. 1 (1924), S. 83–138 u. H. 2 (1925), S. 134–168. Wiederabgedruckt in: W. B., Schriften. Bd. I. Frankfurt/M 1955, S. 55–140.

P. *Hankamer*, Spiel der Mächte. Ein Kapitel aus Goethes Leben und Goethes Welt. Tübingen 1943. Gekürzte Fassung in: Interpretationen. Bd. III. Hg. v. J. Schillemeit. Frankfurt/M 1966, S. 49–81.

H. *Hatfield*, Towards the Interpretation of »Die Wahlverwandtschaften«. In: GR 23 (1948), S. 104–114. Deutsche Übersetzung bei Rosch, S. 175–191.

P. *Stöcklein*, Wege zum späten Goethe. Hamburg 1949 (zu den »Wahlverwandtschaften«, S. 9–84).

B. *v. Wiese*, Apparat und Kommentar zu den »Wahlverwandtschaften« in Bd. VI der Hamburger Ausgabe. Hamburg 1951, ⁵1960, S. 620–713.

K. *Dickson*, Spatial Concentration in »Die Wahlverwandtschaften«. In: Modern Language Studies 1 (1965), S. 159–174; Veränderte deutsche Fassung bei Rösch, S. 325–349.

H. *Schlaffer*, Namen und Buchstaben in Goethes »Wahlverwandtschaften«. In: Jb. JPG 7 (1972), S. 84–102.

B. *Allemann*, Zur Funktion der chemischen Gleichnisrede in Goethes »Wahlverwandtschaften«. In: Untersuchungen zur Literatur als Geschichte. Festschrift für B. v. Wiese. Hg. v. V. Günther u.a. Berlin 1973, S. 199–218.

E. *Rösch* (Hg.), Goethes Roman »Die Wahlverwandtschaften«. Darmstadt 1975; Einleitung des Herausgebers, S. 1–34.

S. *Blessin*, »Die Wahlverwandtschaften«. In: S. B., Die Romane Goethes. Königstein/Ts. 1979, S. 59–109.

T. *Tanner*, Goethe's »Die Wahlverwandtschaften«. In: T. T., Adultery in the Novel. Contract and Transgression. Baltimore & London 1979, S. 179–232.

J. *Jacobs*, Glück und Entsagung. Zur Bedeutung der Novelle von den »Wunderlichen Nachbarskindern« in Goethes »Wahlverwandtschaften«. In: Jb. FDH 1979, S. 153–169.

H. R. *Vaget*, Ein reicher Baron. Zum sozialgeschichtlichen Gehalt der »Wahlverwandtschaften«. In: Jb. DSG 24 (1980), S. 123–161.

S. *Atkins*, »Die Wahlverwandtschaften«. Novel of German Classicism. In: GQ 53 (1980), S. 1–45.

S. *Gerndt*, Park und Garten in Goethes Roman »Die Wahlverwandtschaften«. In: S. G., Idealisierte Natur. Die literarische Kontroverse um den Landschaftsgarten des 18. und frühen 19. Jahrhunderts in Deutschland. Stuttgart 1981, S. 145–166.

F. *Kittler*, Ottilie Hauptmann. In: Goethes »Wahlverwandtschaften«. Kritische Modelle und Diskursanalysen zum Mythos Literatur. Hg. v. N. Bolz. Hildesheim 1981, S. 260–275.

U. *Pörkson*, Goethes Kritik naturwissenschaftlicher Metaphorik und der Roman »Die Wahlverwandtschaften«. In: Jb. DSG 25 (1981), S. 283–315.

W. *Wiethölter*, Legenden. Zur Mythologie von Goethes »Wahlverwandtschaften«. In: DVjs. 56 (1982), S. 1–64.

U. *Ritzenhoff* (Hg.), Erläuterungen und Dokumente. Johann Wolfgang Goethe, »Die Wahlverwandtschaften«. Stuttgart 1982 (= UB 8156).

W. J. *Lillyman*, Analogies for Love. Goethe's »Die Wahlverwandtschaften« and Plato's »Symposium«. In: Goethe's Narrative Fiction. Ed. W. J. Lillyman. Berlin & New York 1983, S. 128–144.

H. *Härtl* (Hg.), »Die Wahlverwandtschaften«. Eine Dokumentation der Wirkung von Goethes Roman 1808–1832. Berlin-Ost 1983.

W. *Schwan*, Goethes »Wahlverwandtschaften«. Das nicht erreichte Soziale. München 1983.

J. *Steinbiß*, Der »freundliche Augenblick«. Versuch über Goethes »Wahlverwandtschaften«. Zürich & München 1983.

D. *Wellbery*, »Die Wahlverwandtschaften«. In: Goethes Erzählwerk. Interpretationen. Hg. v. P. M. Lützeler & J. McLeod. Stuttgart 1985, S. 291–318.

B. *Buschendorf*, Goethes mythische Denkform. Zur Ikonographie der »Wahlverwandtschaften«. Frankfurt/M 1986.

M. *Hielscher*, Natur und Freiheit in Goethes »Die Wahlverwandtschaften«. Frankfurt/M 1986.

2. Achim von Arnim (1781–1831): »Gräfin Dolores« und »Die Kronenwächter«

Unter die Zeitgenossen, die in Goethes »Wahlverwandtschaften« ein Abbild der damaligen gesellschaftlichen Kultur sahen, gehörte als einer der ersten Leser des Romans Achim von Arnim. In einem Brief vom 5. 11. 1809 an seine künftige Frau Bettina Brentano schrieb er: »Uebrigens wollen wir unserm Herrgott und seinem Diener Göthe danken, daß wieder ein Theil untergehender Zeit für die Zukunft in treuer, ausführlicher Darstellung aufgespeichert ist« (Härtl, S. 71). Vor allem interessierte er sich für Goethes Darstellung von Langeweile unter dem Landadel, die in der Ehekrise von

Charlotte und Eduard sichtbar wird und die auch ein Motiv in seinem eigenen ersten großen Roman bildet. Jedoch zeigt bereits dessen Titel, »Armut, Reichtum, Schuld und Buße der Gräfin Dolores«, daß Arnim die Übel seiner Zeit nicht nur darstellen, sondern auch heilen wollte.

Viele Details sprechen dafür, daß Arnims Roman, den er zwischen November 1809 und Februar 1810 fertigschrieb und der im Mai 1810 bei der Berliner Realschulbuchhandlung herauskam, als Antwort auf »Die Wahlverwandtschaften« konzipiert wurde (s. dazu Kolbe). So begeht Dolores Ehebruch mit dem Mann ihrer Schwester Kleia, die wiederum ihren Gatten, Graf Karl, bewundert. Aber die Verführung erfolgt nicht durch ›chemische‹ Wahlverwandtschaft, sondern durch alchemistische Taschenspielerei; nicht 9, sondern 12 Monate danach bringt die Gräfin den Sohn Johannes zur Welt, der zwar den Namen des Verführers trägt, aber dem Ehemann vollkommen ähnlich sieht (SRE I, 324). In der Zwischenzeit hat Dolores infolge einer Wallfahrt eine moralische Wandlung vollzogen; fortan bis zu ihrem Tod soll ihr die Mutterliebe als »schöne Buße« (ebd., S. 328) dienen.

Bezeichnenderweise datiert Arnim Dolores' Ehebruch auf den 14. Juli – was dem Leser nahelegen soll, der Leichtsinn und die Immoralität des Adels seien schuld am Ausbruch der Französischen Revolution. Dennoch war Arnim nicht der reaktionäre Junker, für den man ihn lange Zeit hielt. Sein unveröffentlichter Aufsatz »Was soll geschehen im Glücke« – vermutlich kurz vor der Schlacht von Jena verfaßt – greift nur Napoleons Mißbrauch der Revolution zu persönlichen und familiären Zwecken an; die Unterdrückung der Staatsgewalt des Adels und der Kirche und das Hervorbringen eines Verdienstadels werden vielmehr ausdrücklich gelobt (s. dazu Göres). Nach dem preußischen Zusammenbruch schloß sich Arnim dem Kreis von Reformern um den Freiherrn von Stein an. Erst nachdem er vergeblich einen Posten im preußischen Staat gesucht hatte, wendete er sich wieder zur Literatur in der Hoffnung, einen regenerierenden Einfluß auf die öffentliche Moral auszuüben. Durch die Verteidigung der Ehe als Institution und die Befürwortung einer moralischen Erneuerung im Adel und Staat vertrat Arnim Positionen, die der bürgerlichen Aufklärung im 18. Jahrhundert eigen waren (s. dazu Peter). Neu ist die Betonung der Religion, bei welcher Gelegenheit der überzeugte Protestant Arnim sich für die sinnliche Darstellung religiöser Thematik im Katholizismus begeisterte. Horst Meixner hat gezeigt, wie dabei die einzelnen Gestalten in Arnims Roman zu Figuren werden, d. h. zu Repräsentanten religiöser Ideen oder zeitgeschichtlicher Richtungen. So soll die

Figur des Dichters Waller, der bei dem Tod seiner Frau herzzerrei-
ßende, aber formvollendete Elegien entwirft und sich am gleichen
Tag erneut verloben will, vor den Gefahren eines Ästhetizismus
warnen, bei dem die Dichtung in unverbindliche Spielerei ausartet.

Als Gegenbeispiel von der möglichen volkspädagogischen Wirkung der Kunst fungiert die eingeschaltete Aufführung der »Päpstin
Johanna« (SRE I, 351–363), die den kleinen Johannes vor den Nach-
stellungen des freigeistigen Erziehers Brülar rechtzeitig rettet (s.
dazu Moering, S. 19–21). Über 20 solcher lyrischen, dramatischen
oder epischen Einlagen hat Arnim in den Roman eingebaut. Zum
Teil bearbeitete er ältere Literatur, wie beispielsweise Hans Sachs
oder die Volksbücher; zum Teil verwendete er bereits bzw. noch
nicht veröffentlichte eigene Dichtungen, wie z.B. die Nacherzäh-
lung seines 1802 erschienenen ersten Romans »Hollins Liebeleben«
(SRE I, 92–114), die den Individualismus der Frühromantik kritisiert. Die meisten dieser Einlagen haben mit Liebe oder Ehe zu tun,
bilden also thematisch einen Bezug zum Roman, aber im zweiten
und vor allem im vierten Teil des Romans gewinnen sie so sehr ein
Eigenleben, daß die Konturen des Ganzen verschwimmen. Eric
Blackall, der sonst Sympathie und Verständnis für die Versuche der
romantischen Romanautoren zeigt, äußert in diesem Fall: »For all
its good qualities Arnim's novel shows the dangers of the arabesque
form« (S. 197).

Daß Goethe sowohl die ästhetischen als auch die religiösen Tendenzen der »Gräfin Dolores« verwarf, war nicht verwunderlich.
Aber selbst Arnims Freunde Brentano und Jacob Grimm verglichen
seinen Roman negativ mit der Formvollkommenheit der »Wahlverwandtschaften« und ließen nur Teile gelten. Lediglich Wilhelm
Grimms anonyme Rezension in den »Heidelbergischen Jahrbüchern« von 1810 pries den Reichtum der »Gräfin Dolores«: »Dafür,
dass hin und wieder Nachlässigkeit in der Zusammensetzung zu
erkennen, ist auch der Schimmer und frische Morgenthau einer
freien Dichtung über das Ganze ausgebreitet« (S. 297). Und Heines
Lob in seiner »Romantischen Schule« (SS III, 457–465) trug dazu
bei, daß die französischen Surrealisten im 20. Jahrhundert Arnim
für sich wiederentdeckten. So verweist Albert Béguin, ein Anhänger
André Bretons, auf die Feinheit von Dolores' Dialog im Traum, der
ihrem Mann den Ehebruch enthüllt, oder auf Graf Karls »écriture
automatique« zu einer Zeit, als er durch einen bösen Traum das
Schlimmste bereits ahnt (S. 304–306).

Um zu verhindern, daß seine visionären Hoffnungen zu sehr mit
den Zuständen in Deutschland in Widerspruch gerieten, verlegte
Arnim den 4. Teil der »Gräfin Dolores« nach Kleias Gütern in

Sizilien, wo wahre Wunder an Reformen stattfinden. Erst im letzten Halbsatz des Romans kehrt Graf Karl in seine Heimat zurück: »er fühlte sich gestärkt, bei dem Rufe seines bedrängten Vaterlandes, sich von dem Grabe seiner Dolores loszureißen, den Deutschen mit Rat und Tat, in Treue und Wahrheit bis an sein Lebensende zu dienen; ihm folgten seine Söhne mit jugendlicher Kraft« SRE I, 513). In seinem nächsten Romanprojekt, wofür spätestens seit 1810 Entwürfe bestanden, kleidete Arnim seine Hoffnungen für die Gegenwart nicht in Raum-, sondern in Zeitferne. Das »Hausmärchen«, das geistige Zentrum von Arnims »Kronenwächter«-Roman, erzählt von der Rettung Schwabens aus den Händen Attilas durch einen pflichtbewußten Herrscher – was deutliche Anspielungen auf das Ende der Napoleonischen Fremdherrschaft in Deutschland enthält (s. dazu das Nachwort von Lützeler, KW S. 408–411). Diese von Arnim erfundene Sage sowie die ganze Konzeption der Kronenwächter – Hüter der mittelalterlichen Kaiserkrone und der versprengten Nachkömmlinge der Staufer wie Anton und Berthold – stellen die Neuschaffung der Volkssage von der Rückkehr des Barbarossa dar. Bereits Novalis' Pläne für die Fortsetzung von »Heinrich von Ofterdingen« enthielten dieses Motiv, das als Symbol für ein wiedervereinigtes Deutschland unter einem liberalen Kaisertum im 19. Jahrhundert ungemein populär wurde (vgl. Heines Parodie dieser Erwartungen in »Deutschland, ein Wintermärchen«; in: SS IV, 608–617).

Als jedoch nach 1814 die Restauration der alten feudalen Ordnung sich auch in Preußen durchsetzte, änderte Arnim seinen Plan. Im »Anton«-Romanentwurf, der die Handlung des veröffentlichten ersten Bandes zwar fortsetzt, aber selbst auf ein früheres Stadium der Arbeit zurück verweist, erscheinen die Kronenwächter noch wie Gralsritter. Aber in »Bertholds erstes und zweites Leben«, dem Teil des Zyklus, der 1817 von der Maurerschen Buchhandlung in Berlin veröffentlicht wurde, sind sie eine Clique von rückständigen Verschwörern, die vor Meuchelmord nicht zurückschrecken, wenn es auf die Durchsetzung ihrer Geheimpläne ankommt. Und während Graf Karl in der »Gräfin Dolores« bürgerliche Tugenden anstrebte – »daß adlig all auf Erden,/ muß der Adel Bürger werden« (SRE I, 173) – möchte Berthold, regierender Bürgermeister von Waiblingen, wie seine staufischen Vorfahren Ritter werden. Indem aber Berthold Schloß Hohenstock, sein versprochenes Erbteil, besucht, bekommt mit ihm auch der Leser ein Bewußtsein von der Diskrepanz zwischen der hehren Kronenburg der Sage und der unpoetischen Wirklichkeit: »Hohenstock ist nicht mehr ein lichtes Schloß im Wald wie im zweiten Teil der ›Kronenwächter‹, sondern eine echte mittelalterliche Burg, die schon in ihrer Echtheit für das beginnende 16. Jahrhundert grotesk wirken mußte« (Sauerland, S. 879). Hans Geppert deutet die Zusammenarbeit zwischen Berthold und den Kronenwächtern, denen Berthold ursprünglich mißtraute und verabscheute, als Zeichen von Arnims Mißbilligung der »Allianz von wirtschaftlichem Fortschritt und verfassungs-politischer Stagnation« (S. 26) in der Zeit nach 1814.

Letzten Endes gelingt jedoch im Roman die Restauration des Alten und Überkommenen so wenig wie Bertholds »zweites Leben«, das Dr. Faust durch eine Bluttransfusion mit Anton herbeiführt (zum Faust-Motiv, s. Kastinger Riley, S. 48–56). Nachdem seine ehrgeizigen Pläne für die Stadt Waiblingen im Sande versikkern, stirbt Berthold in der Gruft der Hohenstaufen, wo die Inschrift lautet: »Daß ein Geschlecht vergehe und das andre komme, und die Erde indessen unbeweglich bleibe und ein jegliches Ding seine Zeit und alles unter dem Himmel seine Stunde habe, dessen gedenket man nicht« (KW S. 332). In dem »Nachtrag«, den Bettina von Arnim 1854 zusammen mit den ausgeführten Teilen des »Anton«-Romans veröffentlichte, heißt es: »Die Auflösung ist endlich, daß die Krone Deutschlands nur durch geistige Bildung erst wieder errungen werde« (SRE I, 1040). Bertholds Sehnsucht nach dem Ritterleben des Hochmittelalters erweist sich hingegen als Donquichotterie.

Neben fiktiven Personen wie Berthold und Anton sowie sagenumwobene Figuren wie Faust tauchen auch historische Persönlichkeiten wie Martin Luther und Kaiser Maximilian im Roman auf. Vergleicht man Arnims Schilderung der mächtigen Reichs- und Handelsstadt Augsburg etwa mit dem entsprechenden Teil von »Heinrich von Ofterdingen«, so wird Arnims Bestreben deutlich, mit Hilfe herangezogener Quellen ein detaillierteres Bild von Deutschland an der Wende zur Neuzeit zu entwerfen (zu Arnims Gebrauch von Quellen, s. Wilhelm). Trotzdem hält Werner Vordtriede Vergleiche mit den historischen Romanen Sir Walter Scotts, die gleichzeitig mit den »Kronenwächtern« in deutscher Übersetzung erschienen und in Popularität Arnims Roman bei weitem übertrafen, mit Recht für abwegig (S. 155). Wie R. F. Holt zeigt, hatte Arnims Auffassung seines Vorhabens nichts mit Sir Walter Scott zu tun, wohl aber mit seinen Auseinandersetzungen mit den Brüdern Grimm über Natur- und Kunstpoesie. Vor allem Jacob Grimm beschwerte sich immer wieder, daß Arnim Geschichtliches und Erdichtetes, alte Volkspoesie und Selbstgeschaffenes unselig vermischte und damit sowohl gegen die Kunst als auch gegen die Wahrheit sündigte. Da Arnim nicht an die zeitliche und qualitative

Einmaligkeit einer ursprünglichen Natur- oder Volkspoesie glaubte, fühlte er sich berechtigt, Literatur im Geist der alten Nationaldichtung zu schaffen. In diesem Kontext ist Lützelers Vorschlag, Arnims »Kronenwächter« als »romantische Kunst-Sage« oder »Sagen-Roman« zu bezeichnen (S. 381), berechtigt und ergiebig.

In »Dichtung und Geschichte«, der programmatischen Einleitung zu den »Kronenwächtern«, findet man nicht nur das Endergebnis von Arnims Briefwechsel mit den Grimms zu diesem Thema, sondern auch eine Fortführung der poetologischen Überlegungen der Frühromantik: »Dichtungen sind nicht Wahrheit, wie wir sie von der Geschichte und dem Verkehr mit Zeitgenossen fordern, sie wären nicht das, was wir suchen, was uns sucht, wenn sie der Erde in Wirklichkeit ganz gehören könnten, denn sie alle führen die irdisch entfremdete Welt zu ewiger Gemeinschaft zurück« (KW S. 10). Ebenfalls erinnert das Verhältnis zwischen »Hausmärchen« und Romanhandlung an die antizipierende Funktion des »Klingsohrmärchens« im »Ofterdingen«. Während jedoch bei Novalis Dissonanzen nur dazu da sind, um harmonisiert zu werden, verliert Arnim weder im Roman noch in der Einleitung die »irdisch entfremdete Welt« aus den Augen (zum Vergleich zwischen Arnim und Novalis, s. Geppert, u. a. S. 82–87). Nicht nur Bertholds Bemühungen scheitern, sondern der Erzähler von »Dichtung und Geschichte« thematisiert ausdrücklich auch Arnims Erkenntnis, daß seine literarischen Bestrebungen ihre beabsichtigte Wirkung nicht gehabt haben: »Der Arbeiter auf geistigem Felde fühlt am Ende seiner Tagewerke nur die eigene Vergänglichkeit in der Mühe und eine Sorge, der Gedanke, der ihn so innig beschäftigte, den sein Mund nur halb auszusprechen vermochte, sei wohl auch in der geistigen Welt, wie für die Zeitgenossen untergegangen« (KW S. 8).

In der Tat wurde der erste Band der »Kronenwächter« von Kritikern wie vom Lesepublikum kaum beachtet. Wilhelm Grimms Rezension in den »Heidelbergischen Jahrbüchern« von 1818 war die einzige Besprechung von Belang, und auch sie entstammte auf weite Strecken der Feder Bettina von Arnims. Gequält von dem Bewußtsein, daß die Menge ihn nicht las und daß selbst die engsten Freunde seine Absichten mißverstanden, kam Arnim auch nach einer Reise nach Schwaben im Jahre 1820 nicht dazu, den »Anton«-Roman umzuändern und den »Kronenwächter«-Zyklus auszuführen. Trotzdem hat der Verfasser von »Dichtung und Geschichte« recht behalten mit seiner Feststellung, »Das Verschwiegene ist darum nicht untergegangen, töricht ist die Sorge um das Unvergängliche« (KW S. 9), wie die Arnim-Renaissance der letzten Jahre beweist.

Ausgaben:

»Armut, Reichtum, Schuld und Buße der Gräfin Dolores. Eine wahre Ge-
schichte zur lehrreichen Unterhaltung armer Fräulein« wird zitiert nach:
Achim von Arnim, Sämtliche Romane und Erzählungen (=SRE), Bd. I.
Hg. v. W. Migge. München 1962. Diese Ausgabe enthält auch beide
Bände der »Kronenwächter«.

Der »Berthold«-Roman der »Kronenwächter« wird zitiert nach: *Achim von
Arnim*, »Die Kronenwächter« (= KW). Hg. und mit einem Nachwort v.
P. M. Lützeler. Stuttgart 1983 (= UB 1504).

Literatur:

W. *Grimm*, Kleinere Schriften, Bd. I. Hg. v. G. Hinrichs. Berlin 1881:
  enthält seine Besprechungen der »Gräfin Dolores« (S. 289–297) und der
  »Kronenwächter« (S. 298–310).
R. *Steig* (Hg.), Achim von Arnim und die ihm nahe standen. Bd. III: Achim
  von Arnim und Jacob und Wilhelm Grimm. Stuttgart & Berlin 1904;
  Nachdruck: Bern 1970.
A. *Béguin*, L'Âme romantique et le Rève. Essai sur le Romantisme allemand
  et la Poésie française. Paris 1937. Hier zitiert nach der deutschen Überset-
  zung: Traumwelt und Romantik. Bern 1970 (über Achim von Arnim,
  S. 292–325).
A. *Wilhelm*, Studien zu den Quellen und Motiven von Achim von Arnims
  »Kronenwächtern«. Winterthur 1955.
J. *Göres*, »Was soll geschehen im Glücke«. Ein unveröffentlichter Aufsatz
  Achim von Arnims. In: Jb. DSG 1961, S. 196–221.
W. *Vordtriede*, Achim von Arnims »Kronenwächter«. In: Neue Rundschau
  73 (1962), S. 136–145. Hier zitiert nach dem Abdruck in: Interpretationen
  III. Deutsche Romane von Grimmelshausen bis Musil. Hg. v. J. Schille-
  meit. Frankfurt/M 1966, S. 155–163.
E. *Voerster*, Märchen und Novellen im klassisch-romantischen Roman.
  Bonn 1966 (zu der »Gräfin Dolores«, S. 204–240; zu den »Kronenwäch-
  tern«, S. 240–276).
J. *Kolbe*, Goethes »Wahlverwandtschaften« und der Roman des 19. Jahr-
  hunderts. Stuttgart 1966 (zu Goethes Roman, Arnim und der »Gräfin
  Dolores«, s. S. 20–55).
K. *Sauerland*, »Die Kronenwächter« – Auflösung eines Mythos. In: WB 14
  (1968), S. 868–883.
H. *Meixner*, Romantischer Figuralismus. Kritische Studien zu Romanen von
  Arnim, Eichendorff und Hoffmann. Frankfurt/M 1971 (zu der »Gräfin
  Dolores«, S. 13–101).
R. F. *Holt*, Achim von Arnim and Sir Walter Scott. In: GLL, N.S. 26 (1972/
  73), S. 142–160.
B. *Haustein*, Romantischer Mythos und Romantikkritik in Prosadichtungen
  Achim von Arnims. Göppingen 1974.

H. Kastinger Riley, Idee und Gestaltung. Das konfigurative Strukturprinzip bei Ludwig Achim von Arnim. Bern & Frankfurt/M 1977.

R. Moering, Die offene Romanform von Arnims »Gräfin Dolores«. Mit einem Kapitel über Vertonungen Reichardts. Heidelberg 1978.

H. V. Geppert, Achim von Arnims Romanfragment »Die Kronenwächter«. Tübingen 1979.

K. Peter, Achim von Arnim. »Gräfin Dolores« (1810). In: Romane und Erzählungen der deutschen Romantik. Neue Interpretationen. Hg. v. P. M. Lützeler. Stuttgart 1981, S. 240–263.

H. Härtl (Hg.), »Die Wahlverwandtschaften«. Eine Dokumentation der Wirkung von Goethes Roman 1808–1832. Berlin-Ost 1983.

E. Blackall, The Novels of the German Romantics. Ithaca & London, 1983 (über Arnims Romane, S. 186–208).

P. M. Lützeler, Nachwort zu »Die Kronenwächter«. Stuttgart 1983, S. 357–418. Auch enthalten in: Romane und Erzählungen zwischen Romantik und Realismus. Neue Interpretationen. Hg. v. P. M. Lützeler. Stuttgart 1983, S. 38–72.

R. Hoermann, Achim von Arnim. Boston 1984 (zu Arnims Romanen, S. 44–88).

R. Burwick, Kunst und Geschichte in Achim von Arnims »Die Kronenwächter«. In: Aurora 46 (1986), S. 126–146.

3. Joseph von Eichendorff (1788–1857): »Ahnung und Gegenwart«

Im zwölften Kapitel von »Ahnung und Gegenwart« erklärt Graf Friedrich, der Held des Romans, den Teilnehmern einer »ästhetischen Teegesellschaft« (AuG S. 162): »Die größte Sünde aber unsrer jetzigen Poesie ist meines Wissens die gänzliche Abstraktion, das abgestandene Leben, die leere, willkürliche, sich selbst zerstörende Schwelgerei in Bildern« (ebd., S. 150). Sowohl den novalisierenden Ästhetizismus seiner eigenen poetischen Anfänge als auch die Ergüsse seines einstigen poetischen Mentors Otto Heinrich von Loeben (1786–1825) parodierend, gebraucht Eichendorff Arnims »Gräfin Dolores« als Vorbild einer lebenszugewandten Poesie (ebd., S. 138–153). 1810 konzipiert und im Oktober 1812 in Wien zu Ende geschrieben, sollte Eichendorffs erster Roman ebenfalls einen unmittelbaren Bezug zur Zeitgeschichte herstellen: im Anfangskapitel des dritten Buches schließt sich Friedrich dem Tiroler Volksaufstand gegen Napoleon im Jahre 1809 an.

Nachdem Friedrich und Dorothea Schlegel das Manuskript mit großem Beifall gelesen hatten – Dorothea steuerte neben Korrekturvorschlägen auch den endgültigen Titel bei –, suchte Eichendorff zunächst vergeblich nach einem Verleger. Der heutige Leser, an realistische Romane des späteren 19. Jahrhunderts gewöhnt, wird in »Ahnung und Gegenwart« schwerlich »ein getreues Bild jener gewitterschwülen Zeit« (AuG S. 364) vor den Befreiungskriegen erblicken, so wie Eichendorff den Roman in seinem geplanten Vorwort beschrieb (vgl. hinzu Meyer-Wendt); es wird z. B. im Roman nicht ausdrücklich gesagt, gegen wen Friedrich eigentlich kämpft. Dennoch war die Angst der Verleger vor französischen Zensurmaßnahmen offensichtlich so groß, daß »Ahnung und Gegenwart« erst Ostern 1815, mit einem Vorwort des Erfolgsautoren Friedrich de la Motte Fouqué (1777–1843) versehen, bei Johann Schrag in Nürnberg erschien.

Im Gegensatz zum »Taugenichts« und zu Eichendorffs Gedichten – von denen einige der berühmtesten, wie etwa »O Täler weit, O Höhen«, »Frische Fahrt«, »Waldgespräch« und »In einem kühlen Grunde«, in »Ahnung und Gegenwart« zum ersten Mal veröffentlicht wurden – ist Eichendorffs Roman nie populär geworden (zur Wertung der Forschung vor 1945 s. Egon Schwarz, S. 302–305). Er enthält jedoch so viele Motive, Bilder und stilistische Elemente, die bei späteren Werken Eichendorffs in neuer Umstellung immer wieder auftauchen, daß sich eine Analyse des Romans lohnt. Unübersehbar sind ebenfalls die Anklänge an Romane wie »Wilhelm Meisters Lehrjahre«, »Godwi«, »Gräfin Dolores« und nicht zuletzt Dorothea Schlegels »Florentin« (s. die Anmerkungen von Hoffmeister zu AuG S. 332–350). So erinnert Rosa, Friedrichs schöne, aber oberflächliche Geliebte, an die Gräfin Dolores, während Erwin(e) eine weitere romantische Variante zu Mignon darstellt. Wie im Fall von Eichendorffs Thematik und Metaphorik (Wanderschaft, Sehnsucht, Verlockung der Phantasie, Jagd- und Hornmotive, die allegorische Bedeutung der Tageszeiten) sind nicht so sehr die einzelnen Elemente an sich wichtig, sondern vielmehr die Art und Weise, wie sie zusammengestellt werden. Zum Beispiel unternimmt Rosa am Ende des Romans eine Pilgerfahrt zu dem Kloster, wo Friedrich im Begriff steht, Mönch zu werden. Aber im Unterschied zu der entsprechenden Szene in Arnims »Gräfin Dolores« findet keine Versöhnung statt, denn Rosa hat Friedrichs Gegenspieler, den Erbprinzen, bereits geheiratet und ist »Weltfutter« (S. 267) geworden, wie ihr Bruder Leontin ärgerlich feststellt.

Während Walther Killy, die Urteile der älteren Eichendorff-Forschung vertretend, noch Anfang der sechziger Jahre in »Ahnung und Gegenwart« ein planloses Durcheinander von Stimmungsbildern sah, plädiert man neuerdings für eine sinnvolle Romanstruktur. Egon Schwarz deutet die drei Bücher des Romans als eine dreistufige Bewegung der Exposition, Verwicklung und Lösung, die »gleichzeitig Eichendorffs drei theologischen Kategorien, Ursprung, Entfremdung und Rückkehr, entsprechen« (S. 308). Markus Schwering betont sowohl die Affinität zum triadischen Geschichtsbild der Frühromantik als auch Friedrichs Entwicklung zu einem neugeborenen Kreuzritter für die alten christlichen Ideale. Da aber diese »Ahnungen« in der verdorbenen »Gegenwart« keinen Platz finden, verzichtet Friedrich lieber auf die Welt: »Am Schluß des Romans steht nicht eine wie auch immer problematische Vermittlung von Ich und Welt, sondern der Klostereintritt« (S. 54). Ebenfalls wandert Leontin, Friedrichs gräflicher Freund und zeitweiliger Reisebegleiter, mit seiner Braut Julie nach Amerika aus; wie bei Friedrich hat sein Einsatz für die Freiheitskämpfer ihn um seine Güter gebracht. Der bürgerliche Berufsdichter Faber ist am Ende derjenige, der ins Land reitet, während die beiden gräflichen Liedersänger sich in die äußere oder die innere Emigration zurückziehen. Daraus wird ersichtlich – ohne daß Eichendorf es wahrscheinlich wollte –, daß die Wiedereinsetzung eines poetischen Mittelalters ein vergebliches Ziel sei und daß eine Trennung zwischen Dichtung und Leben anerkannt werden müsse (vgl. dazu Kafitz). So ist Eichendorff nach der Rückkehr aus den Befreiungskriegen 1816 preußicher Beamter geworden; die hoch verschuldeten Besitzungen der Familie in Schlesien mußten 1818 nach dem Tod des Vaters verkauft werden.

Im Anschluß an die Arbeiten von Alewyn und Seidlin hat sich die neuere Eichendorff-Forschung wiederholt mit der Funktion der Tageszeiten und Landschaften in Eichendorffs Dichtung beschäftigt. Ein Musterbeispiel dafür bietet das Anfangskapitel von »Ahnung und Gegenwart«, wo Graf Friedrich bei Sonnenaufgang eine Schiffsreise auf der Donau unternimmt. Ruft der Tagesbeginn bei Eichendorff eine Aufbruchsstimmung, ein Reisen mit Gott hervor, so deutet die Stromlandschaft auf die Gefahren hin, die Friedrich bevorstehen, sowie auf das geheime Ziel seiner Lebensreise:

»In der Mitte des Stromes steht ein seltsam geformter Fels, von dem ein hohes Kreuz trost- und friedensreich in den Sturz und Streit der empörten Wogen hinabschaut. [...] Der Mensch fühlt sich auf einmal verlassen in der Gewalt des feindseligen, unbekannten Elements, und das Kreuz auf dem Felsen tritt hier in seiner heiligsten und größten Bedeutung hervor« (S. 4; zur Interpretation s. Meixner, S. 102–104).

Daß Rosa unmittelbar danach in einem zweiten Schiff auftaucht und nicht zum Kreuz hinaufblickt, sondern »unverwandt in den Wirbel hinab« (S. 4), bevor ihre Augen Friedrichs Blicken begegnen, charakterisiert ihre rein irdische Gesinnung und setzt sie mit der lockenden Gefahr der Sexualität in Verbindung.

Aber vor allem die geniale Gräfin Romana ist das Urbild der Venus-Gestalten in Eichendorffs späteren Dichtungen. In ihrem Gesang »Laue Luft kommt blau geflossen« (S. 133), der unter dem Titel »Frische Fahrt« Eichendorffs Gedichtsammlung von 1837 einleitete, lockt sie der Lebensstrom aus dem beschränkten Garten, in dem sie nach dem Wunsch der Mutter hätte bleiben sollen. Weil Friedrichs religiöse Orientierung ihr fehlt, endet ihre Lebensreise in den Selbstmord, nach wiederholten Versuchen, Friedrich in den Abgrund mit hinunterzuziehen. Hans Eichner hat dargelegt, wie sorgfältig Eichendorff Romanas Gedichte in die Romanhandlung integriert. So identifiziert sich die als Jäger verkleidete Romana mit der Hexe Lorelei in dem Wechselgesang »Waldgespräch« (S. 197: »Wenn sie nach der letzten Strophe Friedrich zutrinkt, bezeichnet sie ihn als ihr Opfer, wird aber durch das Zerspringen des Glases, das ihr Schicksal antizipiert, widerlegt: Nicht er wird an ihr zugrundegehen, sondern sie an ihm« (Eichner, S. 18).

Eric Blackall, der einen feinen Sinn für die symbolische Bedeutung der oft phantastisch anmutenden Handlungselemente in romantischen Romanen besitzt, weist darauf hin, wie Romanas Schloß Venusberg und verfallender feudaler Wohnsitz zugleich ist (S. 253). Da die meisten Personen in »Ahnung und Gegenwart« Adlige sind, stellt deren Schicksal Eichendorffs Auseinandersetzung mit der Existenzberechtigung seiner eigenen gesellschaftlichen Schicht dar. Die Schlußbilanz ist verheerend. Die beiden positiven Vertreter des Adels, Friedrich und Leontin, stehen am Ende güterlos und geächtet da. Friedrichs deutschtümelnde Gesinnungsgenossen auf der Residenz, die im zweiten Buch des Romans sich viel mit Gedanken über die nationale Erneuerung beschäftigen, geben das Spiel auf, sobald der Winter vorbei ist (S. 203 f.). Einer der Offiziere des Kreises kämpft später sogar gegen Friedrich und das Bergvolk (S. 229–235). Und der Erbprinz, der ein unseliges »Egmont«-Liebesspiel mit seinem »Klärchen« aus dem Bürgertum treibt und Rosa zuletzt entführt und heiratet, erweist sich als der größte Heuchler von allen. So bleibt am Ende des Romans nur die Hoffnung, daß die Religion das degenerierte Europa noch retten kann (S. 322). Fortschritt in der Geschichte liegt nicht mehr in Menschenhänden, wie die frühromantischen Autoren meinten; er wird nur durch Gottes unergründlichen Ratschluß gewährleistet.

Ausgabe:

»Ahnung und Gegenwart. Ein Roman«. (= AuG). Hg. mit Anhang, Literaturhinweisen und einem Nachwort v. G. Hoffmeister. Stuttgart 1984 (=
UB 8229).

Literatur:

Zur Bibliographie, s. AuG S. 378–381, sowie die alljährlich erscheinenden
Bibliographien in: Aurora. Jahrbuch der Eichendorff-Gesellschaft.
H. A. *Korff*, Geist der Goethezeit. Teil IV: Hochromantik. Leipzig 1953
(über AuG, S. 443–448).
P. *Requadt*, Eichendorffs »Ahnung und Gegenwart«. In: DU 7 (1955),
H. 2, S. 79–92.
R. *Alewyn*, Eine Landschaft Eichendorffs. In: Euph. 51 (1957), S. 42–60.
Wiederabgedr. in: Eichendorff heute. Stimmen der Forschung mit einer
Bibliographie. Hg. v. P. Stöcklein. Darmstadt ²1966, S. 19–43.
O. *Seidlin*, Eichendorff's Symbolic Landscape. In: PMLA 72 (1957),
S. 645–661. Deutsche Fassung in: Eichendorff heute, S. 218–241.
W. *Killy*, Der Roman als romantisches Buch. Über Eichendorffs »Ahnung
und Gegenwart«. In: W. K., Wirklichkeit und Kunstcharakter. Neun
Romane des 19. Jahrhunderts. München 1963, S. 36–58. Auch enthalten
in: Interpretationen III. Hg. v. J. Schillemeit. Frankfurt/M 1966,
S. 136–154.
D. *Kafitz*, Wirklichkeit und Dichtung in Eichendorffs »Ahnung und Gegen-
wart«. Zur Gestalt Fabers. In: DVjs. 45 (1971), S. 350–374.
H. *Meixner*, Romantischer Figuralismus. Kritische Studien zu Romanen von
Arnim, Eichendorff und Hoffmann. Frankfurt/M 1971 (über AuG,
S. 102–154).
J. *Meyer-Wendt*, Eichendorffs »Ahnung und Gegenwart«. »Ein getreues
Bild jener gewitterschwülen Zeit«? In: Der deutsche Roman und seine
historischen und politischen Bedingungen. Hg. v. W. Paulsen. Bern &
München 1977, S. 158–174.
H. *Eichner*, Zur Integration der Gedichte in Eichendorffs erzählender Prosa.
In: Aurora 41 (1981), S. 7–21.
M. *Naumann*, Des Freiherrn von Eichendorff Leiden am Dialog. Untersu-
chung der Dialogverfahren in »Ahnung und Gegenwart«. In: Aurora 41
(1981), S. 22–34.
E. *Schwarz*, Joseph von Eichendorff: »Ahnung und Gegenwart«. In: Roma-
ne und Erzählungen der deutschen Romantik. Hg. v. P. M. Lützeler.
Stuttgart 1981, S. 302–324.
E. *Blackall*, The Novels of the German Romantics. Ithaca & London 1983
(über Eichendorff, S. 242–262).
G. *Hoffmeister*, Nachwort zu »Ahnung und Gegenwart«. Stuttgart 1984,
S. 383–403.
M. *Schwering*, Epochenwandel im spätromantischen Roman. Untersuchun-

gen zu Eichendorff, Tieck und Immermann. Köln & Wien 1985 (über AuG, S. 12–83).

4. E.T.A. Hoffmann (1776–1822): »Die Elixiere des Teufels« und »Lebens-Ansichten des Katers Murr«

In den Jahren zwischen 1808 und 1814 fristete der ehemalige preußische Regierungsrat Ernst Theodor Wilhelm Hoffmann, der durch die französische Besatzung Warschaus seine Stelle verloren hatte, eine kümmerliche Existenz als Komponist, Kapellmeister, Bühnenbildner, Musiklehrer, Kritiker und Dichter in Berlin, Bamberg, Dresden und Leipzig. Zu jener Zeit erfuhr Hoffmann, der als Zeichen der Begeisterung für Mozarts Musik den Mittelnamen Amadeus annahm, daß das höfische bzw. wohlhabend bürgerliche Publikum in der Kunst keineswegs ein Mittel zur Selbstbildung oder Weltverbesserung erblickte, sondern allenfalls zur Unterhaltung und Zerstreuung. Besonders schmerzhaft für ihn war, daß seine Gesangsschülerin Julia Mark, in die sich der verheiratete Hoffmann unglücklich verliebt hatte, aus Gelderwägungen der Mutter einen rohen Kaufmann namens Graepel heiraten mußte. Solche biographischen Erfahrungen gewannen literarische Form in seinen »Fantasiestücken in Callots Manier«, wo zum ersten Mal Hoffmanns *alter ego*, der Kapellmeister Johannes Kreisler, auftrat (zur Ahnenreihe dieser Figur, vgl. Hilzinger). Ironisch ist, daß diese Satiren gegen das borniert Kunstpublikum seiner Zeit zu den größten literarischen Erfolgen der Jahre 1814/1815 gehörten: als Hoffmann, der wegen Geldnot wieder preußischer Beamter werden mußte, im September 1814 in Berlin ankam, wurde er in den künstlerischen Kreisen der Hauptstadt begeistert empfangen. Sehr bald führte Kammergerichtsrat Hoffmann eine Doppelexistenz als erfolgreicher Zeitschriften- und Taschenbuchautor. Denn mit den endgültigen Siegen über Napoleon bei Leipzig (1813) und Waterloo (1815) erfolgte neben der Restauration in der Politik auch eine Neubelebung des Büchermarkts.

So erschien im Sommer 1815 der erste Teil eines Romans, den Hoffmann ein Jahr früher geschrieben hatte, bevor die »Fantasiestücke« auf den Markt kamen und als seine finanzielle Lage am schlimmsten war. Kein Wunder also, daß Hoffmann etwas Populäres schreiben mußte und hiermit sein Glück in der Gattung des Schauerromans suchte: »Der Roman: Die Elixiere des Teufels, muß für mich ein Lebenselixier werden«, schrieb Hoffmann am 24. März

1814 an C. F. Kunz, den Bamberger Verleger der »Fantasiestücke« (in: Schnapp, S. 114). Schon das Titelblatt zeigt, daß für die Werbestrategie des Verlegers Düncker und Humblot ein reißerischer Titel und der Hinweis auf ein bereits erfolgreiches Werk wichtiger waren als die Identität des »Herausgebers«: »Die Elixiere des Teufels. Nachgelassene Papiere des Bruders Medardus, eines Capuziners, herausgegeben von dem Verfasser der Fantasiestücke in Callots Manier« (EdT S. 3). Neben den »gothic novels« von Ann Radcliffe (1764–1823) hat vor allem Matthew Lewis' »Ambrosio or The Monk« (1796) für neue Höhen des Schrecklich-Schönen gesorgt. Innerhalb der »Elixiere« wird auf Lewis' Schauerroman hingewiesen, indem die weibliche Hauptgestalt Aurelie dieses Buch liest und zum ersten Mal ein Bewußtsein von der Existenz sündhafter Liebe bekommt (EdT S. 220). Im Unterschied zum hergebrachten Schauerroman findet jedoch Hoffmanns Geschichte weder im Mittelalter noch in weit entlegenen mediterranen Ländern statt, sondern vorwiegend im Deutschland der jüngsten Vergangenheit. Das Schreckliche bei Hoffmann erweist sich als »Konsequenz einer realen, von bürgerlichen Lebensweisen geprägten Welt« (Conrad, S. 96) – ein Hauptgrund, warum Sigmund Freud in ihm den »unerreichte[n] Meister des Unheimlichen in der Dichtung« (S. 246) sah.

Der zweite Teil der »Elixiere« erschien 1816, eine zweite Auflage des Romans im Jahre 1827. Waren die »Elixiere« demnach nicht so populär wie die »Fantasiestücke«, die bereits zu Hoffmanns Lebzeiten in Neuauflage erschienen, so trugen sie doch zur Charakterisierung ihres Verfassers als »Gespensterhoffmann« bei. Im Ausland war die Rezeption weitaus enthusiastischer. Die Rezension der englischen Übersetzung der »Elixiere« in »Blackwood's Edinburgh Magazine« von 1824 war so positiv, daß man sie im »Morgenblatt für gebildete Stände« auszugsweise wiedergab (EdT Anhang, S. 346–349). In Frankreich übte Hoffmanns Roman einen Einfluß auf Balzac und George Sand, in Rußland auf Gogol und Dostojewski aus. In Deutschland war jedoch die »höhere Kritik« gegen die Gattung des Schauerromans derart eingenommen, daß man erst in unserem Jahrhundert langsam Interesse an den »Elixieren« zeigte. Seit den Ansätzen von Freud und Rank haben aber immer mehr Kritiker hinter den grellen Zügen der Romanhandlung subtile Analysen von Bewußtseinsstörungen festgestellt (zur Rezeption, vgl. Nehring, S. 325–334).

Gleich zu Beginn des Romans führt eine Verdrängung sexueller Triebe den jungen Medardus zu dem Entschluß, ins Kloster zu treten, wo sich diese unterdrückte Leidenschaftlichkeit allerdings als Machtgier und Größenwahn manifestiert (Olsen, S. 27). Nachdem sein demagogisches Rednertalent als Prediger durch das erste unheimliche Auftreten eines ihm aus frühester Kindheit bekannten alten Malers versiegt, versucht er diese erkünstelte Begeistung zurückzugewinnen durch Auskosten jener Elixiere des Teufels, die das Kloster als Reliquie aufbewahrt – eine Künstlerproblematik, die an die Experimente der Romantiker, einschließlich Hoffmann, mit Alkohol und Drogen erinnert und auf den Teufelspakt in Thomas Manns »Doktor Faustus« vorausweist (s. Meixner, S. 168). Unmittelbar danach begegnet er im Beichtstuhl einem unbekannten Mädchen, das wie die Personifikation eines Altarbildes der heiligen Rosalia aussieht und das ihre Liebe zu ihm bekennt (EdT S. 42–44). Gefoltert von dem Trieb, sie auf Kosten seines Seelenheils zu besitzen, geht er in die Welt, wo er unfreiwillig einen jungen Mann in einen Abgrund stürzt. Dieser überlebt den Fall und verfolgt Medardus hinfort in der Rolle des »wahnsinnigen Mönchs«. Erweist sich die Unbekannte als Medardus' Halbschwester Aurelie, so ist jener Doppelgänger sein Halbbruder Viktorin, der sich schuldig bekennt zu all den Verbrechen, die Medardus im Laufe des Romans begeht.

Solche durch Ehebruch und Inzucht zustande gebrachten Verwandtschaftsbeziehungen waren übliche Merkmale der damaligen Schauerromane; neu hingegen ist die psychologische Bedeutung dahinter. Elizabeth Wright versteht den starren, verfolgenden Blick des gespenstischen alten Malers – Urheber des Altarbildes und Ahnherr des ganzen sündhaften Geschlechts – und Viktorins unkontrollierbare Gestalt als eine Vorwegnahme von Freuds Lehre vom Über-Ich und Es (S. 186). Während Viktorin Medardus einmal »das Ich meiner Gedanken« nennt (EdT S. 302f.), stellt er andererseits für Medardus das Ich seiner Taten dar (vgl. dazu Reber, S. 138). Wenn Medardus am Ende des Romans gegen die Versuchung kämpft, Aurelie in dem Augenblick ihres Klostereintritts zu umarmen und dann zu ermorden, taucht Viktorin unversehens auf und begeht die Untat (EdT S. 310–313); so erweist er sich als eine latente Möglichkeit innerhalb Medardus, die immer in der Lage ist, ans Tageslicht zu treten und Wirklichkeit zu werden.

Bereits im Vorwort zum ersten Teil des Romans sorgt Hoffmann als »Herausgeber« dafür, daß der Leser in eine Stimmung versetzt wird, die eine Identifikation mit Medardus, dem Erzähler seiner Autobiographie, ermöglicht; als »treuer Gefährte« (EdT S. 6) soll er mit Medardus durch die Welt ziehen, mit ihm seine Untaten nacherleben (vgl. dazu Köhn, S. 49f.) und an dessen Schicksal einen Sinn für allgemein weltgeschichtliche Entwicklungen erahnen. Wichtig dabei ist nicht nur die triadische Struktur der Romanhandlung – Idylle am Anfang, Schuld, Rückkehr ins Kloster und Entsühnung

(s. dazu Meixner, S. 162) –, sondern auch das »Pergamentblatt des alten Malers« (EdT S. 253–271), in dem Medardus seine eigenen Verbrechen in jeder Generation seines Stammes wiedererkennt (vgl. dazu Negus).

Peter von Matt sieht im Motiv der »gemalten Geliebten« das Element, das das scheinbare Chaos der Romanhandlung transparent macht (S. 55): erst nachdem Medardus endgültig darauf verzichtet, sein Traumbild Aurelie realiter zu besitzen, kann er seine Memoiren schreiben, einen friedvollen Tod im Kloster finden und seinen Ahnherrn, einen einstigen Schüler Leonardo da Vincis, von seinem Wanderdasein auf der Erde befreien. In dieser literarischen Stilisierung des Julia Mark-Erlebnisses werden sexuelle Triebe in künstlerisches Schaffen umgesetzt – gerade derjenige Prozeß, den Johannes Kreisler später als die »Liebe des Künstlers« bezeichnen wird, die ihn vor dem Wahnsinnsanfall *seines* Doppelgängers, des Hofmalers Leonhard Ettlinger, bewahren soll (KM S. 161–166). Bezeichnend für den Unterschied zwischen Früh- und Spätromantik ist die veränderte Bedeutung von Kunst und Liebe bei Hoffmann. Während für Novalis und den jungen Friedrich Schlegel die Liebe die Spannungen im Leben überwinden sollte, signalisiert die Unterscheidung zwischen sakraler und profaner Liebe bei Hoffmann, daß die Liebe an der Duplizität des Lebens teil hat. Ebenfalls ist der Künstler nicht mehr dazu bestimmt, die übrige Menschheit zu erlösen, sondern am eigenen Leibe die Gespaltenheit des Daseins zu illustrieren (vgl. dazu Post, S. 316–318).

Der Verfall der bildungspolitischen Bestrebungen der Goethezeit wird in Hoffmanns Doppelroman »Lebens-Ansichten des Katers Murr nebst fragmentarischer Biographie des Kapellmeisters Johannes Kreisler in zufälligen Makulaturblättern« (1819/21 bei Dümmler in Berlin erschienen) verdeutlicht. Murrs Autobiographie, deren Kapitelüberschriften parodistisch abgewandelte Begriffe aus der Tradition des Bildungsromans sind (s. Singer, S. 303 f.), stellt selbstgefällig dar, wie man durch Anpassung an die einmal vorgegebene Welt erfolgreich wird. Hoffmanns fiktiver Herausgeber berichtet, wie Murrs Buch leicht einen Verleger findet, während nur der Umstand, daß Murr bei seinem Schreiben die Biographie Kreislers als Unterlage und Löschpapier benutzte und sie dadurch mit seinen Papieren vermischte (KM S. 8), dessen Lebensgeschichte an die Öffentlichkeit bringt. Für Murr besteht der Wert der Literatur darin, daß man sie zitierend zur Selbstrepräsentation, sie schreibend zum Erwerb eines bequemen Lebensstils gebrauchen kann. Vor allem Hermann Meyer hat dargelegt, wie an Murrs Plagiaten und pathetischen Zitaten bei ganz trivialen Angelegenheiten »die ent-

144

setzliche Banalisierung des Dichterwortes, das seichte Zerreden der hohen Inhalte der deutschen Dichtung, schon zu Zeit ihrer großen Blüte selber« (S. 191) sichtbar wird.

Andererseits ist Murr weniger Gegenstand als vielmehr Mittel der Satire, wie Hartmut Steinecke festgestellt hat: »Murr imitiert diese Umwelt, er lernt alles von ihr, und so spiegeln seine Charakterzüge ihre Eigenschaften« (Nachwort zu KM, S. 498). So zeigt etwa die Ehe zwischen Kater Murr und seiner Geliebten Miesmies, die in Langeweile, Betrug und Ehescheidung endet (KM S. 211–215), wieso Kreislers Verzicht auf eine Bindung an Prinzessin Hedwiga oder die musikalische Julia Benzon eine wohlüberlegte Entscheidung war. Vielfach sind die Parallelen zwischen den Kreisler- und den Murr-Handlungen. Die Spannungen zwischen Katzen und Hunden, die in Murrs Bekanntschaft mit dem weltklugen, aber selbstsüchtigen Pudel Ponto zum Vorschein kommen, bilden z. B. eine Persiflage zu Kreislers Schwierigkeiten am Hof des Scheinfürsten Irenäus.

Aber vor allem die Episoden über die Katzburschen, die Hoffmann im Herbst 1821 für den zweiten Band des »Kater Murr« schrieb, spielen auf die unmittelbare gesellschaftliche Wirklichkeit an. Die Ermordung des Dramatikers und russischen Agenten Kotzebues (1761–1819) durch den Burschenschaftler Karl Sand nutzten Metternich und seine Verbündeten in der »Heiligen Allianz« dazu aus, um in den Karlsbader Beschlüssen Zensurmaßnahmen und verschärfte Überwachung der liberalen und studentischen Opposition durchzuführen. In Preußen wurde Hoffmann im Oktober 1819 zum Mitglied der »Immediat-Kommission zur Ermittlung hochverräterischer Verbindungen und anderer gefährlicher Umtriebe« ernannt. Obwohl er für den deutschtümelnden Chauvinismus des »Turnvaters« Friedrich Jahn persönlich keine Sympathien hatte, setzte er sich, als Gegner juristischer Willkür, für Jahns Freilassung aus der Haft vergeblich ein und unterstützte Jahns Privatanklage gegen den Polizeidirektor von Kamptz. Christa-Maria Beardsley sieht in dem struppigen Kater Muzius, der Murr von seinen philisterhaften Tendenzen befreien will und selber nicht frei davon ist, eine Anspielung auf Turnvater Jahn (S. 208–216). Aber im Gegensatz zu Hoffmanns eher humorvollen Stichen gegen das Jaulen und Saufen der Katzburschen wird der Spott gegen deren Verfolger, den »Hofhund« Achilles und seine Untergebenen, die Spitze (i. e. Polizeispitzel), beißender (KM S. 305).

Hoffmanns eigene Stellungnahme zu den sogenannten Demagogenverfolgungen in Preußen ist in der Meinung von Murrs Herrn, Meister Abraham, abzulesen, »daß es mit jugendlichen exaltierten

Gemütern so gehe, wie mit Partiell-Wahnsinnigen, die der offne Widerstand immer wahnsinniger mache, wogegen die selbst errungene Erkenntnis des Irrtums radikal heile und nie einen Rückfall befürchten lasse« (KM S. 311). Im Sommer 1821 trat Hoffmann freiwillig aus der Immediat-Kommission aus. Anfang des Jahres 1822 wurde er in ein Gerichtsverfahren auf Anlaß von Polizeidirektor von Kamptz verwickelt, der die satirischen »Knarrpanti-Szenen« in Hoffmanns letztem Märchen »Meister Floh« mit Recht auf sich bezog. Bis zu seinem Tod am 25. Juni 1822 sollte Hoffmann von Seiten der Regierung verfolgt werden – verständlich daher der Ausruf von Meister Abraham: »Ach mein guter Kater Murr! Kenntest du den Lauf der Welt, so würdest du einsehen, daß ein Philister, der stets die Fühlhörner einzieht, es am besten hat« (KM S. 312).

Im Kreisler-Teil des Romans hingegen verteidigt Meister Abraham seinen Freund Kreisler gegen die Anschuldigungen der Rätin Benzon, Julias Mutter und der führenden Persönlichkeit am Hof zu Sieghartsweiler, daß Kreisler die Konventionen der Gesellschaft mißachtet: »Er will die Ewigkeit der Verträge die ihr über die Gestaltung des Lebens geschlossen, nicht anerkennen, ja er meint, daß ein arger Wahn, von dem ihr befangen, euch gar nicht das eigentliche Leben erschauen lasse« (KM S. 248; zur Gesellschaftskritik im Roman, vgl. Jones und Werner). Durch einen Mordversuch vom Hof vertrieben, nimmt Kreisler im zweiten Teil des Romans Zuflucht bei der Abtei in Kanzheim. Wie in den »Elixieren« hat die Klosteratmosphäre nichts mit der Religiosität eines Eichendorffs zu tun; hier herrscht vielmehr die Kunstfrömmigkeit, die Tieck und Wackenroder 1796 durch ihren »kunstliebenden Klosterbruder« zuerst verkündet hatten. Zunächst erscheint dieser Aufenthalt wie eine echte Idylle. Die Mönche lieben Kreisler und führen selber dessen geistliche Werke auf, die er – im Unterschied zu seiner Schilderung in den »Kreisleriana« – nunmehr aufschreibt (KM S. 292f.). Aber im Gegensatz zu Medardus will Kreisler seinen Frieden mit der Welt nicht dadurch machen, daß er aus ihr zieht. Am Ende des zweiten Bandes fordert Meister Abraham ihn in einem Brief dazu auf, das Kloster zu verlassen und eine geplante Doppelhochzeit zu verhindern zwischen Julia Benzon und dem schwachsinnigen Prinz Ignaz einerseits und Prinzessin Hedwiga und dem Schurken Prinz Hektor andererseits, der den Mordversuch gegen Kreisler angeordnet hatte. Allerdings weiß der scharfsinnige Leser, der sich an den *ersten* Eintrag der fragmentarischen Kreisler-Biographie erinnert, daß Kreisler damals nicht zurückgekehrt ist (KM S. 20f.); über weitere Entwicklungen wird er im Dunkeln gelassen. Jedoch machen die Reminiszenzen an die Julia Mark-Episode mehr als wahrscheinlich, daß die geplante Doppelhochzeit geschehen ist, was wiederum einen schneidenden Kontrast bilden würde zu den heiteren Ehen von Wilhelm und Natalie und Lothario und Therese am Ende von »Wilhelm Meisters Lehrjahren«.

Den angekündigten dritten Band von »Kater Murr« (KM S. 443) hat Hoffmann nicht geschrieben. Die Meinung von seinem Freund und ersten Biographen, J. E. Hitzig, hat man lange Zeit akzeptiert: »Der dritte Band sollte Kreislern bis zu der Periode führen, wo ihn die erfahrnen Täuschungen wahnsinnig gemacht« (Anhang zu KM, S. 468). Dagegen kombiniert Walter Harich die rätselhaften Winke innerhalb der beiden vorhandenen Bände mit Handlungsergebnissen anderer Werke von Hoffmann, um zu dem Schluß zu gelangen, daß sich Kreisler als der legitime Thronfolger von Sieghartsweiler erweisen sollte (II, 222–235). Heutzutage neigen Kritiker dazu, weitere Spekulationen über den Ausgang des Romans zu vermeiden und stattdessen sich auf die geschlossene Kreis-Struktur der beiden ersten Bände zu konzentrieren (vgl. dazu Singer, S. 325–327, und Gaskill). Oft wird dabei Kreislers eigene Namensdeutung an Rätin Benzon zitiert:

»Sie können nicht wegkommen von dem Worte Kreis, und der Himmel gebe, daß Sie denn gleich an die wunderbaren Kreise denken mögen, in denen sich unser ganzes Sein bewegt, und aus denen wir nicht herauskommen können, wir mögen es anstellen wie wir wollen. [...] Und der tiefe Schmerz dieser Sehnsucht mag nun wieder eben jene Ironie sein, die Sie Verehrte! so bitte tadeln, nicht beachtend, daß die kräftige Mutter einen Sohn gebar, der in das Leben eintritt wie ein gebietender König. Ich meine den Humor...« (KM S. 71).

Weder der phlegmatische Murr noch der Ironiker Kreisler haben die Stufen des Humoristen erreicht, sondern vielmehr der Autor Hoffmann, der ihre beiden Biographien absichtlich ineinandergreifen läßt und hiermit die inhaltliche Spannungen durch die Form überwindet (vgl. Steineckes Nachwort zu KM, S. 509f.). Im Gegensatz zu den Interpreten, die lange Zeit den Roman als einen künstlerischen Irregang betrachteten und sich höchstens für die Kreisler-Teile interessierten (zur Rezeption, s. Daemmerich, S. 74–78), betrachtet man »Kater Murr« jetzt wie Hoffmann es selber tat, nämlich als seine größte dichterische Leistung.

Ausgaben:

»Die Elixiere des Teufels« (= EdT). Mit Anhang und Nachwort. Hg. v. W. Nehring. Stuttgart 1975 (= UB 192).
»Lebens-Ansichten des Katers Murr« (= KM). Mit Anhang und Nachwort. Hg. v. H. Steinecke. Stuttgart 1972 (= UB 153).

Literatur:

Zu weiteren Hinweisen, s. die annotierten Bibliographien in: *B. Feldges & U. Stadler*, E. T. A. Hoffmann. Epoche – Werk – Wirkung. München 1986, S. 196–199 (EdT) und S. 217–220 (KM).

Zur älteren Sekundärliteratur, s. ferner die Angaben in: *J. Voerster*, 160 Jahre E. T. A. Hoffmann-Forschung. 1805–1965. Stuttgart 1967, S. 73 f. (EdT) und S. 84 (KM).

O. Rank, Der Doppelgänger. In: Imago 3 (1914), S. 97–164.

S. Freud, Das Unheimliche (1919). Hier zitiert nach: S. F., Gesammelte Werke. Bd. XII, Hg. v. A. Freud. London 1947, 229–268.

W. Harich, E. T. A. Hoffmann. Das Leben eines Künstlers. 2 Bde. Berlin 1920.

H. A. Korff, Geist der Goethezeit. Teil IV: Hochromantik. Leipzig [2]1953 (zu KM als Künstlerroman, s. bes. S. 543–639).

K. Negus, The Family Tree in E. T. A. Hoffmanns »Die Elixiere des Teufels«. In: PMLA 73 (1958), S. 516–520.

H. Mayer, Die Wirklichkeit E. T. A. Hoffmanns. Ein Versuch. In: H. M., Von Lessing bis Thomas Mann. Pfullingen 1959, S. 198–246.

H. Meyer, E. T. A. Hoffmanns »Lebensansichten des Katers Murr«. In: H. M., Das Zitat in der Erzählkunst. Stuttgart 1961; hier zitiert nach dem Abdruck in: Interpretationen IV. Hg. v. J. Schillemeit. Frankfurt/M 1966, S. 179–195.

W. Preisendanz, Humor als dichterische Einbildungskraft. München 1963 (zu KM, S. 74–83).

H. Singer, Hoffmann. »Kater Murr«. In: Der deutsche Roman vom Barock bis zur Gegenwart. Hg. v. B. v. Wiese. Bd. I. Düsseldorf 1963, S. 301–329; 438–440.

N. Reber, Studien zum Motiv des Doppelgängers bei Dostojevskij und E. T. A. Hoffmann. Gießen 1964 (zu den EdT, S. 114–152; zu KM, S. 178–185).

L. Köhn, Vieldeutige Welt. Studien zur Struktur der Erzählungen E. T. A. Hoffmanns und zur Entwicklung seines Werkes. Tübingen 1966 (zu den EdT, S. 44–90).

W. Segebrecht, Autobiographie und Dichtung. Eine Studie zum Werke E. T. A. Hoffmanns. Stuttgart 1967.

B. v. Wiese, E. T. A. Hoffmanns Doppelroman »Kater Murr«. In: B. v. W., Von Lessing bis Grabbe. Studien zur deutschen Klassik und Romantik. Düsseldorf 1968, S. 248–267.

H.-G. Werner, E. T. A. Hoffmann. Darstellung und Deutung der Wirklichkeit im dichterischen Werk. Ost-Berlin & Weimar 1962; 2., durchgesehene Ausgabe 1971 (zu den EdT, S. 81–95; zu KM, S. 188–211).

D. *Raff*, Ich-Bewußtsein und Wirklichkeitsauffassung bei E. T. A. Hoffmann. Eine Untersuchung der »Elixiere des Teufels« und des »Kater Murr«. Rottweil 1971.

H. *Meixner*, Romantischer Figuralismus. Kritische Studien zu Romanen von Arnim, Eichendorff und Hoffmann. Frankfurt/M 1971 (zu den EdT, S. 155–230).

P. *v. Matt*, Die gemalte Geliebte. In: P. v. M., Die Augen der Automaten. E. T. A. Hoffmanns Imaginationslehre als Prinzip seiner Erzählkunst. Tübingen 1971, S. 38–75 (bes. S. 55–75).

F. *Schnapp* (Hg.), Dichter über ihre Dichtungen: E. T. A. Hoffmann. München 1974.

H. *Conrad*, Die literarische Angst. Das Schreckliche in Schauerromantik und Detektivgeschichte. Düsseldorf 1974. (Zur Gestaltung und Funktion des Unheimlichen bei Hoffmann, S. 57–104).

E. *Hudgins*, E. T. A. Hoffmanns »Kater Murr«. In: E. H., Nichtepische Strukturen des romantischen Romans. The Hague & Paris 1975, S. 90–133.

S. P. *Scher*, »Kater Murr« und »Tristram Shandy«. Erzähltechnische Affinitäten bei Hoffmann und Sterne. In: ZfdPh. 95, Sonderband (1976), S. 24*–42*.

M. T. *Jones*, Hoffmann and the Problem of Social Reality. A Study of »Kater Murr«. In: MDU 69 (1977), S. 45–57.

S. *Olson*, Das Wunderbare und seine psychologische Funktion in E. T. A. Hoffmanns »Die Elixiere des Teufels«. In: Mitteilungen der E. T. A. Hoffmann-Gesellschaft 24 (1978), S. 26–35.

E. *Wright*, E. T. A. Hoffmann and the Rhetoric of Terror. Aspects of Language Used for the Evocation of Fear. London 1978.

W. *Nehring*, E. T. A. Hoffmann. »Die Elixiere des Teufels« (1815/16). In: Romane und Erzählungen der deutschen Romantik. Hg. v. P. M. Lützeler. Stuttgart 1981, S. 325–350.

H. *Daemmerich*, E. T. A. Hoffmann. »Kater Murr« (1820/22). In: Romane und Erzählungen zwischen Romantik und Realismus. Hg. v. P. M. Lützeler. Stuttgart 1983, S. 73–93.

K. D. *Post*, Der spätromantische Roman. In: Handbuch des deutschen Romans. Hg. v. H. Koopmann. Düsseldorf 1983, S. 302–322.

K. H. *Hilzinger*, Die Leiden der Kapellmeister. Der Beginn einer literarischen Reihe im 18. Jahrhundert. In: Euph. 78 (1984), S. 95–110.

C.-M. *Beardsley*, E. T. A. Hoffmanns Tierfiguren im Kontext der Romantik. Die poetisch-ästhetische und die gesellschaftliche Funktion der Tiere bei Hoffmann und in der Romantik. Bonn 1985.

J. *McGlathery*, Mysticism and Sexuality: E. T. A. Hoffmann. Part Two: Interpretations of the Tales. New York & Bern 1985 (zu den EdT, S. 48–55; zu KM, S. 198–210).

H. *Gaskill*, Open Circles. Hoffmanns »Kater Murr« and Hölderlins »Hyperion«. In: CG 19 (1986), S. 21–46.

B. *Feldges* & *U. Stadler u. a.*, E. T. A. Hoffmann. Epoche – Werke –
Wirkungen. München 1986, S. 194–216 (EdT) und S. 216–240 (KM; dieser Beitrag ist von W. Nehring).

5. Jean Paul: »Der Komet«

Die ersten zwei Bände von Hoffmanns »Fantasiestücke in Jacques
Callots Manier«, die seinen literarischen Ruhm begründeten, waren
zu Ostern 1814 mit einer Vorrede von Jean Paul erschienen. Diese
Vorrede eines renommierten Autoren hatte der Bamberger Verleger
und Weinhändler Josef Kunz ergattert, um dem Werk zum Erfolg
zu verhelfen. Bald übertraf jedoch Hoffmanns Popularität Jean
Pauls Ruhm bei weitem; er, nicht Jean Paul, wurde der neue Modeschriftsteller in Berlin, Weimar und anderen früheren Zentren der
Jean Paul-Verehrung, was zu Eifersucht von Seiten Jean Pauls und
zu literarischen Parodien bei Hoffmann führte. So ist beispielsweise
die Liebesszene zwischen Kater Murr und Miesmies (KM S. 190)
eine Travestie der großen Begegnung zwischen Albano und Linda
auf Ischia in »Titan« (JPW III, 625); und daß Murrs unzuverlässiger
Freund, der Hund Ponto, den Namen von Jean Pauls Pudel trägt, ist
wohl auch kein Zufall (s. dazu Scher, S. 40 f.).

Dennoch erlebte der alternde Jean Paul, der seit 1804 zurückgezo-
gen in Bayreuth wohnte, seinen eigenen Triumph in den Jahren nach
1814, als der Unmut über die politische Restauration lebhafter wurde. Im Sommer 1817 wurde er bei seinem Besuch in Heidelberg von
den Studenten wegen seiner Freiheitsliebe jubelnd begrüßt; auf Anregung Hegels bekam er eine Ehrendoktorwürde von der Universität. Dort gewann er auch als Freund den jungen Philosophen Heinrich Voß, der ihn bei der Weiterarbeit an einem lang gehegten
Romanprojekt unterstützte. In der Vorrede zu »Der Komet oder
Nikolaus Marggraf. Eine komische Geschichte«, dessen erste zwei
Bände 1820 bei Georg Reimer in Berlin herauskamen, gab Jean Paul
an, er habe seit 1811, wiewohl mit Unterbrechungen, daran gearbei-
tet (JPW VI, 569). Ferdinand Schneider hat die verwickelte Entstehungsgeschichte des »Kometen« sogar bis in das Jahr 1806 zurück-
verfolgt (S. 131).

Lange Zeit blieb sich Jean Paul über den Titel und die Form seines
geplanten komischen Romans im unklaren. Zeitweilig beabsichtigte
er, die Geschichte des wahnwitzigen Apothekers Nikolaus Marggraf, der sich für den illegitimen Sohn eines Fürsten hält, mit Szenen
aus seiner »Selberlebensbeschreibung« zu verbinden und beides in-

nerhalb einer noch größeren satirischen Wochenschrift einzugliedern. Charakteristisch für den späten Jean Paul ist jedoch, wie diese ehrgeizigen Entwürfe bei der Ausführung viel bescheidener wurden. So verwehrte er sich in der Vorrede von 1820 gegen die Annahme, dieser Roman sei der lang erwartete »Papierdrache« oder »letztes komisches Werk«, das man mit dem Projekt eines deutschen »Don Quixote« in Verbindung gebracht habe (JPW VI, 569f.). Von der Idee einer Wochenschrift sind lediglich »Ausschweife« und »Enklaven« geblieben – darunter der bedeutende »Traum über das All« (VI, 682–686; zur Interpretation s. Allert, S. 49–90) –, die Jean Paul von der Romanhandlung sorgfältig trennte. Nachdem er im Januar 1819 die Arbeit an seiner Autobiographie abbrach, um sich ganz auf Marggrafs fiktionales Leben zu konzentrieren, fügte er in sechs »Vorkapiteln« Schilderungen von der Kindheit und Jugend des Hauptcharakters hinzu, die seine eigenen Erfahrungen, wie z.B. das Universitätsstudium in Leipzig, reflektierten. Als weitere Selbstbespiegelung des Autoren taucht im Roman der Kandidat Richter auf, Verfasser der »Auswahl aus des Teufels Papieren«, der zum Hofdichter und Wetterpropheten für das skurrile Gefolge um Marggraf ernannt wird (VI, 833f.). Nur nimmt Richter nicht wahr, daß dieser Hof eine Chimäre sei, daß Nikolaus' vermeintliche Anhänger ihn zum Narren halten.

So wie der alte Goethe in »Dichtung und Wahrheit« seine jugendliche Gestalt als bereits historisches Phänomen deutet, so rechnete Jean Paul im »Komet« mit sich selber und seinen einstigen schriftstellerischen Hoffnungen ab, die in den Neuauflagen von »Siebenkäs« (1818) und »Hesperus« (1819) noch sichtbar waren. Wie bei seinen fünf früheren großen Romanen kehrte er zum Deutschland der Kleinstädte und der fürstlichen Residenzen – hier heißen sie Rom und Lukas-Stadt – am Vorabend bzw. am Anfang der Französischen Revolution zurück. In der schon erwähnten Vorrede zum »Komet« gab Jean Paul als weitere Erklärung für das Nichterscheinen des satirischen »Papierdrachen« das fünfjährige Karlsbader Zensurprovisorium (VI, 570) an; vorläufig begnüge er sich mit dem »unschuldigen Schweifen« des »Kometen« (VI, 571). Aber gerade wie die Vorrede zum zweiten Band des Romans – die »wichtigen Nachrichten vom neuen Traumgeber-Orden« (VI, 689–710), ein Scheinlob auf die Zensur – in Wahrheit als Satire gegen die preußischen Demagogenverfolgungen diente, verlegte Jean Paul die Handlung des »Kometen« scheinbar weit entfernt von unmittelbarem zeitgenössischem Belang, um einen verdeckten Bezug zur Restaurationszeit herzustellen (s. dazu Schweikert 1975, S. 141–149).

In der Forschung bleibt Schneiders Vermutung, der ursprüngliche Name für Nikolaus sei nicht »Happel«, sondern »Nappel« und hiermit also eine Anspielung auf Napoleon (S. 135f.), noch umstritten (vgl. dazu Hermand). Daß Jean Paul indeß im »Komet« den Fall eines Bürgers, der fürstlich herrschen will, exemplarisch darstellen wollte, beweist unübersehbar das Wortspiel Marggraf/Markgraf, das bei Nikolaus zu einer fixen Idee wird. Die Fabel vom »verborgenen Prinzen«, die die Handlung von »Hesperus« und »Titan« vorantreibt, wird hier parodistisch abgewandelt (s. Müller, S. 88f.), was aber zugleich die alte Hoffnung auf ein aufgeklärtes Fürstentum hinfällig macht: der Feudalismus ist letzten Endes so lächerlich wie sein Nachahmer Nikolaus und dessen Diener und Anbeter Stoß, der den Sancho zu seinem Don Quixote spielt. Eines jedoch glückt dem Apotheker und seinem Gehilfen, nämlich die Herstellung von künstlichen Diamanten; erst dies ermöglicht Nikolaus' Versuch, seine philanthropisch-größenwahnsinnigen Pläne in Erfüllung zu bringen. Technologischer Fortschritt geht Hand in Hand mit rückständigen gesellschaftlichen Ambitionen, was wiederum als Kommentar auf die restaurativen Tendenzen im Deutschland nach 1814 zu interpretieren ist.

In Briefen an seine Freunde und in den umfangreichen Vorarbeiten zum »Komet« bezeichnet Jean Paul seinen letzten Roman mehrfach als »Anti-Titan«; der selbstparodistische Ansatz der »Flegeljahre« tritt hier in verstärktem Maße auf (s. dazu Schweikert, 1971). So wird aus Walts poetischer Liebe zu Wina Marggrafs Leidenschaft für das geraubte Wachsbild der Prinzessin Amanda, das für ihn zur Geliebten schlechthin wird. Dabei verdrängt die Kunst das Leben selbst; ein Thema, das bereits in Lenz' »Waldbruder« auftauchte und in der Gestalt des Roquairol in »Titan« weiterhin problematisiert wurde, wird noch am Ende der »Kunstperiode« ins Groteske gesteigert. Beate Allert (S. 96–100) hat dargelegt, wie Nikolaus schon als Kind Metaphern für Wirklichkeit nimmt; die Phantasie führt nicht mehr zur Befreiung aus einengenden Situationen, wie im Fall von Schulmeisterlein Wutz, sondern zur Entmenschlichung und Verdinglichung (so zuvor schon Asta-Maria Bachmann). Ähnlich urteilt Hans Heinrich Borcherdt: »Der Wille des romantischen Menschen, die ganze Welt mit seiner Phantasiekraft umzuformen und mit der Magie der Bezauberung eine scheinbare Paradieswelt zu schaffen, wie Jean Paul es vor allem in ›Hesperus‹ unternommen hatte, erscheint jetzt, sachlich betrachtet, als eine krankhafte Illusion« (S. 470).

Das Gefährliche an der Phantasie wird noch einmal in Nikolaus' Widersacher, dem wahnsinnigen Ledermenschen, verdeutlicht, der sich für den Fürst der Welt hält:

»Denn ich soll gestraft werden für meine tausend Sünden, lauter Sünden in der Einsamkeit; auf meiner Studierstube war ich alles Böse durch Denken – Mordbrenner – Giftmischer – Gottleugner – ertretender Herrscher über alle Länder und alle Geister – Ehebrecher – innerer Schauspieler von Satansrollen und am meisten von Wahnwitzigen, in welche ich mich hineindachte, oft mit Gefühlen, nicht herauszukönnen« (VI, 1003).

Nicht nur seinem dürren Aussehen nach stellt der Ledermensch eine Art Don Quixote dar; auch er ist durch Lesen um seinen Verstand gekommen. In dieser Hinsicht nimmt das Doppelgängerpaar Nikolaus/Ledermensch die Hoffnungen der Goethezeit auf die befreiende Macht der Kunst noch radikaler zurück als Hoffmanns Aufspaltungen des Daseins in »Kater Murr«. Der mit dem Schicksal des wahnsinnigen Malers Ettlinger konfrontierte Komponist Kreisler hätte sich im dritten Band von »Kater Murr« vielleicht noch als ausgeglichenen Künstler *und* legitimen Nachfolger des Pseudo-Fürsten Irenäus erweisen können; ob Nikolaus sich von seiner lebenslänglichen Torheit durch die Konfrontation mit dem Ledermenschen befreit hätte, erscheint mehr als zweifelhaft. Der dritte Band des »Kometen« bricht gleich nach der düsteren Rede des Ledermenschen ab; während die »Flegeljahre« immerhin mit Walts Traum vom »rechten Land« (II, 1061–1065) ihren Abschluß finden, heißt das letzte Wort im »Komet« »Entsetzen« (VI, 1004).

Kurz nach dem Erscheinen des dritten Bandes vom »Komet« im September 1822 starb Jean Pauls junger Freund und literarischer Berater Heinrich Voß. Durch den Tod seines einzigen Sohns Max im September 1821 bereits getroffen, und vom schwachen Echo auf seinen Roman enttäuscht – der dritte Band wurde nicht einmal mehr rezensiert (s. dazu Gierlach, S. 19) –, widmete Jean Paul seine letzten Energien »Selina«, einem Werk »über die Unsterblichkeit der Seele«, das aber bei seinem Tod im November 1825 auch unvollendet war. Mag man dies als Zeichen der sinkenden Gestaltungskraft des Dichters verstehen, wie Schneider (S. 226) und Kommerell (S. 287) es tun, so kann das Fragmentarische am »Komet« auch als Indiz einer Umbruchsituation gedeutet werden: der Roman der Goethezeit habe seine idealistischen Prämissen quasi überlebt und bestehe nur noch als Selbstparodie fort (s. Schweikert 1971, S. 135). Unabhängig von der »Napoleon«-These steht der »Komet« hiermit am Ende einer Entwicklung, die mit dem Versuch eines Neuanfangs in der Dichtung und in der Gesellschaft nach Napoleons Einmarsch in Deutschland angefangen hatte.

Ausgabe:

Jean Paul, Werke. Hg. v. N. Miller und G. Lohmann, mit Nachworten v. W. Höllerer. (= JPW). Bd. VI. München 1963.

Literatur:

F. J. Schneider, Jean Pauls Altersdichtung. »Fabel« und »Komet«. Ein Beitrag zur literaturhistorischen Würdigung des Dichters. Berlin 1901.

M. Kommerell, Jean Paul. Frankfurt/M 1933, ⁴1966, S. 366–390.

H. H. Borcherdt, Der Roman der Goethezeit. Urach & Stuttgart 1949, S. 462–471.

J. Hermand, Napoleon oder Don Quichotte. Zur Kontroverse über den »Kometen«. In: Hesperus 30 (1966), S. 19–22.

R.-R. Wuthenow, Nikolaus Marggraf und die Reise durch die Zeit. In: Jean Paul. Sonderband aus der Reihe Text und Kritik. Hg. v. H. L. Arnold. Stuttgart 1970, S. 60–70.

U. Schweikert, Jean Pauls »Komet«. Selbstparodie der Kunst. Stuttgart 1971.

S. Gierlach, Jean Paul. »Der Komet oder Nikolaus Marggraf. Eine komische Geschichte«. Göppingen 1972.

D. de Chapeaurouge, Jean Pauls Raphael und die Künstler seiner Zeit. In: Arcadia 9 (1974), S. 251–265.

U. Schweikert, Jean Paul und die Restauration. In: Jb. JPG 10 (1975), S. 123–149.

S. P. Scher, »Kater Murr« und »Tristram Shandy«. Erzähltechnische Affinitäten bei Hoffmann und Sterne. In: ZfdPh. 95, Sonderband (1976), S. 24*–42*.

G. Müller, Der verborgene Prinz. Variationen einer Fabel zwischen 1768 und 1820. In: Jb. JPG 17 (1982), S. 71–89.

A.-M. Bachmann, Das Umschaffen der Wirklichkeit durch den »poetischen Geist«. Aspekte der Phantasie und des Phantasierens in Jean Pauls Poesie und Poetik. Frankfurt 1986 (zum »Komet«, S. 19–54).

B. Allert, Die Metapher und ihre Krise. Zur Dynamik der »Bilderschrift« Jan Pauls. Bern 1987 (zum »Komet«, S. 91–134).

VI. Ausklang

Goethe: »Wilhelm Meisters Wanderjahre«

Trotz aller Unterschiede in der künstlerischen Zielsetzung und Verfahrensweise hatte Goethes Altersroman mit Jean Pauls letztem Romanversuch zweierlei gemeinsam: eine lange Entstehungszeit und keine günstige Aufnahme beim Lesepublikum. Gleich nach dem Erscheinen der »Lehrjahre« hatte Goethe mit Schiller über Pläne zu einer Fortsetzung gesprochen. In Cottas »Taschenbuch für Damen auf das Jahr 1810« bezeichnete er die Erzählung »St. Joseph der Zweite« und einen darauffolgenden Brief von Wilhelm an Natalie als den Auftakt zu den »Wanderjahren«. Aber als im Juni 1821 die erste Fassung von »Wilhelm Meisters Wanderjahre oder Die Entsagenden« bei Cotta in Stuttgart & Tübingen erschien, war die literarische Öffentlichkeit mit der losen Anknüpfung an die Handlung der »Lehrjahre«, die zumal mit novellistischen Einlagen und breiten Ausführungen über die Philosophie und Organisation einer Pädagogischen Provinz unterbrochen war, herb enttäuscht. Da die meisten dieser Novellen – neben »St. Josef der Zweite« auch »Die pilgernde Törin«, »Das nußbraune Mädchen«, »Die neue Melusine« und die erste Hälfte der Endfassung von »Der Mann von fünfzig Jahren« – in Cottas »Taschenbuch für Damen« bereits erschienen waren, äußerte der Rezensent der »Hallischen Allgemeinen Literaturzeitung« den Verdacht: »In Nichtachtung des Publikum und aus allzumenschlicher Gewinnsucht gebe der berühmte Dichter Einzelstücke ohne Zusammenhang, Bruckstücke [sic], gewaltsam und sorglos zu einem Buch zusammen« (zitiert bei Reiss, S. 34).

Darüber hinaus wollte es Goethes Unstern, daß gleichzeitig mit seinem Roman der erste Teil der sogenannten »falschen Wanderjahre« veröffentlicht wurde. Ihr anonymer Verfasser, der evangelische Pfarrer Friedrich Wilhelm Pustkuchen (1793–1834), schrieb bis 1828 eine Folge von Weiterführungen der »Lehrjahre«, in denen Wilhelm seine angebliche Charakterschwäche von früher überwindet, während er gleichzeitig den amoralischen und unpatriotischen Geist von Goethes Schriften einsehen lernt (vgl. die Textprobe bei

Gille, S. 94–98). Bei dem Vergleich der »echten« und »falschen Wanderjahre« gaben einige Rezensenten sogar Pustkuchens Fassung den Vorzug! Bis in die Goethe-Kritik des Jungen Deutschland wurde es hinfort üblich, Goethe vornehmlich aus moralischer und politischer Sicht zu betrachten und seine Werke als unfruchtbar für die geistige Bildung der Nation zu betrachten.

Verfolgt man die Rezeptionsgeschichte von Goethes vier Romanen, so wird deutlich, daß im Verlauf der Entwicklung von »Werther« zu den »Wanderjahren« Goethes Werke dem zeitgenössischen Publikum immer schwerer zugänglich wurden. Während »Werther« ein Erfolg in ganz Eruopa war, sprachen die »Wanderjahre« selbst in Deutschland einen so kleinen Kreis von Lesern an, daß Goethe 1822 in seinem Aufsatz »Geneigte Teilnahme« drei Menschen dankte, die sich positiv zu seinen »Wanderjahren« in der öffentlichen Kritik geäußert hatten (HA VIII, 575 f.). In einem Gespräch mit Eckermann am 11. 10. 1828 stellte er fest: »Meine Sachen können nicht popular [sic] werden; wer daran denkt und dafür strebt, ist in einem Irrtum. Sie sind nicht für die Masse geschrieben, sondern nur für einzelne Menschen, die etwas Ähnliches wollen und suchen und die in ähnlichen Richtungen begriffen sind« (GA XXIV, 294).

Zu jener Zeit war Goethe mit der Umschreibung und Erweiterung der »Wanderjahre« für die Cottasche »Ausgabe letzter Hand« voll beschäftigt (s. dazu Trunz 1971). Anstatt jedoch den Zugang des Publikums zu diesem Roman zu erleichtern, rückte Goethe die Figur des Wilhelm Meister noch mehr aus dem Mittelpunkt durch detaillierte technische Schilderungen der Spinn- und Webindustrie, weitere Erzählungen, zwei Sammlungen von Maximen und Betrachtungen, sowie die Beschreibungen des Kreises um Makarie, einer älteren Dame, die angeblich ein geistiges Glied des Sonnensystems bildet (III, 15; HA VIII, 449; zum Vergleich der beiden Fassungen s. Reiss und auch Blackall, S. 224–235). Nicht verwunderlich ist es daher, daß man lange Zeit die »Wanderjahre«, auch in der Fassung von 1829, als »Gefäß« betrachtete, »in dem der Dichter alles Mögliche unterzubringen gedachte, was sich sonst in seinen Papieren verloren oder in unerfreulichen Einzelschriften verzettelt hätte«, wie Emil Staiger es noch tut (III, 129). Erst die Ausgaben von Ernst Beutler und Erich Trunz haben die beiden Sammlungen von Maximen, als dem Romantext zugehörig, beibehalten, und selbst in Trunz' Hamburger Ausgabe werden die Gedichte »Vermächtnis« und »Im ernsten Beinhaus« – die in der »Ausgabe letzter Hand« den Schluß zu Buch II und III der »Wanderjahre« bilden – zu

Goethes lyrischen Schriften gezählt und abgesondert von den »Wanderjahren« gedruckt.

Kritiker, die mit der anscheinenden Formlosigkeit des Werkes nichts anzufangen wußten, richteten stattdessen ihre Aufmerksamkeit auf inhaltliche Komponenten. Hier gab die zweite Hälfte des für Goethe ungewöhnlichen Doppeltitels einen willkommenen Anhaltspunkt: »Wilhelm Meisters Wanderjahre oder Die Entsagenden«. Sehr früh im Roman verdeutlicht die Aussage von Jarno, Wilhelms Freund und Berater in den »Lehrjahren«, der sich inzwischen Montan nennt und als Naturforscher in den Bergen auftritt, daß Wilhelm auf sein früheres Ideal der allseitigen Bildung verzichten muß: »Ja, es ist jetzo die Zeit der Einseitigkeiten; wohl dem, der es begreift, für sich und andere in diesem Sinne wirkt« (I, 4; VIII, 37). Motiviert durch ein Kindheitserlebnis, wo seine aufkeimende Liebe zu einem Fischerknaben durch dessen Ertrinken ein tragisches Ende nahm, faßt Wilhelm in der erweiterten Version des Romans den Entschluß, den sozial nicht sehr hoch eingeschätzten Beruf eines Wundarztes zu ergreifen. Am Ende des Romans rettet er vermöge seines ärztlichen Könnens seinen Sohn Felix vorm Ertrinken (III, 18; VIII, 459) und gelangt durch Beschränkung auf ein Fachgebiet zur Meisterschaft.

Auch in bezug auf die Liebe erweist sich Wilhelm als Entsagender. Endeten die »Lehrjahre« mit der Aussicht auf eine Eheschließung mit Natalie, so ist Wilhelm in den »Wanderjahren« von ihr getrennt und nur durch Briefe in Kontakt mit ihr. Im Zuge seiner Wanderungen lernt er die junge Hersilie kennen, deren Briefe an ihn sich immer deutlicher als Zeichen der Liebe für seinen Sohn Felix kundtun. Das Motiv vom kranken Königssohn, das für die »Lehrjahre« eine so hervorragende Rolle spielte, besitzt unterschwellig noch immer symbolischen Wert; nur ist Wilhelm nicht mehr der kranke Sohn, sondern der Arzt, der den Grund der Krankheit erkennt, und der Vater, der dem Sohn zuliebe auf die jüngere Frau verzichtet (s. dazu Schweitzer, S. 426–432) – ein Geschehen, das der letzte Teil vom »Mann von fünfzig Jahren« (II, 5; VIII, 203–224) vorgespiegelt hat. Aber selbst die Liebe der Nicht-Entsagenden, Felix und Hersilie, findet im Roman keine Erfüllung. Daß sie noch nicht in der Lage sind, das Kästchen aufzuschließen (III, 17; VIII, 456–458), das ihre Neigung zueinander symbolisiert (s. dazu Emrich), deutet darauf hin, daß auch sie einer Periode des Reifwerdens bedürfen, bevor sie den Weg zueinander finden.

Hand in Hand mit der veränderten Auffassung über Bildung und Liebe in den beiden »Wilhelm Meister«-Romanen ging auch die Verlegung des Gewichts von einem Individual- zu einem Sozialro-

man, was die frühen ›sozialistischen‹ Deutungen der »Wanderjahre«
auch registrierten: »Die ›Lehrjahre‹ haben den schönen Menschen
hervorgebracht, die ›Wanderjahre‹ sollen die schöne Gesellschaft,
den schönen Staat hervorbringen« (Hettner, S. 33). Die Turmgesellschaft, die in den beiden letzten Büchern der »Lehrjahre« eine
immer größere Rolle spielte, geht in der zweiten Fassung der »Wanderjahre« in den Auswandererbund ein, der in Nordamerika einen
sozialen Neuanfang machen will. Durch Wilhelms Vermittlung
wird der junge, technisch versierte Adlige Lenardo zum eigentlichen
Leiter des Auswandererbundes, der Handwerker aus übervölkerten
und von der Industrialisierung bedrohten Gegenden Europas mit in
die Neue Welt überbringen soll. Lenardo, den Typus des reichen
Barons im Zuge von Lothario und Eduard aus den »Lehrjahren« und
»Wahlverwandtschaften« fortführend, wird als ein Adliger dargestellt, der die Schranken seiner Herkunft hinter sich läßt (vgl. dazu
Vaget, S. 149–152). Um Lenardos standesgemäße Bildungsreise zu
finanzieren, hatte dessen Onkel einst einen frommen, aber untätigen
Pächter samt Tochter, dem »nußbraunen Mädchen«, von seinem
Land vertrieben. Auf einer späteren Reise im Auftrag des Auswan-
dererbundes findet Lenardo die Tochter im Kreise der Spinner und
Weber wieder; am Sterbebett des Vaters werden die beiden zur
geschwisterlichen Liebe gemahnt (III, 13; VIII, 434). Der Wandel in
Lenardos Charakter und die Annäherung an das Mädchen, das er die
»Gute-Schöne« umnennt, werden durch den ersten Teil von »Lenardos Tagebuch« vorbereitet, in dem Goethe Heinrich Meyers
1810 in seinem Auftrag geschriebene technische Beschreibungen der
Schweizer Hausindustrie verwendet (zur Integration von Persönli-
chem und Technischem mit den Themen von Entsagung und Tätigkeit in der Gemeinschaft, s. Klaus-Detlef Müller).

Stefan Blessin versteht die »Wanderjahre« als »Roman der sich
entfaltenden Produktivkräfte« (S. 112): »Wenn das ›Maschinenwe-
sen‹ [III, 13; VIII, 429] im Roman kritisiert wird, dann unter den
Bedingungen seiner kapitalistischen Verwertung« (S. 180). Sowohl
er als auch Anneliese Klingenberg verstehen die Unternehmungen
des Auswandererbundes und der damit verbundenen Pädagogischen
Provinz durchwegs im positiven Sinne. Dagegen weist Wilhelm
Voßkamp auf die ironischen Vorbehalte im Text gegen alle vier im
Roman beschriebenen Raumutopien (S. 237–241). Felix' Aufenthalt
in der Pädagogischen Provinz hat z. B. keinen sichtlich mäßigenden
Einfluß auf ihn gehabt; im Gegenteil, er benutzt die dort gelernten
Kenntnisse des Reitens und Schreibens zur Förderung seiner Wer-
bung um Hersilie. Wenn Odoardo, der autokratische Führer der
europäischen Binnenwanderer, ein Gemeinschaftslied vorlegt mit

der Schlußzeile »Heil dir Führer! Heil dir Band!« (III, 12; VIII, 413), wird der heutige Leser mit Assoziationen belastet, die Goethe und seinen Zeitgenossen selbstverständlich fremd waren. Gleichwohl signalisiert das rigoros organisierte Polizeiwesen in beiden Auswanderungsgebieten – bei den amerikanischen Siedlern wird z. B. die Gegenwart von Juden aus religionspolitischen Erwägungen nicht geduldet (III, 11; VIII, 405) –, daß solche Reformpläne auch ihre negativen Seiten haben. Neuerdings hat Thomas Degering in Goethes Roman nicht die Verherrlichung der neuen Tendenzen in Staat und Industrie des 19. Jahrhunderts, sondern eine massive Kritik am »Elend der Entsagung« sehen wollen.

Derart kraß entgegengesetzte Auffassungen zum Gehalt des Romans lassen erkennen, daß der Interpret, der den »Wanderjahren« den Charakter eines einheitlichen Kunstwerks nicht absprechen will, die Aufgabe hat, ein Strukturmodell vorzuweisen, das einzelne Stellen in einen größeren Zusammenhang einordnet. Erich Trunz, dessen Kommentar zu den »Wanderjahren« die Forschung maßgeblich beeinflußt hat, schlug zusammen mit seinen Schülern Deli Fischer-Hartmann und Ernst Friedrich von Monroy das Prinzip der wechselseitigen Bilderreihe vor: »Die Architektonik des Werkes im Großen besteht also darin, daß die Rahmengeschichte der Bereich derer ist, die zu Entsagung und Vergeistigung gelangt sind, die Novellen der Bereich derer, die noch davor stehen oder erst dazu kommen« (HA VIII, 600). Als Gewähr für diesen Ansatz dienten Goethes Worte in dem Brief an Iken vom 27. 9. 1827: »Da sich gar manches unserer Erfahrungen nicht rund aussprechen und direkt mitteilen läßt, so habe ich seit langem das Mittel gewählt, durch einander gegenüber gestellte und sich gleichsam ineinander abspiegelnde Gebilde den geheimeren Sinn dem Aufmerkenden zu offenbaren« (GA XXI, 763).

Während aber Trunz mit Hilfe dieses Ansatzes eine harmonisierende Deutung des Romans vorlegte, nahm Manfred Karnick Bezug auf die *erste* Hälfte des Briefsatzes an Iken: »mit ihr leitet Goethe das Spiegelverfahren expressis verbis aus den Schwierigkeiten des Aussprechens und Mitteilens ab« (S. 8). So haben Karnick und auch spätere Interpreten mit Nachdruck betont, die scheinbare Formlosigkeit des Romans verberge ein raffiniertes, höchst komplexes Gefüge von Bildern und Gegen-Bildern, das schwerlich eine auktoriale Deutung von Textstellen zuläßt. Volker Neuhaus demonstrierte, daß die Wilhelm-Handlung keineswegs einen festen Rahmen für die Novellen und andere Einlagen bildet, sondern selbst die Umformung eines Reisetagebuchs und anderer Archivpapiere darstellt (S. 18 f.); und gerade die Stellen, die Trunz als Gipfelleistungen von

Goethes Altersweisheit deutet – nämlich die Pädagogische Provinz und Makaries Rolle im Sonnensystem – werden durch andere Aussagen im Roman in Zweifel gezogen oder relativiert (ebd., S. 26).

Gerade weil es keinen Charakter oder sogar Erzähler mehr gibt, der als Sprechrohr des Verfassers gelten kann, bekommt der Leser die Verantwortung, aus dem Geflecht der Bilder einen Sinnzusammenhang herzustellen (Karnick, S. 175; Brown, S. 78). In einem Brief an Röchlitz vom 23. 11. 1829 riet Goethe seinen Freund von der Suche nach einer allgemein verbindlichen Formel zum Verständnis der »Wanderjahre« ab und ermunterte ihn vielmehr, sich auf ein Betrachten der »verschiedenen, sich voneinander absondernden Einzelheiten« zu konzentrieren: »Das Büchlein verleugnet seinen kollektiven Ursprung nicht, erlaubt und fordert mehr als jedes andere die Teilnahme an hervortretenden Einzelheiten. Dadurch kommt der Autor erst zur Gewißheit, daß es ihm gelungen sei, Gefühl und Nachdenken in den verschiedensten Geistern aufzuregen« (GA XXI, 880). Erhard Bahr spricht dementsprechend von einer »Poetik der Entsagung« in den »Wanderjahren«, wodurch der Verzicht auf unmittelbare Sinngebung dem Leser weit mehr Freiraum überläßt als etwa die auktorialen Romane des 18. Jahrhunderts (1985, S. 379–389). Indem Goethe seine Nicht-Popularität einsah und akzeptierte, gewann er den Vorteil, noch kühner mit den Grenzen des Romanbegriffs zu experimentieren als andere Romanciers des 19. Jahrhunderts, die für ein real existierendes und fest begrenztes Publikum schrieben und deswegen die Konventionen mehr beachten mußten. Bahr sieht in Goethes Altersroman den gleichen »revolutionären Realismus« in thematischer und formeller Hinsicht wie in Heines »Ideen. Das Buch Le Grand« und Büchners »Lenz« (1983, S. 174 f.), ja sogar einen Vorläufer der experimentellen Romane des 20. Jahrhunderts wie James Joyce »Ulysses« (1985, S. 363–374; zu den »Wanderjahren« und deutschen Romanen des 20. Jahrhunderts, s. Strelka).

Wenn »sapere aude« der Wahlspruch der Aufklärung war (Kant, GS VIII, 35), so könnte man dieses Wort für die Romanliteratur der Goethezeit in »*legere* aude« umwandeln: »Habe Mut, dich deines eigenen Lesevermögens zu bedienen!« In dieser Haltung zum Lesepublikum liegt der Grund sowohl für die zeitgenössische Fehlwirkung von Romanen wie »Wilhelm Meisters Wanderjahren« als auch deren Neuentdeckung in den letzten Jahrzehnten unseres Jahrhunderts. Die literarische Avantgarde der Goethezeit schrieb für ein Publikum, das nur ansatzweise existierte, das erst durch die neue Romankunst geschaffen werden sollte. Durch ihre ehrgeizigen Ansprüche wurden zwar selbst Freunde und Vertraute oft überfordert, aber ihre hohe Schule des Lesens fand in unserer Zeit die erhoffte Resonanz.

Ausgaben:

»Wilhelm Meisters Wanderjahre« werden nach Band VIII der Hamburger Ausgabe (= HA) zitiert; Angaben von Buch und Kapitel sind den Seitenangaben vorangestellt.

Als Leseausgabe wird empfohlen: »Wilhelm Meisters Wanderjahre oder Die Entsagenden«. Hg. mit Bibliographie und einem Nachwort v. E. Bahr. Stuttgart 1982 (= UB 7827).

Zur ersten Fassung des Romans, s. *J. W. Goethe*, »Wilhelm Meisters Wanderjahre oder Die Entsagenden«. Urfassung von 1821. Hg. mit einem Nachwort v. E. Marz. Bonn 1986.

Literatur:

Zu weiteren Angaben, s. die Bibliographie in E. Bahrs Ausgabe der »Wanderjahre« (= UB 7827), S. 532–545.

H. Hettner, Goethe und der Sozialismus. In: Am Beispiel Wilhelm Meister. Einführung in die Wissenschaftsgeschichte der Germanistik. Hg. v. K. Berghahn und B. Pinkerneil. 2 Bde. Königstein/Ts. 1980 (II, 25–37).

D. Fischer-Hartmann, Goethes Altersroman. Studien über die innere Einheit von »Wilhelm Meisters Wanderjahren«. Halle 1941.

E. F. v. Monroy, Zur Form der Novelle in »Wilhelm Meisters Wanderjahren«. In: GRM 31 (1943), S. 1–19.

E. Trunz, Anmerkungen. In: HA VIII (Hamburg 1950, [4]1959), 579–725.

W. Emrich, Das Problem der Symbolinterpretation im Hinblick auf »Wilhelm Meisters Wanderjahre«. In: DVjs. 26 (1952), S. 331–352.

A. Henkel, Entsagung. Eine Studie zu Goethes Altersroman. Tübingen 1954; [2]1964.

C. E. Schweitzer, Wilhelm Meister und das Bild vom kranken Königssohn. In: PMLA 72 (1957), S. 419–432.

E. Staiger, »Wilhelm Meisters Wanderjahre«. In: E. S., Goethe. Bd. III. Zürich 1959, S. 128–178.

H. Reiss, »Wilhelm Meisters Wanderjahre«. Der Weg von der ersten zur zweiten Fassung. In: DVjs. 39 (1965), S. 34–57.

J. Strelka, Goethes »Wilhelm Meister« und der Roman des zwanzigsten Jahrhunderts. In: GQ 41 (1968), S. 338–355.

M. Karnick, »Wilhelm Meisters Wanderjahre« oder die Kunst des Mittelbaren. München 1968.

V. Neuhaus, Die Archivfiktion in »Wilhelm Meisters Wanderjahren«. In: Euphor. 62 (1968), S. 13–27.

H. Gidion, Zur Darstellungsweise von Goethes »Wilhelm Meisters Wanderjahre«. Göttingen 1969.

E. Trunz, Die »Wanderjahre« als »Hauptgeschäft« im Winterhalbjahr 1828/ 1829. In: Studien zu Goethes Alterswerken. Hg. v. E. Trunz. Königstein/ Ts. 1971, S. 99–121.

A. Klingenberg, Goethes Roman »Wilhelm Meisters Wanderjahre oder die Entsagenden«. Quellen und Komposition. Berlin & Weimar 1972.

J. K. Brown, Goethe's Cyclical Narratives: »Die Unterhaltungen deutscher Ausgewanderten« and »Wilhelm Meisters Wanderjahre«. Chapel Hill 1975.

E. A. Blackall, Goethe and the Novel. Ithaca & London 1976 (über die »Wanderjahre«, S. 224–269).

S. Blessin, Arbeitsteilung und Fortschritt in »Wilhelm Meisters Wanderjahren«. In: S. B., Die Romane Goethes. Königstein/Ts. 1979, S. 110–268.

K.-D. Müller, Lenardos Tagebuch. Zum Romanbegriff in Goethes »Wilhelm Meisters Wanderjahre«. In: DVjs. 53 (1979), S. 275–299.

K. Gille (Hg.), Goethes Wilhelm Meister. Zur Rezeptionsgeschichte der Lehr- und Wanderjahre. Königstein/Ts. 1979.

H. Schlaffer, Wilhelm Meister. Das Ende der Kunst und die Wiederkehr des Mythos. Stuttgart 1980.

G. Schulz, Gesellschaftsbild und Romanform. Zum Deutschen in Goethes »Wanderjahren«. In: Literaturwissenschaft und Geistesgeschichte. Festschrift für R. Brinkmann. Hg. v. J. Brummack u.a. Tübingen 1981, S. 258–282.

V. Dürr, Geheimnis und Aufklärung. Zur pädagogischen Funktion des Kästchens in »Wilhelm Meisters Wanderjahren«. In: MDU 74 (1982), S. 11–29.

T. Degering, Das Elend der Entsagung. Goethes »Wilhelm Meisters Wanderjahre«. Bonn 1982.

W. Voßkamp, Utopie und Utopiekritik in Goethes Romanen »Wilhelm Meisters Lehrjahre« und »Wilhelm Meisters Wanderjahre«. In: W. V. (Hg.), Utopieforschung. Interdisziplinäre Studien zur neuzeitlichen Utopie. Bd. III. Stuttgart 1982, S. 227–249.

F. Amrine, Romance Narration in »Wilhelm Meisters Wanderjahre«. In: GQ 55 (1982), S. 29–38.

H. R. Vaget, Johann Wolfgang Goethe: »Wilhelm Meisters Wanderjahre« (1829). In: Romane und Erzählungen zwischen Romantik und Realismus. Hg. v. P. M. Lützeler. Stuttgart 1983, S. 136–164.

E. Bahr, Revolutionary Realism in Goethe's »Wanderjahre«. In: Goethe's Narrative Fiction. Hg. v. W. J. Lillyman. Berlin & New York 1983, S. 161–175.

ders., »Wilhelm Meisters Wanderjahre oder die Entsagenden«. In: Goethes Erzählwerk. Interpretationen. Hg. v. P. M. Lützeler & J. McLeod. Stuttgart 1985, S. 363–395.

B. Armstrong, An Idyl Sad and Strange. The St. Joseph the Second Section and the Presentation of Craft Work in Goethe's »Wilhelm Meisters Wanderjahre«. In: MDU 77 (1985), S. 415–431.

Namen- und Titelregister

Sammlung Metzler

J. B. Metzler